·语文阅读推荐丛书·

天地九重

杨利伟／著

人民文学出版社

图书在版编目（CIP）数据

天地九重 / 杨利伟著. -- 北京：人民文学出版社，2024
（语文阅读推荐丛书）
ISBN 978-7-02-018353-1

Ⅰ. ①天… Ⅱ. ①杨… Ⅲ. ①杨利伟-自传 Ⅳ. ①K826.16

中国国家版本馆 CIP 数据核字（2023）第 215051 号

责任编辑　付如初
装帧设计　李思安
责任印制　宋佳月

出版发行　人民文学出版社
社　　址　北京市朝内大街 166 号
邮政编码　100705

印　　刷　北京华宇信诺印刷有限公司
经　　销　全国新华书店等

字　　数　312 千字
开　　本　650 毫米×920 毫米　1/16
印　　张　30　插页 10
印　　数　1—20000
版　　次　2024 年 1 月北京第 1 版
印　　次　2024 年 1 月第 1 次印刷

书　　号　978-7-02-018353-1
定　　价　63.00 元

如有印装质量问题，请与本社图书销售中心调换。电话：010-65233595

·酒泉卫星发射中心

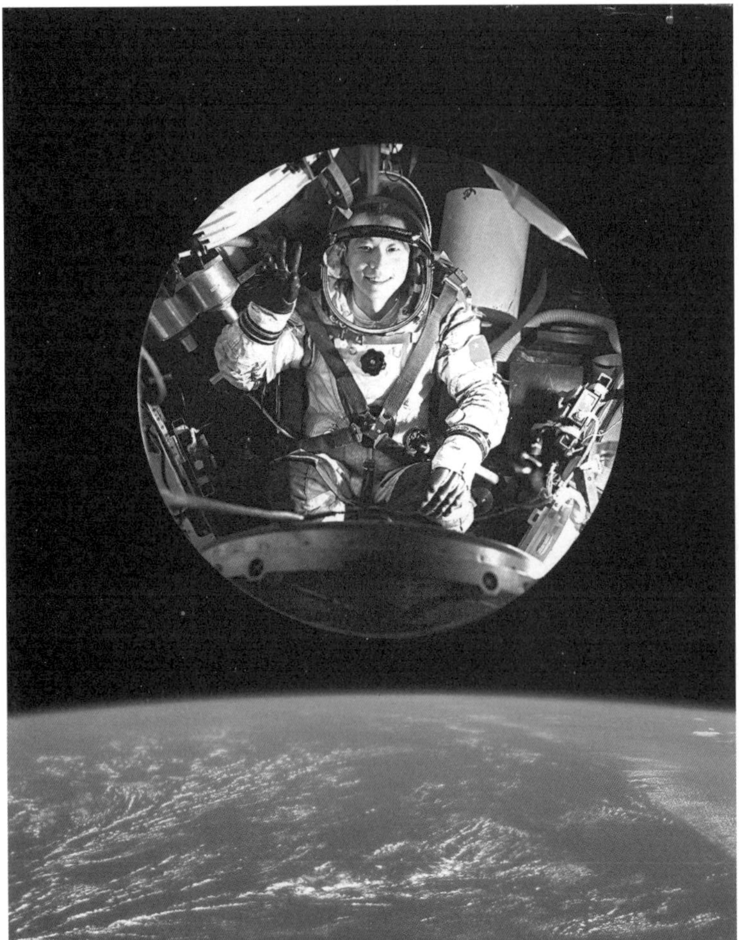

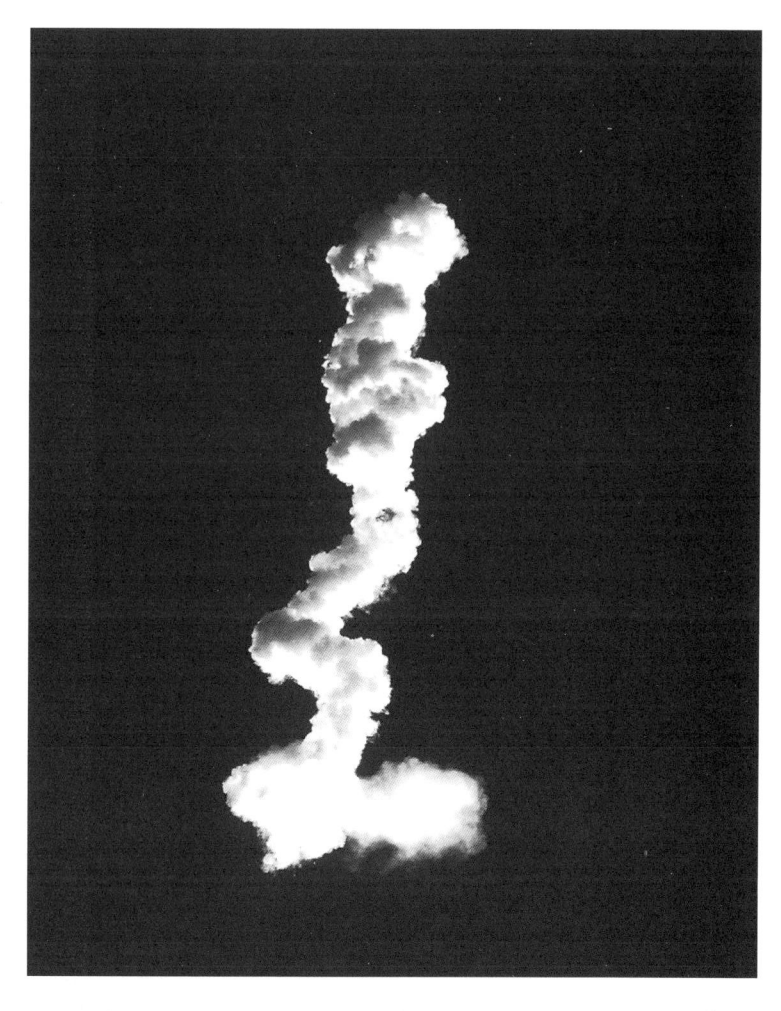

·2003年10月15日上午9时整,长征-2F火箭载着神舟五号飞船和首飞航天员杨利伟飞向太空后留在天空的龙云(孙锦云 摄影)

授予杨利伟同志

航天功勋奖章

中共中央
国务院
中央军委

二〇〇三年十一月

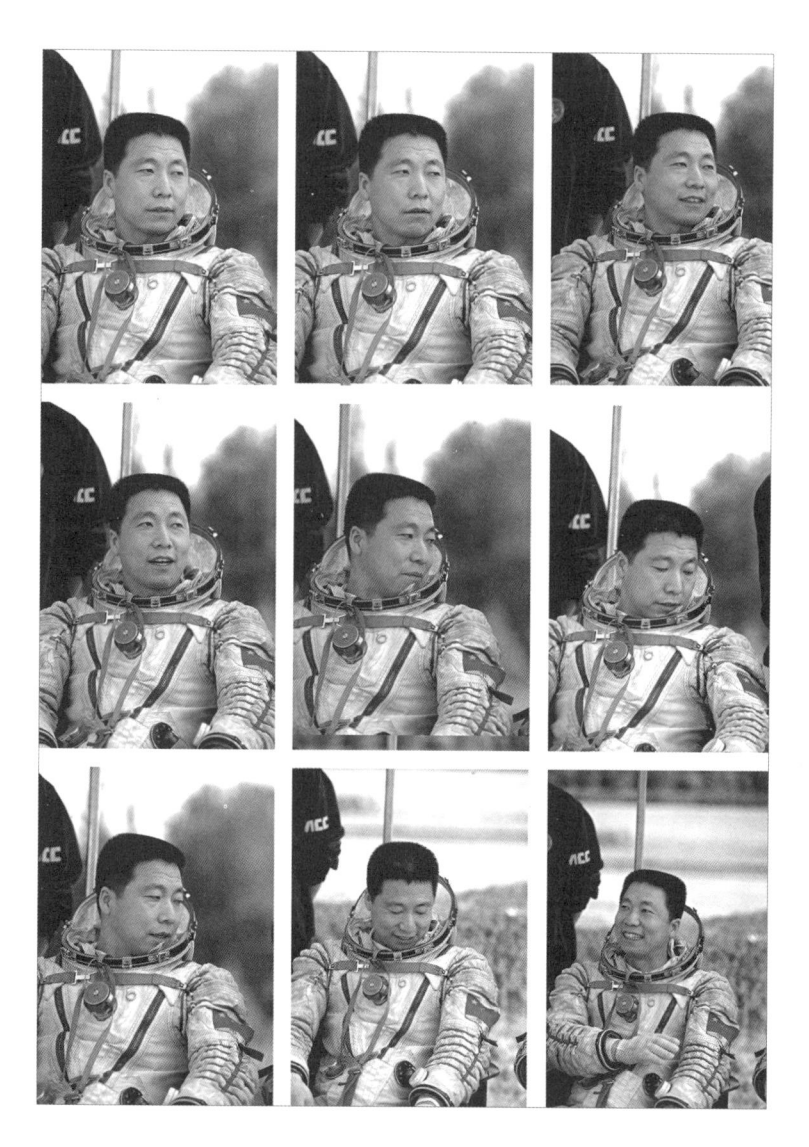

·飞行前的小憩

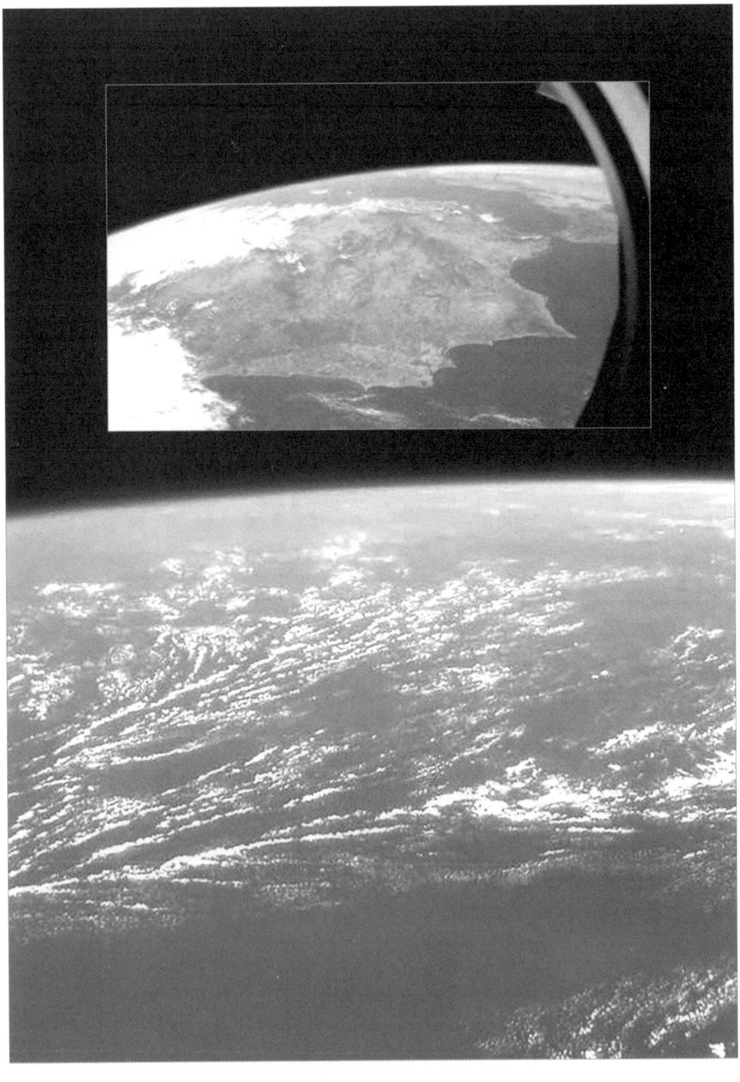

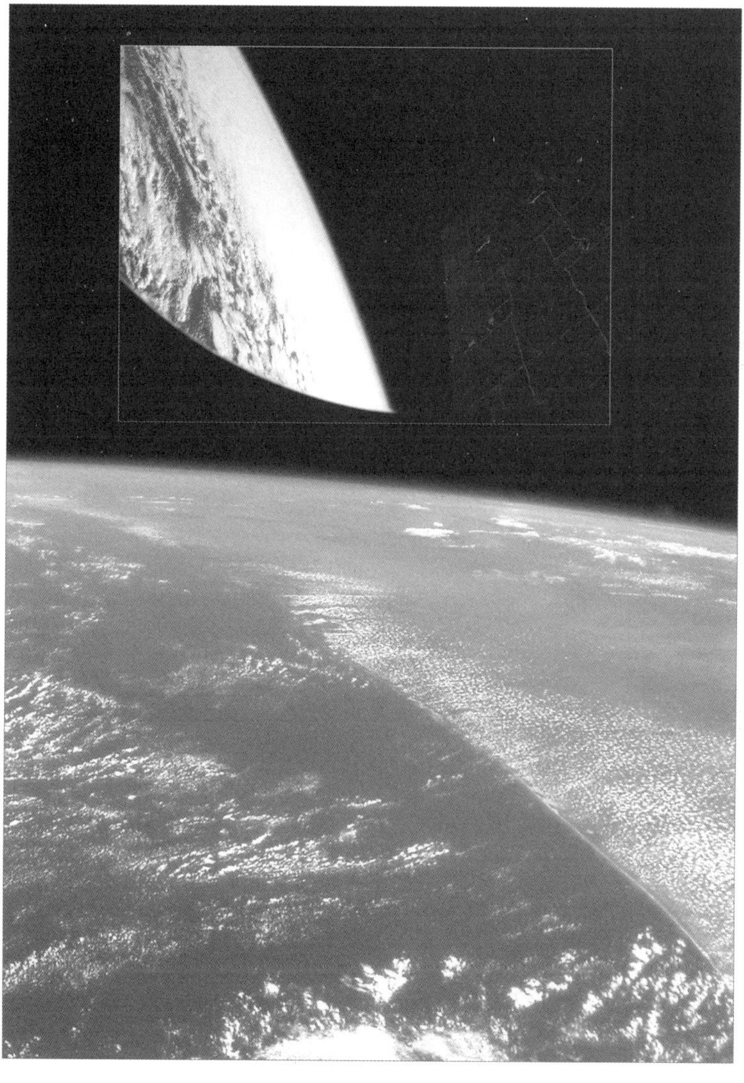

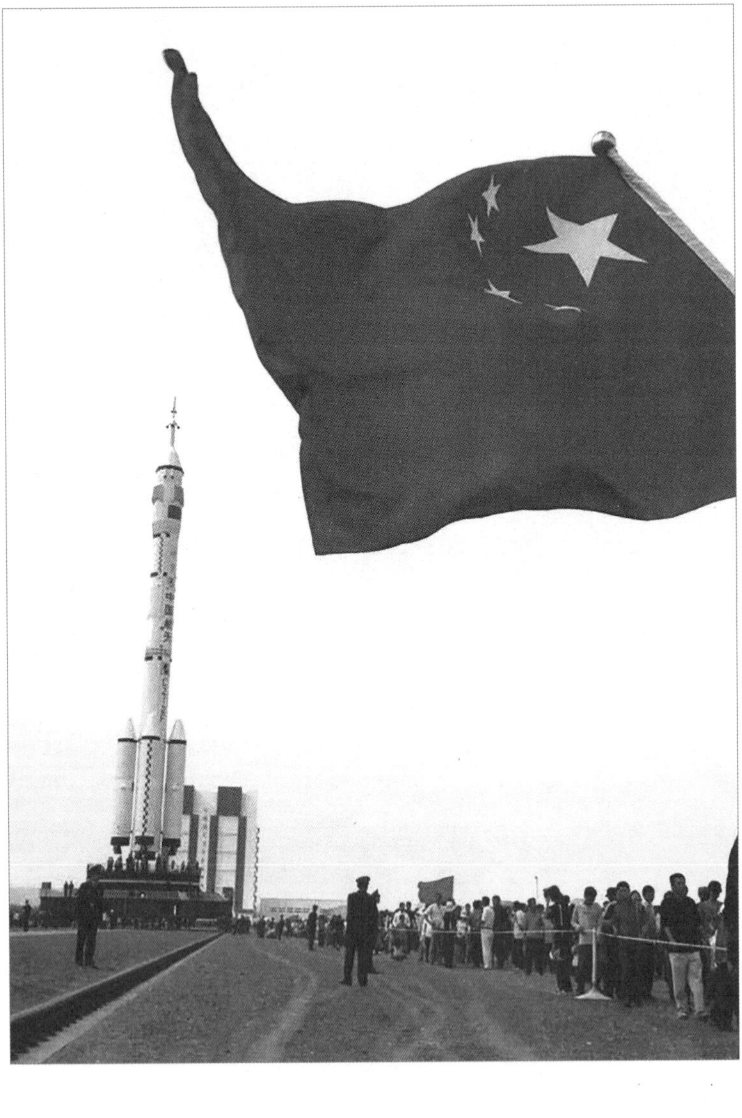

·百米赛场上的拼搏

·野外生存

·沙漠生存训练

·沙漠生存训练

·沙漠生存训练

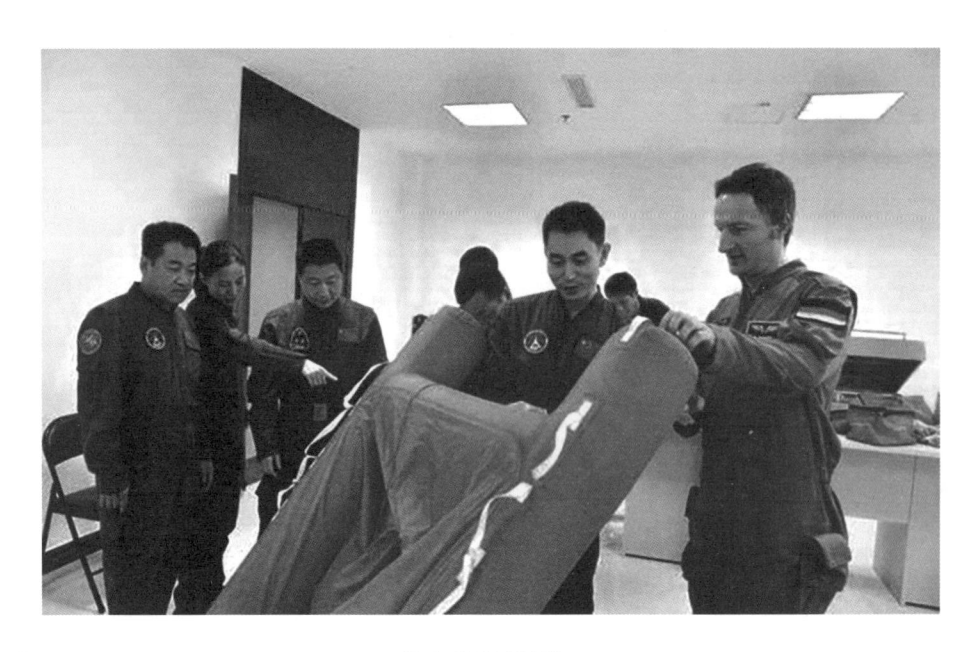

·海上救生训练学习

·海上救生训练

·英雄凯旋

·跟航天员进行技术交流

·展望航天事业广阔前景

出版说明

从2017年9月开始，在国家统一部署下，全国中小学陆续启用了教育部统编语文教科书。统编语文教科书加强了中国优秀传统文化教育、革命传统教育以及社会主义先进文化教育的内容，更加注重立德树人，鼓励学生通过大量阅读提升语文素养、涵养人文精神。人民文学出版社是新中国成立最早的大型文学专业出版机构，长期坚持以传播优秀文化为己任，立足经典，注重创新，在中外文学出版方面积累了丰厚的资源。为配合国家部署，充分发挥自身优势，为广大学生课外阅读提供服务，我社在总结以往经验的基础上，邀请专家名师，经过认真讨论、深入调研，推出了这套"语文阅读推荐丛书"。丛书收入图书百余种，绝大部分都是中小学语文课程标准和统编语文教科书推荐阅读书目，并根据阅读需要有所拓展，基本涵盖了古今中外主要的文学经典，完全能满足学生成长过程中的阅读需要，对增强孩子的语文能力，提升写作水平，都有帮助。本丛书依据的都是我社多年积累的优秀版本，品种齐全，编校精良。每书的卷首配导读文字，介绍作者生平、写作背景、作品成就与特点；卷末附知识链接，提示知识要点。

在丛书编辑出版过程中，统编语文教科书总主编温儒敏教授,给予了"去课程化"和帮助学生建立"阅读契约"的指导性意见,即尊重孩子的个性化阅读感受,引导他们把阅读变成一种兴趣。所以本丛书严格保证作品内容的完整性和结构的连续性,既不随意删改作品内容,也不破坏作品结构,随文安插干扰阅读的多余元素。相信这套丛书会成为广大中小学生的良师益友和家庭必备藏书。

人民义学出版社编辑部

2018 年 3 月

目　录

导读 ·· 1

再版序言 ··· 1

原序 ·· 4

第一章　地平线 ·· 1
　　选飞，不一样的成年礼 ·· 3
　　谁不说咱家乡美 ·· 11
　　模仿英雄的游戏童年 ··· 17
　　最热衷的游戏 ·· 23
　　按部就班的学生时代 ··· 27
　　我有两个梦想 ·· 32
　　穿上军装　忽然长大 ··· 37

第二章　军校飞扬进行曲 ····································· 41
　　初入军校不完全笔记 ··· 43
　　有关"定型训练"与队列的传说 ······························· 48
　　新学员副班长 ·· 53
　　在起飞前助跑 ·· 58

军营青春　美妙时光 …………………………………… *61*

保定车站的理发员 …………………………………… *64*

淘汰与选择 …………………………………………… *67*

第八航校初试飞翔 …………………………………… *72*

游击队员式的单独飞行 ……………………………… *77*

感念一个教练 ………………………………………… *80*

恰同学青年 …………………………………………… *83*

第三章　凌云之翼 …………………………………… *91*

我的战机　我的部队 ………………………………… *93*

空中停车的惊险一刻 ………………………………… *98*

因为热爱　所以坚持 ………………………………… *102*

"王牌"梦想 …………………………………………… *107*

一个飞行员的自我问答 ……………………………… *110*

第四章　望穿天际 …………………………………… *119*

选拔：1500 人到 12 个 ……………………………… *121*

越过万水千山 ………………………………………… *127*

进京了 ………………………………………………… *131*

非常之城　非常之人 ………………………………… *135*

在 58 级天梯上 ……………………………………… *141*

谁是聪明的攀登者 …………………………………… *146*

学习好还要考试好 …………………………………… *150*

实录：极限训练不完全版本 ………………………… *156*

在痛苦与快乐中凝神 ………………………………… *172*

第五章　此去天路迢迢 ····· 179

接近玉成时刻 ····· 181
绝无仅有的毕业生 ····· 186
谁能进入首飞梯队 ····· 191
能艰苦　才成器 ····· 196
暂时还是谜 ····· 201
送别时刻的火焰与雪 ····· 206
相信一切都没变化 ····· 210
知道就是我 ····· 214
让应该到来的都来吧 ····· 217
在那双满含泪水的眼睛注视下 ····· 223
义无反顾走向发射塔 ····· 227

第六章　太空一日 ····· 231

馆长，明天见 ····· 233
心跳 76 ····· 237
我以为自己要牺牲了 ····· 241
这一刻，突然看见太空奇景 ····· 245
我还看到了什么 ····· 253
错觉、闪光与神秘的敲击声 ····· 259
让天地对一下焦 ····· 264
天地之间思念的味道 ····· 272
非常生活　非常感受 ····· 276
再见，太空 ····· 283
归途如此惊心动魄 ····· 286
又见到亲人了 ····· 295

第七章　头顶星空 … 301

　　从没想到自己这么"出名" … 303
　　怎么说　怎么做 … 306
　　没有预案的香港、澳门之行 … 311
　　英雄当如何 … 316
　　荣誉的事和名人的事 … 323
　　正面回答若干传言（摘录） … 330

第八章　我的高天厚土 … 337

　　归来与远去的父亲 … 339
　　怀念慈母 … 346
　　平静的婚恋 … 356
　　我能对儿子说些什么 … 365
　　战友就是不一样 … 373

第九章　清醒的梦想者 … 381

　　中国的，世界的 … 383
　　站到国际合作的平台上 … 392
　　飞天探索，从未停止 … 398
　　我的变化与责任 … 405
　　迎接脱颖而出的新一代 … 411
　　每天保持良好的状态 … 416
　　来到工程总体 … 422
　　奠基空间站　再创新辉煌 … 425
　　期待再次腾飞 … 431

播撒梦想的种子 ………………………………………… *434*

首版后记 ………………………………………………… *441*
再版后记 ………………………………………………… *445*
知识链接 ………………………………………………… *448*

导　读

2003年10月15日，杨利伟乘神舟五号飞船在太空飞行21小时23分钟，实现了中华民族的千年飞天梦想。作为我国第一代航天员、第一位飞向外太空的中国人、一位家喻户晓的航天英雄，杨利伟有过怎样的经历？他是怎么成为航天员的？飞向太空的过程中经历过什么考验？在太空看地球，感受如何？……所有这些问题，都被他写进了这本自传体长篇著作《天地九重》中。

在这本书中，杨利伟以坦率而真挚的口吻，以饱含理想主义色彩的真诚和严谨客观的科学精神，平白如话地向读者讲述了自己的成长轨迹，回顾自己如何从一个小城少年成为一名军人、一名优秀的战斗机飞行员，进而成为唯一一位"中国首飞航天员"。同时，也记录了中国航天员的选拔和训练经历，以及中国载人航天事业几十年的发展历程。全书共分九章，从"地平线"讲到"太空一日"，既契合书名"天地九重"，又寓意他从普通少年到一飞冲天再到成功返航，让读者仿佛看到了一颗理想的种子始终扎根祖国沃土，从萌芽到逐渐长成参天大树的全过程。

杨利伟的童年和少年时代,是在东北的一个小县城度过的。跟其他的同龄少年一样,他活泼好动、崇拜英雄,喜欢模仿英雄。高中毕业之后,他选飞成功,穿上了军装,从此开始了一个普通中学生向部队战士的转变。

军校生活既纪律严明、训练有素,又朝气蓬勃、丰富多彩。在这样的环境中,杨利伟如鱼得水,愈发展现出坚定执着、不服输的个性特征和爱学习、会学习、动手能力强的特点。体能训练中他勇争第一,文化学习中他不甘落后,慢慢在同学中脱颖而出。同时,他也不忘发展自己的个人爱好,和教练、同学打成一片,充分享受青春的绚烂飞扬和军营的团结紧张。

军校毕业后,他开始了战斗机飞行员的生涯。随着更加靠近飞翔的梦想,训练也变得更为枯燥刻苦,需要学习的知识、具备的能力也更多。更重要的是,空中飞行需要具备随时能够处理险情的心理素质。他通过自己遭遇的"空中停车",生动讲述了惊心动魄的一幕,让人印象深刻。

战斗机飞行生涯的优异成绩,让他在1500进12的航天员选拔中,顺利晋级,接着就是超强度的训练和近乎严苛的生理、心理考察,他依然成绩优异。然而谁能进入首飞梯队,谁会成为"上天第一人"这些问题,还是充满了不确定性。航天员要进入太空执行任务,需要具备充沛的体能、优秀的航天环境适应能力、全面的知识结构、过硬的心理素质等等。杨利伟用精彩的笔墨,客观真实地讲述了这个过程,展现了航天英雄不平凡的成长之路。

在讲述中,我们可以深刻感受到杨利伟对祖国航天事业的热爱,也可以直接体会他目标清晰、意志坚定、善于学习的个性特征,体会他为了实现理想,不断克服困难,在训练中精益求精的意志品质和处变不惊、临危不乱的过硬的心理素质。同时,也能感受到他乐观积极、多才多艺的人格魅力,看到他作为儿子、丈夫、父亲的日常的一面。

通过杨利伟的讲述,我们深深感受到,英雄并不是横空出世的,他们也是普通人;成为英雄之后,也还有普通人的一面;他们的英雄行为、历史功绩都是建立在超于常人的刻苦努力和坚韧不拔基础之上的。更重要的是,尽管他们有近乎严苛的自我要求,随时做好了为所从事的事业牺牲一切的准备,但他们从来不以英雄自居,始终保持着朴实、执着、认真、严谨的态度。通过平实的语言、真诚的文字,我们能充分体会航天英雄杨利伟的亲和力。

书中最珍贵的部分,是杨利伟作为中国太空第一人,进入太空的经历和感受。他用科学精神和浪漫情怀兼具的笔触,描写了自己乘坐太空飞船的奇妙感受,描绘了自己绕地球14圈,连续经历14个昼夜所看到的太空奇景,真实记录了自己面对的挑战和经历的危险与痛苦。同时,更由衷赞叹地球的美妙和祖国、人民的强大。这部分章节被选入了七年级语文课本,相信每一个读过的青少年都会感受到航天之美和科学之美,能体会到一代航天人身上所凝聚的真挚而浓烈的爱国、爱科学、不畏艰险、攻坚克难的航天精神,体会到强烈的民族自豪感、使命感和责任感。

现在,神十三的航天员正在执行航天任务,未来还会有更多的航天员进入太空。每当我们为一批批航天员顺利进入太空、顺利返航而欢呼雀跃的时候,每当我们随着他们的身影向往太空,展望更高端的科学前景的时候,我们都应该想到,"没有人能随随便便成功"。英雄惊天动地的一瞬间,其实是无数个平凡日日夜夜辛苦奋斗的积累,是无数次心灵的千锤百炼铸就。英雄走过的路,也充满了荆棘、洒满了汗水,只不过,他们靠着天赋的能力和才华、靠着永不言败的意志、靠着科学严谨的训练、靠着不懈怠的学习进取、靠着始终不熄的理想之火,更重要的是,靠着团结奋斗的航天科研团队、靠着伟大的祖国和人民,踏平了荆棘,书写了灿烂的历史篇章。而我们每个人,都可以从中汲取奋斗的能量,做自己学习、生活中的"英雄"。

中华民族的历史上产生过很多英雄,一个充满希望的民族不能没有英雄,英雄是民族精神最闪亮的坐标。英雄的事迹要传颂,英雄的精神要传承。英雄总是与家国情怀融合在一起的。学习英雄,代表着我们共同的价值认同和价值追求;而真正把英雄的精神融会到我们日常的学习和工作中,才是我们阅读这本《天地九重》、深入了解航天英雄杨利伟的意义所在。

付如初

再 版 序 言

时光荏苒,日月如梭。在不知不觉中,《天地九重》出版已经十个年头了。

每当看到摆在案头的这本书,我都会回忆起自己加入航天员大队,和战友们并肩训练、挥洒汗水,最终有幸执行飞天任务的那段岁月。个中的艰辛和苦涩不足道,我更为能亲身战斗在祖国航天事业的前沿阵地而感到荣耀,它将永远是我人生中最珍贵的记忆。

我在《天地九重》一书中,尽可能地分享了自己从飞向蓝天到进军太空的奋斗历程,还回顾了自己的童年、求学、婚恋、家庭经历,和读者朋友们讲述了一些鲜为人知的幕后故事。或许每个人在读完本书之后都会有不同的收获,我希望书中的故事对于引领广大青少年朋友投身祖国载人航天事业,能发挥些许的作用。

《天地九重》的出版,一度受到广大读者朋友,特别是广大青少年读者朋友的热烈欢迎。从大量的读者来信中,我非常高兴地看到,他们非常关注祖国的载人航天事业和我们的航天员群体,甚至有些小读者还立志,长大后投身航天事业。有了源源不断的新鲜血液加入,我国的载人航天事业何愁不能薪火相传!

过去十年,我国的载人航天事业乘风破浪,稳步推进,取得了累累硕果。我们见证了天宫一号和天宫二号目标飞行器,神舟八号无人飞船,神舟九号、十号和十一号载人飞船,天舟货运飞船等飞行任务的成功实施……通过这些航天试验任务,我们突破和掌握了交会对接技术、航天员长期驻留技术、货运飞船补给技术等一项又一项关键技术,为筑梦空间站奠定了坚实的基础。

过去十年间,中国的航天员队伍也发生了很大的变革:中国人民解放军航天员大队的5名航天员因达到最高服役年龄,不得不退出现役,带着些许遗憾告别了曾挥洒青春和热血的事业;十年间,我国实施了第二批和第三批航天员选拔,为航天员大队补充了新鲜血液。

过去十年间,我的工作岗位也从中国航天员科研训练中心,转到中国载人航天工程办公室。一路走来,我的进步与成长离不开领导、专家们的关怀和倾力指导。我唯有怀着感恩的心,继续以饱满的热情、坚定的信念和高度负责的态度对待航天事业和航天科普工作,才能不辜负他们的期望!

十年过去了,现在市场上已经很难购买到这本书,周围很多朋友不断反馈,希望能够再版《天地九重》——甚至还有出版社直接找到我,要求再版。对于读者和各出版社的不弃,我非常感动,也十分感激,但由于自己工作繁忙,一直没敢答应。

2021年是中国的航天"大年"。"天问"抵达火星,开始探险,空间站开建,"神舟""天舟"齐上阵……中国航天再次惊艳世界。在大家的建议下，我终于下决心开始了《天地九重》的再版工作，这既是对读者朋友们的回馈，也是一个审视自己过去十年工作征程的机会。

新版《天地九重》保留了原书的框架和内容，保持了原汁原味，仅进行了局部勘误和增补：一是对原书部分内容进行修正；二是增加了部分新内容，反映中国载人航天事业的新进展；三是增加了新图片；四是对版式进行重新设计，采用全彩色印刷，更加符合时代特色。

由于本人水平有限，不足之处在所难免，如有不当之处，敬请批评指正。

于北京航天城

原 序
——我和我们

六年了！神舟五号载人航天飞行,迄今已经六年了！提笔将要记述本书的故事时,这个时间概念带给我一种复杂的感受。六年里,我们的国家和人民经历了许多大事——神六、神七成功发射和中国人的第一次太空漫步、汶川大地震、2008年北京奥运会、新中国六十周年大庆……我和大家一样深切地体验其中每一个灵魂激荡的时刻。与此同时,我的工作与生活也有那么多出乎意料的变化和丰富的内容,让我为之惊讶、激动、回味不已。

我想,不论对我自己,还是对于将要阅读这本书的读者,都应该从六年前说起,应该将时间回溯到那一天——2003年10月15日。

那一天,神舟五号首次载人航天飞行,中国航天获得突破性成功,而我作为首飞航天员,亲历和见证了那个光辉时刻;那一天,是中国历史上具有标志性意义的一天,也是我生命中最伟大的一天;那一天,无疑让我的生活分成了色调和节奏有所不同的两个阶段。那一天之前的若干年,基于保密需要,我和我的航天队伍中的战友们极少为外界所知,那一天之后则举世瞩目;之前默默无闻,日复一日地埋头于艰苦的训练,之后则作为"航天英雄"接受人们的鲜花、欢呼和掌声,而"杨利伟"这个名字也常常与嫦娥、万户一同出现在报章中;之前我们为工作和任务做着不停歇的努力,在安静、单纯的环境中保持身体和精神的良好状态,之后则要在完成这一切的同时,参加各种集会,接受媒体采访,回答人们的问题……

那么,原来的我是什么样的,我曾经做过些什么,是怎么做的,我正在做些什么,将要做些什么,如何去做……

基于上述问题,我写下了本书中的文字,试图以我的亲身经历,讲述一些人物和故事,表达我的感受和体会,告诉人们我的所思所想。

但我必须说,这并不是一本仅仅关于我个人的书。我一直以为,作为一名军人、一名航天员受到关注,是因为我来自中国航天员这个群体,而航天员这个人数极少的职业受到人们的关注,是因为我们代表着全体航天人,代表着国家走向复兴之路的伟大事业与民族的千年梦想,我获得的荣誉也不仅仅代表我个人。所以,从这个意义上讲,这本书既是我的故事,更是我们的故事。这个我们,是指我的航天员战友,是指所有为航天事业付出心血与汗水的人。

在本书中,我会说说我的童年与少年时代。我和我的航天员战友大都生于20世纪60年代,由于时代、环境和物质条件的局限,那时生活艰苦、环境简单封闭,但我们拥有各自单纯、明快的过去,而且这一切对一路走到今天的我们一直产生着影响。

成为一名军人,是我引以为幸运和骄傲的事,是军队给了我一切。这一切并不是指个人荣誉和生活待遇,而是指英雄梦想、精神品格、信念与勇气这些珍贵的东西。在这里,我将讲述自己如何开始真正的成长,那些训练和教育如何塑造了现在的我。我当然还要讲到自己和战友们的飞行生涯,它怎样成为一名航天员必不可少的起点。在航天员公寓的墙上写着这样一句话:"有一种生活,你没有经历过,就不知其中的艰辛;有一种艰辛,你没有体会过,就不知其中的快乐;有一种快乐,你没拥有过,就不知其中的真谛。"我将完整讲述航天员选拔、训练、执行任务的故事。我愿读者能从我的讲述中,真切地看到作为航天员的艰辛、快乐和真谛。这些故事,我和战友们一直在用心体会并且珍藏着。我会尽可能地把飞上太空的前前后后描述出来,那一天是我乐于回忆的,它包含着极大的痛苦,也有极大的欢乐,那里有太空的奇景,有我对人生最深切的感受。

飞行归来的经历也是我要仔细梳理的,一些有趣的人,一些有趣的事,包括那些荣誉、名利对于我意味着什么;我既是一名军人、一名航天员,同时还是父母的儿子、一个女人的丈夫、一个男孩的父亲、许多人的朋友,我有着什么样的生活;我会说一下我现在的工作和以后的打算,包括更多人关心的新一代航天员,以及女航天员的选拔和培养……

虽然我力争让文字变得更加生动,但单纯讲故事并不是我的本意,甚至关于航天的知识也不是重点,我无意让人们仅仅从中猎奇,而是希望读到这本书的人能与我共同分享一些感悟,获得一些启发,在一些地方与我产生共鸣。

比如,在事业发展上,如何坚持自己的理想,热爱和责任在其中起着怎样的作用;

比如,如何真切地认识军队严格的纪律与艰苦的训练,锻炼自己的勇气与意志;

比如,怎样管理时间和精力,以勤奋也以技巧不断超越自己,一天比一天做得更好;

比如,与同伴们相处,既亲如手足,又互相竞争,如何能够让友情与胜利获得两全;

比如,小到如何看待和应对考试,大到如何面对生死时刻的严酷考验;还有如何看待"英雄"这个称号,如何面对荣誉,如何应对财富与名利的诱惑……人说写文章就是"我手写我心",我把写作本书当作一次与知心朋友的交谈,他就坐在对面,倾听我的述说,他充分的理解让我直抒胸臆,坦诚地谈论人生的故事,表达我真实的想法。我期望能从这个角度,在我们所处时代的广阔背景上,勾画出我和我的战友们成长、奋斗的轨迹,反映当代航天人智慧、坚忍、不懈追求的精神风貌。

现在,我们开始吧。

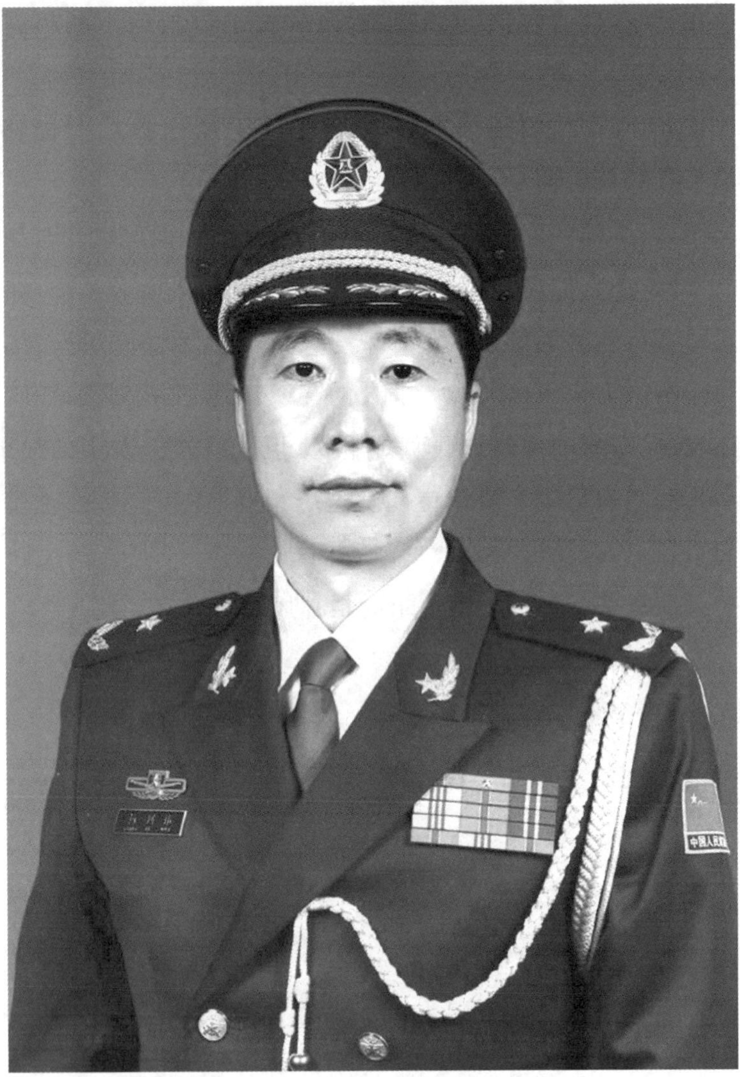

第一章　地平线

小时候，我曾对两件事情感兴趣，因此，在相当长的时间里抱有两个梦想：一个是当一个飞行员，它由来已久，渐渐清晰，在十八岁那年终于得以实现，并引领我走向光荣；另一个则是当火车司机。

选飞，不一样的成年礼

北京西北部宽广、宁静的航天城，十几座建筑中间穿插着数条平直的道路，大面积的草地、树木和花园铺陈开来，低头可见游鱼在小河里嬉戏，喜鹊在草地上觅食，举目则天空寥廓，远山在望。

平时的大部分时间，我都待在这里，往来于航天员公寓、训练中心和办公大楼之间，这三座建筑彼此相隔数百米。建于20世纪90年代的航天员公寓是两层红色别墅式建筑，是航天城里最神秘幽静的所在，而新的训练中心和办公楼刚建成不久，灰白色的纪念碑式楼体上装饰着大片玻璃，高大明亮，气宇轩昂。在我眼里，这些是固定的风景，也是最令我沉醉的风景。

除了上下班时间，航天城里走动的人很少，最常见的是执行勤务的年轻士兵，他们或在路上巡逻，或在哨位上站岗，一脸的青春阳光。走近时，他们向我敬礼、打招呼，我会自然地举起手还礼，如果不忙，则会停下来和他们说话，询问他们年龄多大、家乡是哪里。他们常常让我想到当年的自己。

我相信，十八九岁参军的青年人，多半是怀揣着自己心中的英雄梦想,以及对部队的渴望与向往,一头扎进军旅生涯的。也许当时并不清楚,这已是人生选择的明确方向,甚至会终其一生,坚定不移。

当年,十八岁的我也一样……

1983年初春,我正在辽宁省绥中县第二高级中学读高二。那时的高中实行两年制,没有高三。我即将参加高考,初春万物复苏的愉悦,被压抑在临考复习的紧张气氛中,让人难耐。

还有几个月就是我十八岁的生日。那时候并不像现在有隆重而庄严的成年礼仪式,但,十八岁,意味着我已经长大,我应当成为一个真正意义上的男子汉。虽说我平时很少在意自己的生日,懵懂的心里却盼望着十八岁这一年的与众不同,盼望着破茧成蝶,期待着某种机缘的眷顾。

这一天没有预兆地来了,学校教导主任告诉大家一个消息:空军来招飞行员了,符合条件的可以试试。

我依然清晰地记得那一天。万里无云,阳光明亮得有些刺眼。得到消息后,我的心情也和那天的天气一样晴朗,莫名地高兴又激动,想都没想就把名报了。因为正在学校上课,也没跟父母商量。

报名时间定在中午到下午,我去的时候已经比较晚了,很怕赶不上,一路小跑来到招飞人员所在的教室,门都没来得及敲就扑了进去。我的左脚刚踏进招飞教室,教学楼的铃声丁零零地响成一片。

报名与初选同时进行,我喘着粗气打量着一屋子的人。学校、武装部、招飞办、县医院,各个部门都来了人,这是一次多部门联合面试。

航天城全貌

一名招飞办的干部见我一进去恰好铃声响成一片，就半开玩笑地说："嚄！你踩着电门就进来了。"这一下把大家的目光都吸引了过来。恰巧旁边站着个更威严的领导，看样子是主要负责人，他用颇具权威的眼神朝我看了一眼，说："这个身高、体重都够了……"那时招飞的初选就是这样，先目测，看你的身高、体形，有没有戴眼镜，是不是近视。

这个领导没有穿军装，但他肯定是招飞办的。听他说我"够了"，我心里就有底了。招飞办领导和老师给学生们讲了话，做了选拔动员。接着，所有人排着队，像流水线一样量身高、称体重、测视力……进入初选名单的大约有六十个人，我们要到锦州市去参加全面体检。

通过了初选我很兴奋，但我觉得还没到告诉家里长辈的时候，但马上要离开县城去市里体检了，我不得不把参加选飞的事告诉母亲。母亲有些犹豫，但她看我很高兴，就说："那你就去吧，选不选得上，检查检查身体也挺好的。"我后来理解了母亲的做法，她既不想直接拒绝我，也不想让我因为选不上而有太多失望。其实，我心里也并没有想一定可以选上，虽然这种愿望很强烈——能当飞行员，那是多难的一件事情啊！我们县城好几年都没有一个选飞成功的。我当时也就是抱着要参与，要试一试的想法。

这次体检就是复选。整个过程是在锦州解放军205医院进行的，项目有很多，其中有一项转椅测试看上去很重要，许多人就是在这里被淘汰下去的。轮到我时，等我在上面坐定，医生就让转椅猛转起来，又突然停下，之后让我站住不动，我笔直地站住了，医生又让我判断北在哪里，我明确地找到了方向，测试就算过了。当时我想,和我以前在机场玩过的飞行员器械相比,这个不算什么。

复选的全部过程都相当顺利。复选结束后,六十个人只剩下二十人。我是其中之一。

最后一项是检查眼睛,需要散瞳,那时候药水没现在这么先进,为了保护眼睛,散瞳后得戴一星期的墨镜,所以给每个人都发了一副墨镜。我们一帮人就戴着墨镜回到了学校。20世纪80年代初,一群半大小子大白天戴着个墨镜,用现在的话说看上去很酷,吸引了很多目光,我也开始飘飘然,自我感觉相当好。

我戴着墨镜"飘"回家告诉母亲,体检通过了,入选了。母亲有点儿惊奇地打量了我一下,这份惊奇让我心里相当得意。当时父亲正在外出差,母亲说:"也不知道你爸让不让你去。"这让我开始有些隐隐地担心。母亲多少会担心当飞行员的安全问题,她知道这是个危险的职业,因为部队机场离我们家只有几里地,曾经出过事,摔过飞机。在当地,摔一架飞机,老百姓会当新闻议论很长时间。

等到三选之后,连同我在内,绥中县只剩下六个人。这时候,去不去,能不能去当飞行员就成了我们家的一件大事。母亲专门发电报通知在外出差的父亲回家,一起商量怎么办。当时的绥中县城只有一个小小的邮电所。那时不像现在通讯这么方便,所以有急事都是去发电报。发电报是按字数算钱,因此文字都尽量简洁。

电文一共十二个字:"利伟选飞三选通过,速回商量。"

我知道母亲发电报了,就开始了度日如年的等待,期待中带着煎熬,每天设想着父亲同意如何,不同意又该如何。其实,我心里早就做好了打算，一定要设法让父母同意。可还是有面小鼓在心里咚咚地敲，直到父亲归来的那一天。

我的父母都曾当过老师，在他们看来，考大学是我最正常、最可靠的人生，而考上大学也的确是那时候的唯一出路。因为，那个年代考上大学就意味着端上了铁饭碗，有了干部身份和国家公务员的终身职位。而考不上，则意味着前途渺茫，要么去工厂做工人，要么自己找点儿杂七杂八的事做，总之难成大器。之前我曾问母亲，如果我考不上大学怎么办？母亲很果断地说，今年考不上明年就继续考。所以在父母那里，我要考大学是件毋庸置疑的事，当飞行员则出乎他们的意料。

但父母都很通情达理，为了这件事，我们家还特意开了一个小型的家庭会议。

父亲问我："利伟，你真的想好了要当飞行员吗？"眼里带着问询和关切，我第一次感觉到父亲在用平等的眼光征询儿子的意见。

我很激动，心意已定，斩钉截铁地说："我愿意去做飞行员。"

在我心里，首先认定当兵很光荣，而能做飞行员是我从小就向往的；其次，高考的压力太大了，竞争太激烈，当年绥中的高考升学率不到百分之三，以一个高中生的单纯角度考虑，去当飞行员就不用为了高考玩命学习了。

父亲沉吟片刻，决定尊重我的意愿，对母亲说："他就喜欢这个，你不让他报，以后后悔怎么办，让他去吧！"

"咚！"一锤定音，我心里的那面鼓终于敲定了。那种明快轻盈的感觉让我想狂奔又想飞翔。梦想着有一天，我能驾驶着战机翱翔在天空,保卫祖国,成为战斗英雄。

我没能参加高考上大学,一直是父母一个未了的心愿,即便我后来当上了航天员,也并不能取代上大学在他们心里的位置。2002年母亲来北京时,见我没日没夜、想方设法地学习航天员课程,对我说:"哎,你上高中时要是这么用功,是不是就连清华、北大都考上了?"此时我听懂了老人的感叹。

得到了父母的许可,我继续参加招飞的所有测试。从我们那一期开始,招收飞行员要进行正规的文化考试和智力考试。此后的空军招飞工作一直延续着这个做法,不同的是,在我入伍两年后的1985年,招飞的文化考试正式并入高考。

县武装部把通过三选的人组织到一起,集体开小灶补习。后来,所有锦州地区的候选人在锦州市(葫芦岛当时属锦州地区)参加考试。考官的脸很严肃,大家都不由自主地紧张。考场里只有沙沙写字的声音,空气似乎都凝滞了。

文化课的内容主要是物理、数学等,我考得不是特别好,觉得不太理想,心里没底。但我的智力测试成绩还不错,虽然并不公布,但认识的人互相问一问,我觉得自己的分数算是高的。两项考试都要达到分数线,否则就不会被录取。我们那一届,就有人各方面都很好但文化成绩不好,在最后一刻被淘汰。

我被录取成为飞行员了!录取通知书没有发到个人手里,而是直接下到武装部,由武装部通知。

我们绥中县有五个人同时被录取,这成了当年全县的大新闻,报纸和广播都对此进行了报道。那时的新闻比较少,喇叭里,一天数遍地广播着这条新闻。我们也在一夜之间成了家乡的名人,名字连同招飞一事被写入了《绥中县志》。临走之前,学校举行了欢送大会,敲锣打鼓,我们戴着大红花,县长、县委书记亲自来送行,并请我们吃了饭。武装部部长最高兴了,那时,多走一个就奖励武装部两千块钱,这在当时算笔巨款了,而且,原来目标是送走两个,这下走了五个,武装部超额完成了任务,奖励也多了一倍多。学校也很高兴,走一个,学校就算高考考上一个,我们学校一下就走了三个。

当年,我们的学校叫绥中县第二高级中学。2004年,改名为"绥中县利伟高中"。我所在的班级被命名为"利伟班"。我觉得这是家乡的父老乡亲在看着我,令我无法懈怠。

奇怪的是,在离别时热烈、喧闹的场景中,我却异常平静。即使是登上火车启程的时候,送别的家人、老师和同学边道别边流泪,同行的伙伴也泪水涟涟,我却没有想流眼泪的感觉。至今我想象不出自己那时何以如此坦然、冷静,直到有人喊我的名字,我才抬起手,向父母、姐姐和弟弟,向包括县领导、学校老师和同学的人群挥了一下手,告别了家乡,也告别了那个少不更事的懵懂自己。

我难以记起当时在想什么,未必就是对这样的仪式无动于衷,也不是对将来的一切了然于胸。我仿佛沉浸在梦游的感觉中,突然实现了童年的梦想——可以去开飞机了,我将成为飞行员了,真不可思议!

可飞行学院究竟是什么样我又难以想象。我就这样稀里糊涂地跟着大家登上了离家的火车,潦草地挥别了自己的少年时代,从此奔向辽阔的远方,奔向高远的天空。

谁不说咱家乡美

现在想来,我并不是不眷恋我的家乡,而是童年就有的飞翔梦想让我暂时离开了她。当兵以后,我无数次在梦中回到故乡,走在熟悉的小城街道,和小伙伴嬉笑玩耍。母亲慈祥的眼神,父亲有力的大手,一句句乡音,一桩桩往事,在梦里千回百转,萦绕不去。

我的家乡是辽宁省葫芦岛市绥中县。如果坐火车,出了山海关,第一站就是绥中县城。绥中,自古即是连接关内外的咽喉要地,南临渤海,北倚燕山,东和兴城市为邻,西与山海关接壤,素有"关外第一县"之称。

小时候,大学中文系毕业的父亲曾告诉我,绥中建县于1902年(清光绪二十八年),20世纪初,清政府因"地方辽阔,鞭长莫及",在"中后所"分县设治,县取名绥中。"绥"即安抚绥靖,"中"即县治在中后所,"绥中"乃永远安宁的中后所之意。

父亲曾说,一个人,无论走到哪里,都要记得你来自何方。家,是你的根本,只有热爱故乡,才能热爱祖国。家国天下,中国人总是把家庭、故乡、祖国的命运紧紧地联系在一起。

抗日战争期间,绥中处于伪满政权的统治之下,当地的伪满学校要求用日语教课,不许学生学习中国汉字。每天清晨都唱日本歌曲,面对日本人必须鞠躬行礼问早安。然而聪明的中国人利用谐音,嘴里念叨着"我一哈腰鬼子你就得死",时时刻刻不忘记自己是个中国人。那时,"不做亡国奴"是每位家长对孩子的教诲。

1943年春,中国共产党组建凌青绥联合县办事处,统辖西北部抗日游击根据地,属冀热辽边区热东十六专署。1945年,"八一五"东北光复,八路军收复绥中县,9月10日成立绥中县政府,属冀热辽边区热东十八专署。

从抗日战争、解放战争到抗美援朝,绥中人民为革命做出了巨大的贡献,近万人献出了宝贵的生命。1948年9月12日,荒地镇火车站打响了绥中解放的第一枪,截断了国民党军队通向关外的通道,也拉开了辽沈战役的序幕。经过浴血奋战,人民解放军于9月28日攻克绥中县城,和平的曙光从此照亮绥中大地,同时为辽沈战役的胜利创造了十分有利的条件。

绥中县城作为战场,曾遗留下大量的炮弹、子弹。我和几个同学就曾在河里捞出过一个像迫击炮弹那样的东西。我们七嘴八舌猜测可能是新中国成立前打仗遗留下来的。但不知到底是什么,就尝试着拆它。没有拆开,又看能不能把它弄响,鼓捣了好久没动静,我去捡了个半截的钢锯条,把它锯开了。现在想想,里面的炸药没爆炸真是幸运,而当时自己却一点儿都不知道危险。

上学的时候,每年的清明我们都要去绥中县烈士陵园扫墓。烈士陵园内苍松掩映,翠柏滴绿。巍峨耸立的纪念碑上,"为人民解放事业牺牲的烈士们永垂不朽"十七个大字熠熠生辉,显得格外凝重。那里长眠着在辽沈战役中牺牲的烈士。很多孩子都是在纪念碑前宣誓，加入了少先队和共青团的。这是生活在辽沈战役这片土地上大部分孩子共同的记忆。

至今，家乡的中小学生清明去烈士陵园扫墓的活动依然保持，并成为传统。站在褐红色的沙土地上向纪念碑默哀，我总觉得那是烈士鲜血染成的颜色。很多战士在肉搏的时候和敌人死死地抱在一起，入葬时都无法分开。

在所有人的记忆中，自己的故乡总是美的。我一直爱吃家乡的土特产，直到现在，我还酷爱吃海鲜，那和我的家乡紧邻大海有关系，我平时不怎么吃水果，但家乡的白梨是我的最爱。在土特产公司上班的父亲曾经背着装有绥中白梨的皮包去全国各地参加展览。绥中白梨那甘甜多汁的味道和口感，深深印在我的记忆中。

绥中县城是一座虽然普通但是漂亮的小城。和当年大多数县级城市一样，两条主要的街道交叉处成为小城的中心，小县城周围有着大片大片的庄稼地。我上小学时，经常放学走回来，路过庄稼地就捡些玉米秸等柴火回家。但绥中又是一座不凡的小城，它不仅傍着大海，而且离京东首关——九门口长城很近，"水在城下流，城在水上游"，九门口长城这座古代的军事防御设施带有了些许的诗情画意。

九门口古名"一片石关"，号称"京东首关"，始建于明洪武十四年。

长城依山势起伏盘旋升腾，九道水门横跨两山之间，建筑结构独特，防御设施密集，形成"城在水上走，水在城下流"之势，被称为"水上长城"。九门口是明长城的重要关隘之一，历来是兵家必争之地。明末李自成和吴三桂,民国直奉两系军阀以及我解放军在辽沈战役中,都在这里殊死拼杀过。

了解自己的家乡,热爱自己的家乡,一直是父母对我的教育。如今,我对自己的儿子杨康宁的教育也是如此,虽然作为航天员,我的工作有一定特殊性,但每年我都会带儿子回老家转转。

我会带他去绥中县城数十公里外碧波粼粼的止锚湾。传说,曹操"东临碣石,以观沧海"指的就是此处的碣石宫。止锚湾东侧,在距岸边200余米的海面之中,耸立着三块巨大礁石,高出海面约20余米。民间传说是孟姜女投海葬身之处。每逢落大潮,从岸边到礁石隐约现出一条巨石铺就的海中栈道,可直达礁石脚下。在姜女坟的东西两侧海岸,各有一峭壁伸向海面,东侧叫红石砬子,西侧叫黑石砬子,像两条巨龙静卧在海中,构成似"二龙戏珠"的独特景观。

近年来,考古发现证明,姜女坟就是当年秦始皇、汉武帝、魏武帝"东临碣石,以观沧海"的碣石,红石砬子、黑石砬子和碣石正对的石碑处,也都发现了秦汉时期皇帝行宫的大型遗址。

当儿子依偎在我身边听我给他讲这些历史传说时,我的记忆就会穿过时间的长河,清晰地闪现父亲面对大海吟诵《观沧海》的情景。父亲大学读中文专业,他能够背诵的诗词是我这个学理工的儿子望尘莫及的,父亲背着手,任海风吹乱自己的头发,裤脚被海水打湿也岿然不动。

> 东临碣石,以观沧海。
> 水何澹澹,山岛竦峙。
> 树木丛生,百草丰茂。
> 秋风萧瑟,洪波涌起。

日月之行,若出其中;

星汉灿烂,若出其里。

幸甚至哉,歌以咏志。

父亲的吟诵,时而被海浪的声音淹没,当吟到"日月之行,若出其中;星汉灿烂,若出其里"时,我竟似懂非懂地停住追逐浪花的脚步,站在父亲身边,一起望向大海深处。茫茫大海与天相接,空蒙浑融。寥廓无垠的宇宙,日月星汉的运行,似乎都由大海自由吐纳。谁曾想到,多年后,我竟然会在茫茫太空中热切寻找家乡那片大海的影子呢?

二十多年后的现在,绥中县城的发展和建设,已经今非昔比了。我曾数次应邀回去参加地方或母校的活动,每次回去都发现,家乡的变化日新月异,家乡人民为国家的航天成就感到骄傲和自豪,我也得到了来自家乡父老最诚挚的爱戴。

在葫芦岛市龙湾新区大街中心转盘,建有一座飞天广场。它以弘扬载人航天精神为主旋律,已经成为葫芦岛市的标志性建筑。广场由我的写实全身雕塑、抽象"飞"字造型主体、花岗岩浮雕、九天柱及14级

在葫芦岛飞天广场落成仪式上

台阶等组合成的艺术雕塑,目的是将辉煌的一刻留作永久的纪念。广场纪念碑文上写道:"被誉为'中国航天第一人'的首飞航天员杨利伟系本市绥中县人,时年三十八岁,此次勇当大任,一飞冲天,功勋卓著,被中共中央、国务院、中央军委命名为'航天英雄',家乡倍感荣耀。"这座雕塑我一直看作是雕刻所有航天人形象的纪念,我一直认为我的成功是所有航天人的成功,它属于所有为航天事业奋斗的中国人,我认为家乡人民对我的期盼,是对千千万万航天人成绩的肯定。因为航天人"特别能吃苦、特别能奋斗、特别能攻关、特别能奉献"的载人航天精神,确实值得颂扬和学习。碑文上的文字契合了我对家乡的期望:"所望中华儿女、滨城子孙怀飞天之鸿志,踵英雄之壮举,共致中华民族大复兴,共图人类文明光大传承,共祝家乡昌盛腾飞。"

模仿英雄的游戏童年

1965年6月21日,我出生在辽宁省葫芦岛市绥中县一个普通教师家庭,一家五口人,父母、姐姐、我和弟弟。上幼儿园时,我的名字还是"杨立伟",等到上小学认了字,自己觉得"站立"的"立"哪有"胜利"的"利"有气势啊,于是自己改成了"杨利伟"。20世纪70年代,是一个崇拜英雄、渴望理想实现的年代。我们是从小听着黄继光、董存瑞、邱少云、雷锋这些英雄故事长大的一代。姐姐"立军"大概觉得"美丽"的"丽"更适合一个女孩,也改成了"杨丽军"。

我第一次显露"英雄气概"是上幼儿园大班的时候。那时,绥中县城的道路上鲜见车辆,每天我都从幼儿园自己回家。路上有时会遇到比自己大的孩子拦道,上来便问:"你有哥哥吗?"如果说自己有哥哥,而且不止一个哥哥,他们就会害怕了,让你过去。如果说自己没哥哥,那免不了要被欺负一回。一些比我小的孩子总是被欺负,于是,我就担当起他们哥哥的角色。每天幼儿园放学,我都组织幼儿园中班的孩子一起回家,人多势众,再也没有大孩子敢来欺负我们。

直到现在,还有些同学或朋友叫我杨哥,我想可能和我有个弟弟,心理角色一直是保护弱小、主持正义的哥哥有很大关系。

在当年的绥中县城,我家的生活条件算是中等。父亲在土特产公司工作,母亲是一位中学教师,都是拿工资的国家工作人员。但是,我们家并不富裕,在那个物质短缺的时代,大家的生活条件似乎都差不多。当时,规定每月人均三两油、半斤细粮,除此之外就是玉米面和高粱米,好不容易攒点白面还得等到过年才能包点饺子。家里的主食主要是高粱米,现在市面上的高粱米变得好吃多了,要磨好几遍,甚至比大米还白,我小时候吃的是那种红色的高粱米,实在不太好吃。

至于菜,只有夏秋才能吃到时令蔬菜。东北的冬天,则只有大白菜和土豆,还是秋天储存起来的。那时我常跟隔壁的孩子一起拿着肉票去排队买肉,当时买点儿肉不容易,不像现在,都爱挑瘦肉买,那时没人买瘦肉,都买肥肉,拿回去好炼猪油。几乎每家都有个小坛子,里面装的肥肉炼出的乳白色的荤油,实在没有菜的时候,就挖两勺荤油放到米饭里和着吃。荤油和饭,再浇上点儿酱油,曾经是我向往的美食。小的时候不挑食这个习惯对我很有好处,直到现在,我也不讲究吃,一碗饭,只要有点儿咸菜,我都能吃得很香。

我和姐姐、弟弟经常去拾柴,其实就是去把剩在地里的玉米茬子刨出来,拿回家烧火。家里的炕洞要是串了烟,就满屋满院的灰烟弥漫,每个人都成了包公脸。那时也烧煤,但很少,因为买煤是要煤票的。

由于县城临海,鱼、虾、螃蟹经常可以吃到,那时的海鲜和现在可不是一个概念,当时很便宜,两个鸡蛋就可以换好几只又大又肥的螃蟹。卖海货的人用车子推着箩筐里的螃蟹，走街串巷地吆喝："螃蟹，大海机螃蟹嘞。"我们说的海机螃蟹就是梭子蟹，很肥，满盖儿的黄。没有蔬菜吃，我却能吃上不少鱼、虾，所以直到现在我都特别喜欢大海，喜欢吃海里的东西。只要有机会，我都会去海边，每年的寒暑假，我几乎都会在海边度过。

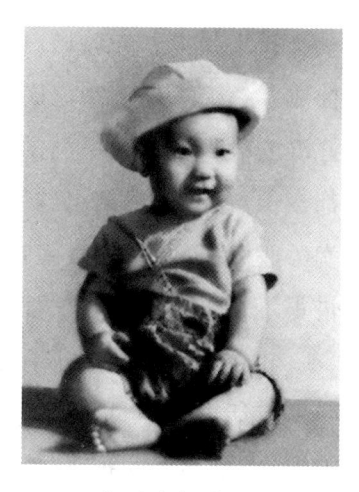

1岁时我挺潮吧

之所以不厌其烦地说小时候的生活，是因为许多次和航天员战友们聊天，发现大家的童年都大致相似，经历也有许多相似。贫乏的物质、单纯的生活是我们对过去的共同记忆。这不是"忆苦思甜"，而是想认真回想一下，童年与我们的今天有什么样的联系。

那时的生活条件与今天相比，自然有云泥之别，但是，我们也拥有现在的孩子所没有的东西，有限的书本、自制的玩具、无边无际的奔跑，一切与现在孩子们多么不一样。

当年，我们家的生活水平谈不上贫困，毕竟父母两个人都在挣工资。但除了保障我们吃得上饭，父母基本上没有经济能力再满足我们的其他要求。有一个阶段，我特别渴望看书、买书，但家里实在没钱，没办法，我就出去捡东西卖，有时会从工厂扔的垃圾中捡到铁块什么的。当时的小人书几分钱一本，我就一分钱一分钱地慢慢攒，攒几毛就买一套，逐渐积攒了很多小人书，全都是惩奸除恶、报效祖国、为国捐躯的英雄故事。

我当兵离家的时候,那些小人书依然保留着,装满了好几个抽屉。《水浒传》《铁道游击队》《野火春风斗古城》,各种英雄好汉的故事都是成系列的、完整的。遗憾的是,这些小人书最终都没保留下来,我弟弟结婚的时候,收拾家里,以为是不要的,就卖给收废品的了,也没卖出几个钱。当时我远在部队,听说后可惜得不行,也有些生气,那可是我童年的珍藏啊。

我在那时就养成了看书的习惯,当然,除了看小人书,还看一些童话书。不只自己爱看,还爱给别人讲。我到姑姑家过假期时,会给那里的孩子讲很多他们从没听过的故事。

姑姑家在兴城的海滨乡,打开窗子,就能看见一浪推着一浪的大海。当时的东北农村还没有通电,用油灯,七八点钟天一黑就睡觉了。放假时,我就到姑姑家住几天,跟农村的孩子玩得很好。他们没那么多课外书看,我是从县城来的,看的书多,知道的故事多,我一到那里,就有很多孩子围着我听我讲故事,我就讲《安徒生童话》,讲《小灵通漫游未来》,这些书我几乎能背下来。

每次我讲故事的时候,围着我的小伙伴们都一声不吭,听得非常入神,油灯的光芒在他们的眼中忽明忽暗,连口水流下来都不知道擦。自己也讲得眉飞色舞,觉得很神气,东北的火炕,很大很温暖,一炕的孩子挤在一起,讲到关键时刻我要是故意停下来,他们就特别急切、特别诚恳地央求我。

"后来呢,后来呢,你快说啊!""后来啊……"我故意放慢语速,装作一副回忆故事的样子。"求你了,快说吧!杨利伟,快说啊,快说啊!"小伙伴们拉着我胳膊左右摇摆着,恳求我继续讲下去。我带着一份小得意,心满意足地继续讲。那些天方夜谭一样的故事给他们带去了快乐,也让我觉得特别有成就感。

我的性格跟童年时期相比,变化不大。虽然调皮,但话不多,当然也可以这样认为,虽然话不多,但我很调皮。

姐姐有女孩的游戏,基本不跟我玩,弟弟又比我小七岁,我成为三个孩子中最淘气的,也自然成为姐弟三人中挨打最多的一个,"行刑"的主要是父亲。因为什么事情没听招呼,或者又调皮了,东北的扫把,他拎起来就打,虽然算不上疼,但是对我很有威慑力。

家里要求放学了要回家,要做作业,不能跑出去玩,但那时经常做不到,回家晚了作业没按时做,就要挨打;有时候淘气,在外边把人家玻璃打碎了,人家找到家里来,也少不了挨一顿打;我还经常和人家摔跤,放学之后你不服我,我不服你,不罢不休地,一玩两个小时,一身泥一身汗地回家,有时也会挨打。

幼儿园毕业时我们和老师合影留念(我在二排右四)

长到十岁左右,我最常干的一件事,就是玩打仗游戏。常在机场附近的开阔地带"开战",那里有一种豪迈的气息,有平坦的跑道,有草地,还有以前日本人留下的炮楼。孩子们分成两伙,一伙人守,一伙人攻,通常是身体结实的演好人,矮小瘦弱的演坏人。战斗开始时用石头和土块互相攻击,经常是直打到一方有人"负伤"——谁被石头砸哭了,大家才惴惴不安地各自回家。

上小学二年级的时候,我带领我方"战士",以一个小土坡作为掩护,用石头向敌方发起了猛烈的进攻。"枪林弹雨"中,我把一个同学的脑袋给砸破了,那个同学叫二宝。老师带着二宝缝了三针,我存在老师那儿的零用钱全都变成了二宝的医药费。那时候老师鼓励我们储蓄,有几分钱就放老师那里储蓄,我攒了很长时间,快到十块钱了,这个数字已经算一笔巨款了,结果一块石头砸出去,老师就顾不得我心疼把小猪储蓄罐打碎了,拿我储蓄的钱给二宝当了医药费。

看着二宝头破血流,我实在是万分愧疚。可爱的小猪储蓄罐砸碎了,也把我心疼得够呛。现在想来,我之所以那么热衷于"打仗"游戏,是因为从小就埋藏在心里的英雄情结,渴望有一天能冲上战场,保家卫国。在孩子的理解里,英雄一定最强、最厉害,不怕危险、永不服输。在这种英雄情结的影响下,我形成了争强好胜、不服输、挑战刺激的性格。

最热衷的游戏

有两个游戏是我最为热衷的:一个是溜冰,另一个是游泳。当时,我家附近有一条河,一到冬天,我们就到河面上溜冰。那时没有什么冰鞋,自己做,制作方法主要是在木条下镶上钢锯条,然后用皮带固定,一只脚踩在上边,为了牢固,有时把脚也塞在皮带里,另一只脚在后面踏蹬冰面,产生推动作用。这种简易的冰鞋,看着不起眼,跑起来却特别快,我就常"驾驶"着它在冰面上"抓人"。

不过,玩冰鞋都是偷偷摸摸的,一旦被父母发现就会没收,主要是怕我掉到冰河里去。所以,早上上学,我就把冰鞋塞进书包偷偷带出去,放学回家,再把它藏在家里。院里储存的大白菜、柴火堆、装苹果和白梨的竹篓,基本上所有的角落都被我藏过。

现在想来,我学溜冰特别快,半天就掌握了平衡,可以四处滑行了,速度绝不亚于体校滑真正冰刀的人。其他孩子过来讨好地问我:"你以前真不会滑吗?"我的运动细胞和协调能力在儿时的游戏中就体现出来,而这些游戏又促进了我的运动和动手能力。

因为爱玩又比较会玩,所以我人缘特别好。同院的孩子很多,每天都会有几个孩子一大早就跑到我家门口,等着和我一起上学,放学后也和我一起不直接回家,而是到处玩。

母亲最怕的就是我和伙伴们去游泳,我却最喜欢游泳,可以算得上是"屡教不改"。后来到飞行学院时,许多人视为巨大难题的游泳科目成了我的撒手锏,当然那是后话了。

弟弟小我七岁,等他长大点能跟我玩的时候,我已经不愿意带他了,我更爱跟年纪差不多的同学在一起玩。记得刚刚上小学那会儿,弟弟见我出去游泳,不带上他,就回家向我妈告状:"我哥又去洗澡了……"我们那儿不叫游泳,叫洗澡。听说我又到河里洗澡去了,妈妈就过去揪我。

我们那时候都光着屁股游泳,妈妈过来找,对着河里喊:"杨利伟,你给我上来!"其余的小伙伴见有人来,都把身子藏在水里,只露出一个个小脑袋。而我却要在妈妈的喝斥声中乖乖地爬上岸来,在伙伴的嬉笑声中,跟我妈回家。这让我在同伴们面前基本上威风扫地,颜面无存。

游泳时还发生过一次危险。现在那个同学在老家工作,经常到北京来和我见面,我们都叫他小胖。那天,我们两个在一条很宽的河里游泳,从一边游向对岸,小胖游到一半就没劲了,越扑腾越往下沉,一冒出头就喊:

"大哥救命啊……"接着他又沉了下去。

我已经游到岸边了,听到他喊"救命",便赶忙回去找他,其实我也很害怕,我能游到对岸也挺费劲的。我奋力游到他身边,伸手把他拽住,但是我的力量也不大,他又把我拽了下去。我挣扎着拉住他向岸边靠近,万幸的是游到了岸边,这样一路扑腾,我们俩都喝了很多水。

危险过去后,我俩累得躺在草地上,一声不吭,肚子里是河水,心里是紧张过后的阵阵空虚。歇了一会儿,忽然发现衣服还脱在对岸,还得游回去拿衣服,小胖是不可能再游回去了,只有我去。我无可奈何地又游回去,拿了两人的衣服。小胖和我约定,这不是什么光荣的事,不要对家里和别人讲了。我也没敢跟家人说,说了肯定更得限制我游泳。小胖大名叫陈绥新,到现在聊起来还说我救过他,要不然他那次就淹死了。

当年,是因为没有更多的东西可玩,自己就琢磨着玩,想着法儿地玩。回想起来,我那时喜爱的玩具似乎都与武器有关。

我曾经玩过子弹,找一个铁筒,当作枪管,然后把子弹装进去,拿小锤子从后面敲,企图把它敲响。现在的一些电视节目和电影,会在画面的下方打上"剧情需要,请勿模仿"的字样,我觉得这很有必要,孩子们的一些突发奇想总是会让大人始料不及,虽然每个人都曾经是个孩子。当然,我讲述的以上种种危险的事,是不懂事的小孩子所为,不要模仿,毕竟,现在有了更安全、更先进、更有意思的玩具让人玩得尽兴。

我还自己动手制作各种玩具。打弹弓,用木头削手枪,用铁丝做手枪再装上自行车链条打火柴,用木棍和钢锯条做简易冰鞋等等。这样锻炼的动手能力在神五、神六、神七的训练当中起到了关键作用——很多第一次训练和合练的科目都是我操作的。

很难说清小时候的经历对我的影响都包括哪些方面,但我认为,它们或许是我身体、能力、行为方式的基础。我保持了强烈的好奇心,有了对危险事物的尝试与经历,争强好胜并勤于行动,在多种游戏与运动中锻炼了良好的平衡能力,并且似乎还天然地知道如何保护自己——虽然那时候闯祸不断,玩得花样翻新,我竟然从来没受过伤,连伤疤都没落下一处,否则,在后来的飞行员体检和航天员体检中早就被淘汰了。这对我来说算是个奇迹。

按部就班的学生时代

我童年与少年时代最重要的学生生活,似乎没有什么出乎意料和不可思议的事情,当然,小学五年、初中三年、高中两年的十年当中,也并非乏善可陈。实事求是地说,我算得上是一个好学生。

我们家在当时的绥中县城里算是比较纯粹的知识分子家庭,父亲曾在党校工作,母亲则一直在学校教书,"循规蹈矩"应该是对我们这种家庭的最好概括,自然,父母对我姐弟三人的管理相当规范。

我并非天才,但也不笨,加上家庭严格管束,个人也算努力,所以,我的学习成绩优良。小学四年级的时候,我就开始参加数学竞赛,还经常拿奖。那时候的奖品比较隆重的是书,一般就是北京海淀出的习题集;一般的奖品是一个本子,不同的是封皮上有一个大大的"奖"字,因为有这个"奖"字,这个本子就变得价值不菲了。班上的同学经常拿两三个本子跟我换一个带"奖"字的本子,反正我还有很多,就换给他们。

进入初中之后,我考上了一所重点初中的重点班。我特别喜欢物理这门课,直到升入高中,还担任物理课代表,对数学也很感兴趣。对物理和数学的爱好一直保持到现在,这对我后来能比较顺利地学习航天的相关知识起到了积极作用。另外,可能跟父亲是大学中文系的毕业生有关,我爱读书,作文成绩一直比较稳定,写东西对我来说并不费力,有一篇作文甚至还上了当时的初中作文选,题目好像是《周总理接见了我》,实际上,那时周总理已经去世了,我写的是一个梦。

每一个孩子都爱做梦。我那时经常会做关于飞翔的梦。有时像鸟在天上自在地飞翔,有时又像猴子从高大的树上灵活地跳跃下来。每当我对母亲说,我又梦到了飞,母亲总是笑着说:"那是你在长个子。"尽管我小的时候比较顽皮,放学也偷偷跑出去玩,但实际上,我的学习从来没有放松过。毕竟玩归玩,我心里很明白好好学习的原则。父母为人师表,更要求自己的孩子勤奋用功。我们家的孩子都很刻苦,后来,弟弟也考上了大学,这跟家庭教育有很大的关系。每天晚上,身为老师的母亲都要备课,我们就坐在她身旁写作业。不会的问题随时提出来,母亲和父亲都会耐心地解答。

当时绥中县城经常停电。蜡烛的价格比较贵,我们就点着煤油灯看书,第二天早晨起来常常"灰头土脸"的。到了冬天,则借着火炉的光看书。边看书边取暖,并不觉得苦。

如果"双重性格"不是一个贬义词的话,我承认我是。尽管玩起来可以忘记一切,但在读书学习时却也不会马虎,尽管说起来有些淘气,但说不上顽劣,整体上是个比较听话的孩子。不过,我的性格中也有很倔的一面,平时很好说话,跟谁都和和气气,但如果真把我惹急了,我的倔劲上来会让事情变得不好收拾。上初二时,我的"双重性格"崭露了头角,发生了一次类似"青春期叛逆"的事件,我把老师给惹火了。

小学时我成绩非常好,毕业的时候进了一中,是个重点学校,还进了尖子班。初中第一年,我的成绩都很好。从初二开始,成绩慢慢地就不是特别突出了。

十三四岁,和我现在正读初三的儿子年纪差不多,我进入了青春期,也像大多数青春期的孩子一样,性情有些叛逆,成绩变得不太稳定。老师看紧一些,或者是父亲对我发一次火,我的成绩就会比上次好一些,不然就下降。老师看管的松紧程度和父亲发火的厉害程度,与我的成绩基本上成正比。

有一次上课,我手里不闲着,拿一支笔转来转去,老师就把笔没收了。我很不高兴——我又没说话,也没影响别人,没收我的笔干什么呀!

于是又拿起另一支笔继续玩,又被老师没收了。我急了,我自个儿玩笔咋就不行,我从铅笔盒中又摸出一支笔,下意识地开始反抗老师,就这样,被老师连着没收了四支笔。老师气得够呛,我自己也生了很大的闷气。

几乎教我的所有老师都和我母亲很熟。因为教师会有一些交流调动,当时县里有四所中学,我母亲曾经在其中的三所任教。于是,老师就来我家家访了,其实就是告状。我母亲一看,怎么老师拿着一捆笔来家访了?老师对母亲说:"我没收一支,他就又拿出一支,最后我没收了一捆笔,这孩子是不是故意气我呢?"

一般情况下,每次家访后,父母都会根据老师反映的情况给予我特殊"关照",情节较轻的挨批评,情节较重的要受点皮肉之苦。那次老师走后，我的结局可想而知。

我记得那是我最后一次挨父亲的打，挨打之后又接受父母的开导，记忆深刻。那件事让我明白了，你可以自由，可以调皮，但要遵守有形或无形的规则，一定的限度内，老师、家长或者社会可以容忍，超过了这个限度，你就要付出代价，这个代价可能是大家对你的失望，而你必须独自承担所有后果，接受应得的惩罚。中学时代得来的这个教训使我变得更加遵守规则，无论是部队的纪律还是国家法度甚至做人的道德准则。

在获得了党和国家、人民给予的荣誉之后，我不仅恪守不怠，甚至对自己提出了更高的工作和生活原则。有许多人觉得我活得累，但我却习惯了。不要去碰触这些原则，否则将付出沉重的代价，这是我少年时代就得到的训诫。

按传统的教育方式和一般规律，学生的一切都围绕着成绩进行，所以我对学习抓得比较紧。虽然有自己的想法，但是不得不把那些似乎不切实际的东西按捺住，更多地想怎么去学习，怎么提高成绩。这与父母对我的要求直接相关，父母并没有明确的想法让我长大后去做什么，对我的教育就是：你要好好读书，要把基础打好，要上大学，掌握知识，去面对社会。

现在，我也是一个十三四岁男孩的父亲。站在一个父亲的角度来反思，我对自己的儿子所抱的心愿也基本相同。父母对孩子的希望与要求，大略如此。而实际上，父母对孩子的内心深处到底在想什么却未必知道，十三四岁的少年，已经有了自己的思想，有了自己对未来的期许，有了自己朦胧的向往。

很可能父母对孩子的希望，却并不是孩子的梦想。按父母再三指出的奋斗道路，我那时有比较"实际"的想法，想自己能不能做科研工作,当工程师或者科学家。而在内心深处,却有另外的事物吸引我,并且从童年与少年的懵懂中慢慢浮现,明明灭灭,闪闪烁烁,似乎遥不可及,但却越来越清晰。

我隐藏着它,不太相信真的有机会让它变成现实。

我有两个梦想

不知儿童行为研究方面的书怎么说,但一个基本的道理我是知道的:儿童时代是一个人生命的基石,一个人后来的所作所为,都可以在他的童年中找到根据和源头。

如果一个人小时候对什么发生兴趣,这将会对他的思想意识产生潜移默化的影响,如果有机遇,他就会去从事与此相关的职业,并有希望做好。

小时候我曾对两件事感兴趣,因此在相当长的时间里抱有两个梦想:一个是当一个飞行员,它由来已久,渐渐清晰,在十八岁那年终于得以实现,并引领我走向光荣;另一个则是当火车司机。

除了生活环境中那些具体的东西,我们小时候看不到电视,也没有更多的媒体,所能接触到的就是小人书和为数不多的电影,通过它们掀起的小小一角,我们可以看到一些"外面的世界"。而那些风景却可能对我们产生很大的触动,心中无限向往,然后竭尽所能地去模仿。

童年时我看过一些电影,很多电影看过了兴奋一阵也就过去了,《铁道游击队》却是我一直喜欢的,看过很多次,算得上百看不厌。也可能因为我们那里有铁路,有火车,种种想法比较容易演练,更容易进入想象情节。

看完电影后的星期天,我会与伙伴们一起来到铁路边上,无所畏惧地看着火车呼啸着驶过来,然后沿着铁轨进入站区,学习游击队员的英雄行为,在蒸汽火车的腾腾烟雾中爬上车厢,一个接一个往下跳。我跳完后想,如果自己会开火车的话,那是个什么状态呢?要是能去开火车,不仅非常英勇,而且显得特别有本事,那么一个庞然大物听从我的驾驭,一路呼啸,奔向远方,那有多了不起啊!

这个梦想虽然算得上强烈,其实存在的时间却相当短暂,随着我从儿童变成少年,从小学读到中学,电影从记忆中变淡,梦想也就烟消云散了。

而当飞行员这个梦想,对我而言却完全不同。我不相信宿命,但是后来每每想起由儿童到现在的所有事件和过程,还是会问自己:飞行和蓝天,是不是注定是我生命中的组成部分?

关键的关键是我的家乡绥中县城有海军的一个机场,现在还是海军的一个训练基地,它就在离我家不远的地方。

当年我们幼儿园和部队搞军民共建活动,八一建军节时排了个小节目去机场演出,是一个集体舞蹈,叫《小小飞行员》。我穿着小飞行员服装,在其中扮演一个角色。演出后我们去机场观看了飞行。我吃惊地看着银色耀眼的飞机腾空而起,不久后从天而降,又看见飞行员穿着飞行衣,戴着飞行帽,从飞机上下来,排着队,高大而神气,心里又崇拜又羡慕。那是我对飞行和飞行员的最初印象。

我给儿子讲飞船的故事

从那以后,机场上空就成了我特别关注的天空,机场则成了我最想去的地方。飞机整天在头顶飞过,做空中动作,我经常一站许久,仰望蓝天,看天空的飞行训练。给我印象比较深的,是飞行员跳伞,从很高处跳,我在家抬头就可以看到。雪白的降落伞徐徐飘荡,我的心情也跟着飘飘悠悠:掉哪儿了,掉哪儿了,伞掉到什么地方了?我觉得我的灵魂被飞机、降落伞和蓝天带走了。

我的小学同学和中学同学,有些就是来自机场的部队子弟,我和他们相处都不错。上初中时我们是自己带中午饭到学校吃的,正赶上最能吃的年纪,我经常吃的是高粱米和小杂鱼,而机场子弟带的饭菜明显比我们高一个档次,他们吃的都是细粮(大米)。那个年代,大米很少见,更何况他们经常吃呢!这让我发现,即使从生活待遇上说,当飞行员也挺不错的。

我经常跟同学去机场,不单是玩游戏,更多的是玩那里的训练器械。我们有时能近距离看飞行员们训练,过后就忍不住要模仿他们的样子上去试试。

读初中的时候,我和同学们有机会尝试了旋梯滚轮,大部分同学一上去就受不了,几分钟不到就呕吐个不停,大喊大叫着,表情痛苦不堪。而我上去后,却几乎没有什么不适的反应。接下来做其他器械,也基本能轻松胜任。等到能对所有训练器械应付自如时,我心里暗道:飞行员能做的我都能做。

似乎就是在那个时候,"当一个飞行员"这个念头变得清楚起来,不再是一个朦朦胧胧的愿望,不再是不着边际的幻想,而是变成了比较具体的想法。为了能锻炼出合格的体魄,我给自己制订了一个包括踢毽球、游泳、长跑等在内的详细健身计划。就是节假日回到家中,我自己也要去屋前的门楼上做规定数量的引体向上。

因此,从那一刻起,飞机从头顶飞越而过的轰鸣就有了另一种意味,好像那就是对我的召唤,就是给我的询问和示意。我会激动地仰望,想象一位飞行员,在天空驾驶着飞机,正像《鹰击长空》中所描绘的那样纵情飞行。

但高中时,紧张的学习和具体的高考目标几乎压抑了我所有妄想,要当飞行员的想法和去机场的习惯却没有被消灭。我有一个关系要好的同学,他的父亲就是一位飞行员,他有时会把他父亲的飞行头盔拿出来,我戴在头上,感觉那么亲切,整个人都那么舒畅。有时,我们会去他家,他那位飞行员父亲会带我们去机场办公室,看看他们的枪,摸摸他们的装备,看看各种各样的飞机模型,之后我们就在他们身边玩或看书。那个时刻,我的心情特别安稳,不想做别的,不想离开,好像那里就是我应该待的地方。

　　从那时起,热爱飞行、向往飞行、羡慕飞行的感觉就深深在我心里扎下了根。那些痴迷、沉醉、梦想和希望,连同后来的训练,飞行不知不觉地融入到我的血液、深入到骨髓。我成了飞行员又成了航天员,后来有很多机会,我可以离开飞行去从事别的职业,或许在名利上得到更多,但是飞行始终是我的理想,我不舍得放弃,不愿放弃,哪怕有再多的诱惑。

　　实现飞行的理想,是靠大量切实可行的计划和行动来支撑的。我上中学时已经明白,要实现飞行的梦,就要从一点一滴的积累开始,从一丝不苟的行动做起。有一句老话:空想是一片没有收获的荒草,而理想却是一片可以结出饱满谷粒的秧苗。如果说当火车司机是空想,那么,当飞行员则真的是我的理想。

　　我有些明白自己为什么会不假思索地报名参加选飞了,也明白了,为什么在离开家时我会那么坦然平静。

穿上军装　忽然长大

1983年6月,在敲锣打鼓的欢送声中,我踏上了奔向梦想的列车。在登上火车即将启程的时刻,带队领导把车窗打开,让我们赶快对父母亲道别,说有可能五六年回不了家。我就那么简单地挥挥手,心里没有觉得有什么离不开、舍不得,反而对远方充满向往。当时的心理感受可能跟年龄有关,尤其是自己还在兴头上,根本没能体会和家人离别的心情。

我们5个人到了锦州,又一起到沈阳去,然后省军区招飞办再把我们送到保定的航空第二预备学校,人们简称其为保定航校。到锦州会合成了25人,而到了沈阳,人数增加到120人。这是那年我们辽宁省招收飞行员的人数。

第一次离开家,觉得哪里都新鲜。我那一次可过了把坐火车的瘾,到这几个地方都是坐火车,我舍不得在火车上睡觉,就趴在火车车窗上看外面的树木一扫而过,房屋、工厂都倒退着消失在远方。毕竟是头一次离开父母,十七八岁的小伙子跟个小孩一样心里有些忐忑,但我始终兴奋着,脑袋里一直想象着航校的生活。

我入伍了,要离开父母了

到达沈阳的当天夜里,我们发军装了。没有领章帽徽,但穿上了正规的军装,感觉自己是解放军了,心中自然十分得意。我们每人只发了一套军装,要求把自己穿的衣服换下来,第二天打起行军背包,统一穿着军装去保定航校。

打背包对当时的我是件难事,以前从来没有打过。我们几个人你看看我,我看看你,大眼瞪小眼,不知如何是好,随行的武装部领导为我们解了围。他挽起袖子,干净利落,一个背包就打好了。我们站在旁边惊讶地看着,觉得他很厉害,竟然会这一手,原来打背包也是解放军的拿手好戏,我想起看过的电影中红军长征时都一个个背着整整齐齐的背包,以后我也将学会这一招。打好的背包在我们眼中就像一件战利品,我们看着它,爱不释手。一会儿背在肩上,一会儿卸下来,一会儿又背在肩上,神气地走几步。

从沈阳去保定航校的火车还会经过我的家乡绥中。第二天,我来时穿的衣服,就在停靠绥中站时送下了车。

第一次穿军装,对于当兵的人,相当于脱胎换骨的开始。有一首歌叫《军装的味道》,某种程度上表达了这样的情感。歌中唱道:

  当我戴上闪亮的军徽
  我的青春开始了梦想
  我稚嫩的肩膀扛起了钢枪
  慢慢有了兵的模样

  军装的味道是什么
  只有穿过军装的人才知道
  多少泥水汗水泪水和硝烟的味道
  融入我的怀抱　让我赢得荣耀

1983年夏天,保定航校一共招收了1700多名学员。作为我军一个重要的航空训练基地,保定航校主要做前期培训,有许多飞行员的起点就在这里。据后来的了解,在我们14个航天员中,包括我在内,有7个人曾经在保定航校学习过,也就是说,我们军人生涯的第一步是从那里开始的。到21世纪初,因为军队编制体制调整,保定航校被撤并。

6月11日,我们到了保定航校。我们辽宁省的飞行学员报到得最早,其他省的学员还没到,所以,区队长和文书就通知我们先打扫航校卫生,迎接后来的学员。先学习整理内务,再一遍遍扫地擦地、擦窗户,我一路小跑着做各种勤务,虽然从来没有这么累过，我却像拧了发条一样浑身都是劲儿。1700多名学员被分为16个学员队，我被编在15队，分到10班。我们绥中的5个人，被分到了不同的学员队。

我感觉自己就是在那时突然长大的。当象征军人身份的军装穿上身的那一刻，稚气的脸上带上了一丝小男子汉的刚毅。离开家，没有了家长和老师的呵护与管教，却反而特别懂事。可能许多初入军校或者刚进军营的战友，或多或少都有这种感受，军营的各种氛围都在提醒你：这是部队，你不再是个学生了。

这时，你会突然间变得更加自律，变得和以前不一样了，"军人"这个词立刻就取代了"老百姓"。军人是打仗的，是保家卫国的，是保护老百姓的，学生、孩子是被军人保护的，当然自己就不再是学生不再是孩子，而转变成有力量保护他们的人，随着军装赋予的力量，自己就突然不可抑制地主动长大了，似乎有种心理暗示，要赶快强大起来，这样才能担负起军人的职责，才能成为一名优秀的军人。

转眼之间的成熟，让我可以比较周到地管理自己，做每件事都目标明确，对指派给我的工作尽职尽责。

可能是因为做事认真、精力充沛，我被任命为副班长。之所以是副班长，是因为当时我个子小，队长怕我当班长管不住战士。实际上，严格的自律和认真的态度让我很快就胜任了副班长的工作，后来又成为团小组长，一直干到离开学校。

第二章　军校飞扬进行曲

　　我是那届学员中第一批放单飞的。我的第一次高教单飞,是我们飞行学院的院长检查的。飞机降落后,院长问我感觉怎么样,我说:"还可以吧。"院长说我:"整个一游击队员。"当时说得我摸不着头脑,心想,坏了……

初入军校不完全笔记

凡是到过军校的人都有大致相同的感受——人与物都线条笔直,平面立面都洁净无比。套用列夫·托尔斯泰的小说《安娜·卡列尼娜》那个著名的开头,我们也可以说:"所有混乱的营区各有各的混乱,所有严整的营区则是彼此雷同的。"

早上5点半,被笔直的绿色林荫穿插连缀的校园仍然没有动静。大门外,偶尔有汽车低鸣着驰来,又寂寞地消失。大门内,路上没有人迹,宽阔的操场空空荡荡,所有楼房的门窗紧闭着,仿佛一个个睡汉闭着眼睛和嘴巴。校园非常安静,安静得如一个幽深的水潭,但是,这种寂静并不真实。在那些门窗后面,在每个建筑物的廊柱后面以及所有通向校园外的大门后面,数千人在睡梦中等待号声的鸣响。

6点钟一到,悬挂的扩音喇叭就会把嘹亮的起床号声灌注到每一个空寂的角落。随即,几十只金属哨会在每一个编制单位应声吹响,某处有单位指挥员高声喊道:"×队,带枪,方队训练。"或者是:"×队,背心,短裤,一万米跑,在花坛集合。"

在同一个瞬间,数千师生会从各自的床铺上,从各自的睡梦中一跃而起,在30秒内着装完毕,潮水一样涌出一扇扇大开的房门。这号声,意味着夜晚的结束和又一个训练日的开始。从音乐的角度看,起床号的旋律相当柔和,但对于每一个军人,它却是号令,是催促,特别是对于新兵,一排音符,就是一排钉子,错落地穿透床板,直逼得你弹跳似的从睡梦中蹿出来。

早操后按理说要洗脸刷牙,但内务没整好,被子还没折出棱角,早饭哨响了,手脚不那么利落的只好暂时省了洗脸刷牙的个人卫生时间。

集合,唱歌,到饭堂径直坐下,听到喊"开饭",便各人埋头进餐,没有任何人说话,只听到咀嚼声和吞咽声。一会儿值班员叫道:"还有两分钟。"也就是说,全体人员应该两分钟内离开饭堂。连忙把剩的馒头塞进嘴里,鼓着腮去洗碗,之后跑步离开,继续把内务彻底整好。上午,正常训练;午饭后,加班训练;下午,正常训练;晚饭后,加班训练;晚7点半,看新闻;之后,读报;之后,照例是5000米徒手跑;睡觉前,做俯卧撑或仰卧起坐。

如果没有洗漱,就明天再说吧!新学员说太紧张了!太紧张了!干部们说:"紧张什么?我们和你们一起作息。你们以前懒散惯了,做事情还是慢腾腾的,不推不动。看,两个月过后,强多了!"

"号声一响,急得叫娘。"新学员最操心、最担忧的就是早操,但却天天必出,"定型训练"期间,周末也要早操。

新生刚换军装,平时的着装常有种种混乱,早操时尤其如此。开始时,队长或区队长几乎每天都告诉学员军装如何穿:制式短袖上衣里一定要穿件背心,武装带也就是外腰带扎在内腰带外面,集合时千万别忘记戴帽子……

但是,一到早操,着装的问题仍会出现不少。号令一响,学员们迅速起床,轰轰烈烈地齐集楼下。

区队长大声呼道"立正——",到位的,没到位的,提着腰带的,没系扣子的,全当场凝固在这个口令里。

区队长下达第二个、第三个口令:"向右看——齐,向前——看。"一阵快速的骚动后,队伍集合完毕。

区队长眼睛扫一遍队伍,说:"谁少带了东西,打报告!"

队列里的声音便此起彼伏:报告,忘了戴帽子!报告,忘了扎腰带!报告……每一声报告后,都是一阵哧哧咕咕强压抑住的笑声。竟然,还有个学员没穿制式短上衣,仅穿着背心站在队列里。

运动会上的拼搏

区队长怒道:"你们什么都没忘,是忘了带脑子。回去取,30秒内给我下来!"

入校之前,我们单纯地以为进了航校就开始学飞行、学技术,进入学校才知道,要先学习文化知识、进行政治教育、接受军事训练、完成体能达标。预校的功能就是对未来的飞行员进行素质培养。在航校一年里全部是政治、军事、体能、文化,这四项,要求特别严格,可能比一般的军校都要严格。

报到一周,航校宣布首先进行入校摸底考试,如果成绩不合格,会被退学,我们都特别紧张,怕再被刷下来,于是,我整天拿着书苦读,非常用功。那股劲头儿在家上学时从来没有过,而且在家时是被管着用功,而这会儿完全是主动自觉的、发自内心的。

这次考试,我的文化课成绩只是中等,我觉得不够好,心里有些失望。自尊心、好胜心和对自己的高度期望鼓动着我,让我学习抓得更紧了。别人都在用功,我只能比其他人更加努力,才有可能后来居上,所以基本上有时间就坐在小马扎上看书。

一个月后,学校又组织了一次考试,我的文化课成绩有了质的飞跃,名列前茅了,事实证明,刻苦努力是会显现出成果的。

父亲在绥中农贸产品公司当经理常常出差,我入校一个月后他刚好来河北开会,就到学校看看我的情况。部队领导出面接待父亲,对我褒奖有加。

我在父亲面前被狠狠表扬了一下。这让我更有劲头儿了,我性格中要强的那一面蓬勃地生发出来,不允许自己落后的上进心和荣誉感,延续到了军校时期的各个方面。其实,从小我的个性就是争强好胜的,但是我太爱玩了,大多数时候这种争强好胜是表现在玩的过程中,在玩和学习之间选择,我显然是倾向于前者,是老师和家长对我的监督让我不得不好好学习。但是在进入军营之后,父母并不在身边,没人整天盯着我要我用功,这种自我管理的天性油然而生。随着成长不断强化,军校的同学都成了我竞争的对象,我对自己各方面要求都显著严格起来。

有关"定型训练"与队列的传说

所有的新兵和新学员刚进军营时,都要进行几个月的"定型训练",我们也一样,这是完成"从一个青年学生到合格军人的转变"的必不可少的、最重要的内容。所有经过"新兵训练"的军人,对其中的甘苦也都心知肚明,深谙"正步走、齐步走、敬礼、端枪"的每个细节之严苛是为了什么。我的感受也一样,那不仅是烈日下或冰雪中的肉体痛苦,还是对身体和姿态的不可缺少的塑造,更是对精神品质的一种磨砺。

在军校的日程表上,"定型训练"是新学年的一项重要的工作,多年来已经形成一套完整的制度,一个完备的操作系统,总结出一系列的经验和教训。具体到每个院校,除了强度稍有强弱之别,其内容与方式大致相同,具体到每一年,除了方法上的细微变化,其新颖与独特之处亦是乏善可陈。它大致可分为四个方面:

一是政治思想教育,分为若干个专题,有革命人生观与价值观、人民军队历史、院校传统、理想信念、军人品德等。这可以让新学员在意识上确知自己是什么人,已经是什么人或将要做什么人。

二是条令条例教育,包括军队的三大条令和学院的规章制度,能够帮助学员从内部到外部,一点点、一分分把老百姓思维换掉,换成士兵和军人,包括他们的骨头、肌肉,他们的胃和嘴,他们的头发、皮肤,视觉与听觉。

三是军事基础训练,包括战术、射击等等,这是在新学员的身上模拟一次小小的战争,帮助他们练习面对未来的危险和恐惧,在他们的生命中播种下杀伐之音,就像把铁块掏出膛口,压下金灿灿的子弹,让他们的一生从此在一个无形的指头上随时期待扣扳机。

四是体能训练。起点是肉体,目标却是不断超越它,这帮助新学员克服生理的懒怠,战胜身体的沉重,最终使他们的精神站在高处,感到顶天立地的力量。

在这几个月的"定型训练"工作中,从院校首长,到机关教员、学员队干部,每一个人都需要全神贯注,把一口气提到头顶上,谁都有上下左右提醒,谁都不能松懈。往往在考核总结后,他们会又欣慰又畅快地叹一声"脱了一层皮啊",翻过来看,那意思其实是说"强悍了一次,轰轰烈烈了一把"!

而身在其中的学员,从第一个早晨起就仿佛被裹挟进一个呼啸的旋转中,肉体和精神都处于高度的紧张状态,我们必须承受生理的痛苦和疲乏,必须承受心理的惊恐和焦虑,并且必须鼓起勇气来面对它。我们听到身体的每一寸都在呻吟,但得咬紧牙关,不让这些呻吟冲出体外,我们会觉察到神经的某些部分,在紧绷的时候"嚓嚓"欲裂,但得自己拼命隐忍,用忘却甚或麻木把那些脆弱的部分拧住。

我们在连续不断的口令中会不知所措,这时将仅靠自己的本能做出反应,而面对失败的打击或落伍的差耻,叹息是无用的,只好让自己更强大。每一个人都明白一个道理:要么你赢得生命的尊重,要么你输得一败涂地。

据估计,我军院校"定型训练"的强度已达到或接近人的生理极限,就其可比的方面来说,超过了著名的美军西点军校"野兽营"。

事实证明,这些"魔鬼训练"从一开始就把我们逼迫到一个顶峰,让体能、毅力、反应都达到最佳,有了这份经历垫底,以后的什么紧张、艰苦,也许程度上更大或更小,但均已可以应付自如、胜任愉快。

教导员对我们说:"定型训练就像打铁,要充分加热,用力敲打,将会感到紧张痛苦,但不这样,一块铁就永远不能具备刀的形状,不这样做,你们就不可能成为合格的军人。"

对每个学员是这样,对一个队集体同样如此。这几个月是一个学员队的战斗力基础,凡是"定型训练"搞得好的队,日后的队列啦、体育啦、学习啦,一到比赛便名列前茅,锦旗一面一面的,掌声一阵一阵的。

当年,我所在的保定航校第15队,体育、军事都非常出色,在整个预校的那一期学员里,比赛名次一直很好。

在"定型训练"当中,最重要、看起来最平常却最吃力、最让人刻骨铭心的,无疑是队列训练。在全军范围内,队列训练的内容和方法大都一样,我们也没有什么不同,常常一练数小时。

6月份到保定航校的时候,军装没发那么多,每人只发了一套,所以每一次训练下来,大家的后背全是白颜色的,都是出汗结的汗碱。人说,练功就是"外练筋骨皮,内练精气神",队列训练就是一个军人的最基本的练功过程。

而这个基本中的基本,就是站军姿。军姿是一个军人所有队列动作的基础。新学员每天要练习两个小时以上。你无法偷懒,哪个部位松动,干部和教员就敲你哪个部位,他们好像能透视,隔着衣服也能看清你的每条肌肉。

"抬头、挺胸、收腹,两腿挺直,两手压紧裤缝。"教员、区队长一遍遍高喊,一遍遍检查,每个学员都如雕像一般站在那里,一动不能动。

1分钟,2分钟……10分钟过去,头脑便开始发热,在烈日的炙烤下,厚厚的军帽就像一个蒸笼,人的脑袋也就像一个馒头,不一会儿便冒出腾腾热气来。

20分钟过去,额头的汗水结成滴,汇成小溪,痒痒地流过面颊,越过嘴唇,流进嘴里,又苦又咸。半个小时过去了,全身上下像刚洗过澡一样,全是水,胶鞋里面,从炽热的水泥地传来的热量与从身上流下的汗水在这里汇集,两只鞋变成了两口锅,锅里就要沸腾了。

40分钟过去了,身体里的水分仿佛被榨干了一样,湿透的衣服也慢慢变干。50分钟过去,嗓子干得在冒火,喉咙里阵阵难受,开始有些恶心,这时真想灵魂出窍,到树荫里休息,就让那躯体独自待在那里。

1个小时后,听到指挥员喊休息,人却老大一会儿不能动,疼痛使腰弯不了,膝盖长时间挺直竟无法打弯。

而队列训练的最高级形式,就是人们常说的阅兵式——分列式方队。一位军旅作家曾经这样说过:"在所有的行业中,方队没有任何实际作用,只有军队中还依然存在,因为它从古至今都是军队战斗精神的绝好体现。在冷兵器时代,方队是最基本的战斗队形,每当发起冲锋,士兵们就端起武器成方队前进,此时,队列中的每个人实际上都是'死士',你后退、躲避,战友的利刃就会刺进你的身体,所以,你只能抱着必死的决心,勇往直前,直到被面前的敌人击中,扑倒在地,后面的战友再踏着你的尸体冲上去!"

分列式与一千年前的队形相比几乎没有任何改变。

2009年10月1日,新中国成立60周年庆典大阅兵时,我站在天安门城楼上观看阅兵,那严整的队列、宏大的气派、威武的阵势,让我热血奔涌。当我举手敬礼时,想起自己当兵历史中的参加阅兵的经历,仿佛自己又回到了那年轻的方队中。

在军营里,最隆重的事件就数阅兵了,能参加阅兵是件辛苦但是光彩的事儿,我们一个队120人,不可能全部参加,但大家都想着上。

为了能被挑选上,我们不仅在正课时练,闲下来之后也会主动加班。我的队列动作相当标准,在列队时会站在整个方队中的关键位置,我们叫"框子兵"。

要保证方队的稳定、整齐,队列的四个边是非常重要的,所以要用动作标准、姿态好的兵把队列框起来,个子大的排在前边,个头小的就排队尾。我当初入校的身高是1.62米,就在队尾当"框子兵"。我对当"框子兵"感到很自豪的,并不是个子矮小就能轮到当队尾的"框子兵",我们也是单兵一个个从教员面前踢正步过去,动作标准的被选拔出来。

新学员副班长

在航校,磨砺意志,塑造自己,不仅仅从外形上如此,还需要自我约束,遵守纪律。那时,我虽然表现不错,却也曾犯过小错误被领导批评,这让我懂得,一个好军人要能够自我完善,而遵守纪律是军人最重要的素质,也是最好的武器。

我的学习成绩一直不错,却不是死读教科书,其他的书也喜欢看。同学们中间谁有好书,就轮流传阅,每个人都等着这书传到自己手上,你要赶快看完再传给下一个人,后面的人排队等着呢。读军校的战友们大都有过熄灯后看书的经历,最好是值班的时候看,名正言顺,要不就只有加班加点,藏在被窝里打手电看,但要提防被领导抓住。

在航校的时候我晚上拿手电看书,就让区队长抓住过。

那天熄灯以后,我偷偷摸摸地把书藏在被窝里,借着手电筒的灯光一行一行贪婪地阅读起来。被子里空气憋闷,我都不舍得把头探出来喘一口气。本来小心翼翼提防着领导检查,却在小说的精彩故事中放松了警惕。

当我正看到兴头时,被窝一下子被掀开了。我吓得一哆嗦,发现区队长就站在眼前,严厉地盯着我。"杨利伟,你知不知道熄灯后看书是违反纪律!"区队长的声音里带着严厉。

我低着头,没敢说话。

"把书给我,这本书得没收。"区队长伸手来拿书。

我一着急说:"这书不能没收。"下意识地把书塞到了身后。因为我看的是当时刚刚时兴起来的、最热门、最受欢迎的武侠小说,大家传着看的,好不容易才到我手里。我心想,还有好多人等着要看,如果在我这个地方让区队长没收了,怎么向兄弟们交代啊,大家还不埋怨死我?

区队长眼睛瞪了起来:"杨利伟,你是副班长!身为副班长是不是应该以身作则,是不是应该起一个表率作用?"

我头一回被区队长痛心疾首、恨铁不成钢地批评了一顿。当时,我各方面均表现出色,虽然不是每一件事情都能得第一,但是基本上名列前茅,尤其是我的学习成绩很好,不用队里领导操任何心,还当着副班长,所以,区队长对我的印象本来很不错,这一挨批,令我感到很懊丧。区队长批评后,还是把小说给没收了,以示惩戒。

在军校,虽然晚上熄灯后看课外书的行为算违纪,但是在任何学校任何时候都屡见不鲜,所以处理起来可以酌情重些或者轻些。飞行学院要求很严,这样的事虽然不会给处分,但起码要狠批一顿,把书没收。

说是这样说,但区队长还是对我采取了宽大政策,只收了一个晚上,第二天早上就还给我了。把书给我时,区队长说:"马上就要考试了,你自己看着办!"

我自然不会松懈,为了将功补过,就更拼命地去学习。结

我和飞行学院的同学们

果,那次理论考试,全校1700多人,我考了第一名。

航校对我们在时间上的管理尤其严格,这和培养目标有关系。对飞行员这个当时我们还所知甚少的高危险工作来说,将时间精密计算、合理分配和准确执行,是必须着重培养的素质之一。

一日生活制度规定得非常细致,不消说起床、上课、吃饭、休息、看新闻这些大项内容,就连我们什么时间写家信,什么时候洗衣服,完全都是程序化的。

我记得最清楚的一次,是刚入校不久,刚穿上军装,大家都要照相,好给家邮回去。外出人员是有比例的,大家不能到校外照,就在学校里面照相。20世纪80年代条件跟现在差距很大,照相是要到照相馆去的,不像现在自己都有照相机,拿了相机就照了。我们只要离开学员队都要请假,离开本队的营区去服务社那边购买东西、照相或者办什么事儿,每个人只给半小时的时间。我记得我去照相的时候人很多,需要排队,我也跟着排,可还没排到,请假的时间就到了,只能赶快跑回来,重新再请半个小时的假,同意了我再跑回去接着排,如果队里不允许就不能再去了。

2008年我去广州出差时,碰到了区队长。他现在转业了。我们一同回忆起那时候的生活。说早上洗漱,头天晚上就要把脸盆的水打好,因为一个队120个人,早上打水来不及,得早做准备。洗漱间的面积很小,洗漱要轮流进行。比如要从一班开始,一班的学员们就端着自己的盆进去,区队长就在那里看着表。给你20秒,洗漱完,撤出来,二班赶紧进去。

区队长还提到我当副班长时留给他的深刻印象。当时,作为副班长我主要管内务,因职责所在,我的被子叠得特别好。军人大都明白,初入军营时叠被子可既是体力活,又是技术活。费了很大劲儿叠得方方正正的被子,让人感到心满意足,颇有成就感。

我被子叠得很标准,为了保持它的良好形状,我宁可不盖,小心翼翼地把它放在桌上,拿板凳和哑铃压着,晚上供着它,然后自己把床单一扯盖在身上。当副班长的,如果被子叠不好便无法服众,更不好意思检查督促别人。

就因为我被子叠得好,叠的被子还上过电视节目。当时,空军拍个电视连续剧需要个好"豆腐块子",就找到我叠的被子,搬去拍电视了。所以,同学们后来跟我开玩笑说,被子上镜比人上镜要早好多年。

现在我儿子经常不叠被子,周末我回家非让他叠,他就把被子随便一卷。我对他说,这被子不是很好叠嘛,两边一铺,中间一卡,不就是方的嘛。但是作用不大,儿子要么敷衍一下,要么根本就不听。

在起飞前助跑

在军校的最初几个月,从神经到身体整天都是紧绷着的,不能放松,不然就可能出问题。等过了这一段,纪律和时间观念,就会渗入你每天的言行细节,养成了一种习惯,让你感觉遵守规范成了很自然的事。这影响到了我一直以来的工作和生活,包括后来成为战斗机飞行员和航天员,虽然在某些方面要求更严格,一些训练更艰苦,但我们做起来都没感到有多大的困难。比如当航天员时,实行全封闭式管理,规定我们不能到外边就餐,我们就会自觉地执行。那时我孩子很小,周末有空带他出去,吃饭就是个问题,孩子可以吃的东西,我却不能吃。我一直很自觉,从未在外面饭店吃过饭。

回首 26 年的军旅生活,这些年走过的路程,我觉得自己看问题的方式、做事的习惯、工作作风,包括某些生活方式,都是从那时开始形成的,源头就在那里。军队的条令条例、规章制度,给了我非常具体的规范,它的传统和文化深刻地影响了我的心灵和思想。部队对人的磨砺和教育,就如同起飞前的助跑一样。只有历练出结实有力的翅膀,雄鹰才能展翅高飞。

我相信,许多有了一定经历的军人和曾经的军人,都会有和我大致相同的想法。你现在也许已经是领导干部,也许已经从普通士兵成长为将军,也许你已经在某一领域建功立业,或者已经是手握重金的企业家,当回想起初入军营的青春时代,你不会否认那些艰苦的训练,严格的纪律,所经历的身体和精神上的锻炼,培养了你,影响了你,你的人生一路走来,它就在潜移默化中造就了你。

现在大中小学也要搞军训,这不仅仅是一个形式,不仅仅是让你吃点苦,或者不仅仅练一下队列,更多的是让你理解和养成"纪律""集体"这些概念。

了解军队近几十年历史的人都知道,中国人民解放军从小到大,在战争中多次以弱胜强,打下了江山,战胜过世界上最强大的军队,而在和平时期也业绩卓著,急难险重的任务都由军队完成,与世界上任何一支军队相比,我们都算得上是一支最成功的军队。

所以,我想对人们说,尤其是对年轻的战友们说,在部队的文化里有你最珍贵、最需要、对你最有意义的东西,接受它的塑造,服从它的纪律,理解它的意义,是我们一生的幸运。这些东西,除了军队,没有别的地方能够给你。它会影响我们的一生,是我们做人做事的一个最强大也最可靠的基础。

2009年初在桂林,我去某师参观,该部现在是军队现代化信息化建设的一个试点单位。在基层某连,我看到,从营房建设到武器装备,从工作条件到生活设施,都非常好,硬件设施比我们那时候强得太多了,但那些最基本、最核心的东西仍然没有变,价值观、纪律、制度、对官兵们的要求,都没有变,对内务要求也没有任何变化——虽然桌子上摆着电脑,连着局域网,但被子仍叠得跟豆腐块一样。

部队这样做是为什么？我想,虽然说起来叠被子是件很平常的事情,但往深里说,那实际上从某一点上代表和规范着你去做一个什么样的人、做一个什么样的军人。军人做事追求极致,强调执行力,要做到胆大心细,准确认真。尤其作为飞行员、航天员,任何细小的误差和失误都有可能影响到任务的完成,威胁到生命的安全。军中无小事,往往细节决定战争的成败、决定士兵的生死。

事实上,当初作为一个新兵、一个新学员,进入保定航校的时候,我不可能想到这么多的东西,也不可能像今天理解得这么透彻,我只是本着好强的个性,不甘人后,按照纪律、规则和要求,一点一滴做好:按规定把头发理得简短,不超过帽檐下2厘米,鞋跟不能超过2.5厘米,笔记本上不贴明星照片,不听靡靡之音,团结同志,乐于助人……

在最初的激动、紧张和不断对自己的鼓励和肯定中,我就这样带着强烈的渴望和简单但是坚定的信心,向即将展开的军旅生涯,向那个越来越近的飞行之梦,向无法预料的未来生活,迎面走去。

军营青春　美妙时光

过了最初的适应期,紧张、枯燥、乏味都不太成为问题了,我们也变得游刃有余了,开始感受到军校生活的丰富多彩。

大多数部队,军营里基本上是清一色的男性,在军校,尤其是在指挥院校,这种情况尤为明显。当年的保定航校除了极少数的女教员外,平时基本上看不到女同志。也不能说完全没有,服务社有两三个。每天晚饭后八点自习前的那段时间,有许多同学会请假,买不买东西就是往服务社跑,结果那个小小的服务社每天八点前人满为患,八点后则人迹全无。

训练时,也有趣事发生。就在我们的前一批,有被停飞的女飞行学员,她们停飞后,留在学校给我们放电影或做广播员。虽然停飞了,也可以说是我们的女学长,每当她们一出现,就会吸引我们的目光。

有一天我们正在进行队列训练,大家正随口令做动作,精神集中,整齐有力。有几个女学长从我们队列后面经过,好像是拎着水瓶去打水。我们就不约而同地转头看。

按平常的做法,这时候,教官要么一个接一个下口令,让大

2006年，我到空军航空大学，年轻的学员在门口欢迎

家在慌乱中收回注意力；要么严厉呵斥，弄得同志们心里又惭愧又怨恼。

但那天我们那个教员比较幽默，他连续下达了两个并不符合操典的口令："向右看齐！稍息！"接着他小声说，"看吧。""向右看"正是朝那些女兵走着的路上看，"稍息"是让同志们身体放松……

两分钟后，几个女兵的身影消失在同志们的视野外，教官绷起脸叫了声"立正"，又问了一句："好了吗？"同志们齐声答："好了！"声音洪亮，气壮山河。那天，训练效果非常好。

学员们正值青春年少，在这方面管理好，是件挺不容易但部队做起来很有心得的事，大量的体能训练可以消耗学员过剩的精力，紧张的时间安排可以让大家的多余心思无机可乘，严格地限制外出、少看"不健康"的书、少听"不健康"的音乐，则可以让大家"眼不见心不烦"。

有同学把书报上的明星照剪下来贴在本子上，领导发现了就会毫不手软地撕掉；邓丽君的歌尽管社会上已广泛流行，可在我们航校则算"靡靡之音",是不能公开听的。在对待学员们青春躁动这个问题上,似乎只有堵的办法,基本上没什么疏导。

对此我们可以理解,但小机会、小快乐却还是有的。比如,学员们可以在周末外出,到市里,理由是去书店买书,去邮局寄东西,其实大多是在街上乱逛,看看街上各种各样的人、商场里令人眼花缭乱的商品。

星期天,我们每队只有两个进城的名额,星期六提前决定谁可外出,领取出入证,星期天进城的学员一早起来少不得"梳洗打扮"一下,八点钟意气风发、满脸喜气地就出去了。

保定车站的理发员

航校管理严格,虽然有外出名额,但每个人轮一次得两个月,遇上哪个星期天有特别活动,机会就泡汤了。

后来我从10班调到6班,是个尖子班,因此,一到星期天,领导就让我们6班到保定火车站学雷锋,搞军民共建。我们都非常乐意去,因为这样不仅可以培养大家助人为乐的精神,还可以经常正大光明地出校门,别的班都极羡慕我们。他们几乎两个月才能排到一回,而且给的时间又很短,6班就可以每个星期天出去,这种特殊待遇让我们格外高兴。

我们去学雷锋,主要是到火车站做好事,在那里能看到很多各种各样的人,在军校里,我们除了见教官和同学几乎看不到外人,火车站是人流汇聚的地方,我们觉得很新鲜。周末只要没别的安排,我们都去做好事,乐此不疲。

学雷锋做好事也分技术级别,有的摆书摊,有的修自行车,实在不会技术的就扫地擦窗户。

我算是有技术的,我会理发,而且我的理发水平还不错,在学校常为同学理。到了火车站,我就摆个椅子,搭个毛巾,端盆水搁地上,拉开架势,给人理发。我真给不少人理过发,当然只会给男同志推个平头什么的,有一次一个女同志问我能不能给她剪头发,我就没敢接这活儿。

不知道有没有被我理过发的人还记得20多年前的那一幕:那一年里,不少个星期天,火车站前有十几个年轻的军校学员在为群众忙碌,其中有个态度认真,时不时四处张望的理发员,那就是年轻的我。

简单严格的军校生活,却有着纯粹的快乐、奉献与获得的满足感,不在乎大小和多少,但是纯净明亮的心灵世界体会到的喜悦,是我值得珍藏的记忆。

2003年执行任务回来后,我接触过很多人,不管是地方的、部队的,还是很多社会上公认的成功人士,很多人都当过兵,在一起时,我们对年轻时的军旅生活有说不尽的话题。大家有很多共同的感受和看法,一方面引以为豪,另一方面也感到其中有着珍贵的快乐、幸福,这是没有当过兵的人无法体会和不可能拥有的。

我到部队和年轻战友们聊天,有些年轻战友觉得严格的军事生活很不自由,站岗、巡逻、训练把时间安排得满满的,有空闲的时间也是公差、帮扶,他们觉得很限制个性的发展。

我是这么看的,说到底,军营的生活状态,源自职责对你的要求,站岗、执行勤务、练好军事本领,就是你职责范围内的事。你选择了做一名军人,就要为之付出,遵守它的规范,承受它所带来的一切,完成它赋予的职责。

我最想告诉大家的是,仔细品味军旅生活,问问你当初为什么热爱它,为什么一代又一代人热爱这种生活,在那些紧张、痛苦和单调之中,不仅有崇高的精神内容,还有一种特别的阳刚与明亮的美感。军营有许多不同于地方老百姓生活的生动有趣的事物,如果你能细细体味、珍惜,对军旅人生就会有更深的理解。

  另外,自己的个性和爱好,也并不是没机会得到发挥。我们航天员,大家都有自己的喜好,航天员训练是非常紧张、艰苦和严格的,但不会把爱好和个性抹杀掉,反而会更有助于你在发展爱好时加强毅力和耐性。比如我喜欢听音乐、看书、运动,业余时间就会很投入地做这些。我喜欢唱歌,会弹吉他,在航校时,学校有时派出地方队与地方大学进行歌咏联谊活动,我就成了活动的骨干。直到后来在航天员大队,我还是文艺活动的主力,在航天员乐队中我是黑管乐手,还经常充当晚会的节目主持人。这培养了我不怯场的心理素质。

淘汰与选择

保定航校83级15队,我们当初进来时一共120个学员,一年后预校学习结束转到航空学校,少了二十几个人,也就是说这些人被淘汰了。和我一起从绥中县城入学的老乡,也有两个被淘汰了。

飞行员是个高度危险的职业,而与它的危险相匹配的,就是挑选过程中的无情和残酷。入校后我们就明白了这些,同学们的心理压力都很大,一个是自己给自己的,因为我们到这儿来,就是想当飞行员的;第二个是外界给你的,所有的科目你不能马虎,所有的时间你不能松懈,从入校到毕业,时刻面临着被淘汰的可能。

在预校一年里,文化、军事、体能,这三项,哪一项不行都会让我们远离这支队伍,打碎我们当飞行员的梦想,甚至彻底断送自己的前途。

并没有具体淘汰的比例,而是看你合不合格,有一条基本的界线在那儿,达不到就淘汰。比如,文化课如果有两门不及格,就会自动退学,所以我们特别努力地学习,我不记得因为功课不及格而退学的情况,学员都是高中生,正式考进来的,又都那么刻苦,文化课无论如何不会太差。而另两项,军事、体能就不一样了,它和你的智力条件无关,更多地与你的身体条件有关,与每个人的心理和生理有关。倒在这两关的大有人在。保定航校这一年,对体质和体能的要求占的比重大,训练考核也最多,有些硬指标是必须要达到的。

我记得我们班有一个同学,个头特别高,将近一米九,但他却特别瘦,体重非常轻,大家都认为他是营养不良。一般情况下,打篮球时个子高占优势,可是大家都不怕他,随便一撞,他就倒了。领导们也希望学员都能进步,不要被退学,说这不行,要给他增重,加营养。怎么办呢?那就特殊照顾,增加营养,每天给他吃鸡。说实话,大家都很羡慕他,能够每天吃鸡,这是多好的生活待遇啊。刚开始,他也很美,可是吃了半个月,就觉得腻味了,天天吃谁也受不了。后来,一到吃饭他就愁眉苦脸,站在体重秤上更是脸色难看。吃了两三个月,他也没长肉,他就是长不胖,拼命吃也不长胖,体重和体质上不去,结果就被淘汰了。

游泳考核的及格线是 50 米。游泳课上一个多月,如果考核时 50 米游不下来,也要被淘汰。上游泳课我很轻松,因为小时候就特别喜欢游泳,虽然我的游泳姿势不标准,游得也不是特别好,但毕竟不怕水,动作很快就练出来了,而来自东北的许多同学不会游泳,这下就遇到了难题。

学游泳的人都知道,年纪越小越好学,接受能力强,不那么害怕。那些不会游又怕水的,教员们自有办法:用背包带一绑,往水里一扔,水喝得差不多了再拽上来。

等基本熟悉水性后,会游的和不会游的围成一圈,一个盯一

当时的初教机

个，最少要游 50 米。有些同学刚开始游不了这么远，扑腾一会儿就想往游泳池边上靠，教员拿着长长的杆子阻止他们。有的同学拼命要靠边，教员就不客气，把他"打"回去，胳膊上少不得挨上两下。

休息时，"挨打"的学员上岸就找我们诉苦，让我们看他被打得青红一片的地方，龇着牙对教员说："您也太狠了，真打呀。"教员这时就揉着他的胳膊，笑着说："不打你能学会呀？你有种就别靠边，在里面游，我想打也打不着。"

在必考科目里，旋梯训练也是我的强项，初中高中时在家乡的机场就玩过了，做起来比较轻松。许多同学开始的时候不太敢打旋梯，怎么办？我们队里的干部和教员也有招，就用背包带把不敢打的学员绑在上面，但他还是不敢，他自己不打怎么办？就找个会打旋梯的和他一起。旋梯是两个人的，那个会打的就带着他，吓得他不停地惊叫。就这样，才能把大多数人练出来。

对于飞行员身体素质和适应能力要求很高，所以要练篮球、长跑、短跑、体操等多个项目，而且必须达标。除了每天的正课训练,还有早晚的业余训练。劳累和艰苦自不必说,有不少学员会被练哭,也有打退堂鼓的。我一直比较乐观,都坚持下来了,没有觉得有多难,即使在自己的弱项上也从没胆怯。

我的弱项是长跑。入校摸底的时候,1500米我跑了将近8分钟,尽了全力,跑完后累得话都不能说,没办法,只好被列入攻关队。哪个项目成绩不好的,就会被列入攻关队,在教员和干部指导下苦练加巧练。

我在其他方面还可以,力量、爆发力、百米短跑都不错,尤其体操成绩突出,有教员专门带,单杠、双杠的动作都很标准,做得又高又飘,常作为代表参加定期比赛,没让教员失望过。我的短跑一直很好,那种灰砟子跑道上,我的百米成绩是11秒多。

百米和1500米对我来说简直是两个极端,如果1500米没跑合格,就罚跑两个百米,我就不怕百米,因为我不用练成绩就已经很好了,后来不让我跑了,大家跑百米的时候,我负责发令。但1500米,我从进入航校到离开航校,一直都在攻关。

预校学习结束的时候,我终于把它给攻了下来。当时1500米跑5分25秒算优秀,我跑了5分零8秒,这不算好成绩,我的好多同学都能跑进5分钟以内。

预校一年,我有多个项目成绩名列前茅,各方面都取得了长足的进步,我的体力、心理、智能、思想,都更像一个真正的军人,更接近一个飞行员的标准了。我的身高也长了几厘米。进校时我1.62米,一年里长了6厘米,到了1.68米。

转校时我们分配到了不同的航空学校和不同的学员队,个子高的去飞大飞机,比如运输机或者轰炸机,个头小的就飞小飞机,比如歼击机。我的愿望是当战斗机飞行员,并且能尽早执行任务,能够去打仗。其实不单是我,基本上做飞行员的都有这样的想法,都想做最优秀的战斗机飞行员。

第八航校初试飞翔

1984年夏天,我如愿去学小飞机,开始时转到了甘肃的空军第五航校,因为学校有外训任务,接了一批朝鲜飞行学员,我们等了一段时间,四个月后转到地处新疆的空军第八航空学校。来回一耽误,我们几十个人实际比同一届的同学晚飞了将近一年,此后就一直比他们晚,他们毕业时我们才到了高教阶段。

在航空学校先要学习专业理论,理论阶段结束之后,就下到了团里,分为初教和高教。初教机是初教-6,是一种螺旋桨式飞机,飞机不大,重量很轻,而高教机是歼教-5,是喷气式飞机。

第八航校位于新疆辽阔的戈壁滩,航校附近只有几个很小的村庄。在第八航校的那三年,对我和同学们来说是一段艰苦的岁月。首先生活上不太习惯,水土不服,我不怎么吃羊肉,怕羊肉的膻味,吃饭也成了困难。没去八航校前,曾听说过对新疆的描述:早穿皮袄午穿纱,围着火炉吃西瓜。到了新疆,我才深刻体会到这句话意味着什么。

我们的训练分为上午班和下午班。赶上中午飞行的时候,跑道上的温度能达到六七十摄氏度。那时候我们谁也不敢摸飞机,实在是太烫手了。最苦的还是教练,学员一个接一个地训练,教员就一直坐在飞机里,连午饭都来不及出来吃。我们拿着饭盒奔跑着给教练送饭,教练在飞机里呼噜呼噜快速吃完,一抹嘴:"下一个,继续训练!"

飞夜航的时候,我们见识到了新疆夜晚的寒冷。初教机没有空调,我们就穿着带毛的大皮靴子。等到凌晨两三点结束训练的时候,人已经快冻成冰棍了,但是大脑却要保持极度的清醒。飞行员就是要在任何艰苦的条件下都能够胜利完成任务。现在想来,在这种艰苦的条件下磨炼意志、训练技能,为我后来在航天员训练中能够耐受更严峻的考验打下了坚实的基础。

第八航校除了生活艰苦,其次就是训练任务重,淘汰的压力大,每天提心吊胆,担心第二天自己会被停飞。

了解空军飞行员培养情况的都知道,从招飞入伍到真正成为飞行员,平均淘汰率超过百分之八十,最后飞出来的是一小部分,大多数学员会在几年的学习过程中陆续被淘汰。

我们是第八航校第 39 期队员,进入飞行学院后直到毕业的四年过程中,淘汰贯穿始终。我们那一批飞出来的算是比例高的,同一批的近七十人,也就飞出来十几个人,其他的学员都在不同阶段停飞了。

有一年停飞的,有两年、三年停飞的,甚至临毕业都还有停飞的。任何一个科目只要你飞不出来,就会停飞。

是否停飞,完全依据你是否达到大纲要求。飞行大纲分为低、中和高。大部分学员在中等大纲能放单飞,而少部分在最低大纲次数时就达到了放单飞的标准,如果飞到了最高大纲的次数还不能放单飞,就说明你没有培养的前途了,或者说你不太适合做飞行员,就要被停飞。

这种情况早停飞早好,对国家和军队有好处,也是对个人负责,因为你某一项学不会或者做不好,将来肯定会出事故,既然这样不如早些停飞。

有的学员临近毕业时被停飞,学校考虑可能勉强让你毕业,但是在分配的时候也会被严肃告知,最好停飞,不要出事。所以停飞是对事业负责,对个人负责,学校不可能妥协,也不可能讲情面。

对个人来说,停飞以后就不能成为飞行员了,现在,当不了飞行员,就送你到地面学校去学别的专业。我们那一期还没有这个政策,被停飞的学员有的留在部队当战士,重新考别的军校。我有一个同学就是当了一年兵以后又考上了别的军校,又读了四年。我毕业之后到新疆转场,还看到很多飞行学院的同学改了志愿兵,没有上大学,在那儿做了机械师。

还有很多同学复员走了,从哪儿来回哪儿去。城市的学员在校一两年会给个中专文凭,在校三年会给个大专文凭,回到原籍还可以按照干部安置。有的停飞回去以后安排得挺好,给我们写信,说不行就回来吧,我们现在上班了,挺好的。家在农村的学员就很不一样了,回去没办法找工作。到了我们的下一届,情况好转了,被停飞的学员可以保送上地方大学了。

有的学员知道自己飞得不好。晚上连觉都睡不着,想明天是不是团领导会带着飞。因为如果是团长或副团长带着飞,就意味着这是最后一次考核,有可能被停飞,领导亲自考察一下确定要不要停飞。紧张时,同学们之间就互相安慰,讲讲飞行动作,讲讲飞行要点——如果心理压力太大,第二天会飞得更不好。

我这方面的压力并不大,因为我起落飞得挺好。飞行最重要的就是起落,是最容易出事的环节。起落做好了,空中相对来说比较容易。我对自己心里比较有底,不仅理论方面的成绩很好,实际操作肯定也算最出色的学员之一。

因为时刻面临压力,大家都希望第一批单飞。每个科目都会放单飞的,能第一批单飞,代表着这个课目学得很好,不用考虑停飞的问题了,那就是又过了一关。

虽然并不是全部,但大部分课目我都是第一批放单飞。比如空中射击、编队、打地靶等等。每一次,我在身体、技术、心理和精神上都会做充分的准备。虽然现实中有沉重的压力,但当飞机从跑道飞向天空的时候,我的内心就充满了轻盈和自在。

当然我也并不是万事顺遂,也遇到过难题。

从普通人到飞行员一般要过两个关口:抗过载和高速翻滚。我的身体素质好,适应过载不难。可第一次上天时,在飞机高速翻滚中感到有些头昏,虽然经过很好的打旋梯训练,但在飞机上这种高速的不规则翻滚,还是让我感到难受。

我知道,学员淘汰率这么高,这一关如果不能过,结局就是注定的。要过关没别的窍门,只有去适应,只有想办法练。除了正常的训练之外,我休息时用上了土办法——左手捏右耳,右手捏左耳,原地打圈儿。

如今回想起来,我认为既是我选择了飞行这项事业,也是这项事业选择了我。因为从小就喜欢,所以我从内心热爱它,这提高了我的学习自觉性,而家庭教育和军校的训练,一方面让我能很好地理解规则、遵守规则,另一方面又锻炼了我争强好胜的性格,反应速度和接受能力由此得到提升,在接受飞行训练的过程中,我显得游刃有余。

游击队员式的单独飞行

八航校的初教机场是双女字跑道，南区、北区各四条。所谓双女字跑道，就是形状很像两个汉字的"女"字。我们的训练时间是根据日出时间安排的。当太阳升起的时候，信号弹打响了，一架架教练机像小鸟一样跳跃着从洞库里滑出来。宽阔笔直的跑道上，飞机迎着风冲上蓝天，阳光披洒在身上，飞向朝阳。

我们很喜欢站在跑道旁，听着呼呼的风声，看着飞机迎着风起飞和降落。儿时无数次飞翔的梦想已成为此刻实实在在的飞行生活，梦想成真的快感在第一次"体验性"飞行时最为强烈。

在真正学习飞行之前，会有一次"体验性"飞行训练。教员驾驶飞机，让我们体会一下飞行的感觉。这时，教员会特意让你熟悉机外的环境，羊群一般的云层、星罗棋布的河流湖泊、山脉的全貌、建筑的渺小，跟大家在民航飞机上看到的景色基本一致。唯一不同的是，从新疆的上空看到的，是茫茫的戈壁滩和广阔的草原。

我一直盼着放单飞。这么多年来，我对自己逢大事时的控制能力很有信心，遇事不紧张，按部队的话说，就是在关键时刻不会"拉稀"。

1985年的一天,我迎来学飞行以来的首次单飞。开飞前,带队的副大队长问我敢不敢飞,我说,那有什么不敢的?他说敢飞就飞,没问题。我心想终于可以单飞啦,自己定了定神,登上了飞机。在飞机上,先检查各种仪表,把程序在脑子里走了一遍,等指挥员给了滑出指令,我向机旁伸着大拇指的地面人员举手,驾驶着飞机稳稳地滑行,然后平顺地拉起。

飞行座舱

终于能在蓝天上自由地飞翔了,这种感觉真是无比美妙。看着蔚蓝的天空和身下的大地,心里满是自豪和兴奋,我甚至把机舱盖打开了一条缝,让风吹在自己的脸上,充分体会什么才是御风飞翔。

在我们看来,初教只能算是分解开的学习和练习,而高教阶段才算是真正的飞行。我的第一次高教单飞,是我们飞行学院的院长检查的。

降落后,院长问我感觉怎么样,我说:"还可以吧。"院长说:"你就是一个游击队员!"当时说得我摸不着头脑,心想,坏了,有什么做得不对的地方。可脑子里把过程快速过了一遍,好像又没出现什么失误。院长接下来讲评,说我的起落飞得很好,就是航线上的数据不太严格,有些随意。讲评结束时他叮嘱了我一句:"就这样飞,保持好数据。皮实得像游击队似的,是个好飞行员。"

我心里一下子就踏实了。其实,院长是在提醒我,要严格地按照规章飞,报数据要严格。他之所以说我飞得像游击队,可能是说我的状态还算轻松,心理状态比较好。我认为这对于我来说是个很好的提醒,心理状态好,但是飞行还是要严格。

第一次高教单飞的成功,给我带来了自信,也给我带来一点启示:自我要求必须更高,严格的训练能产生充分的、必胜的勇气,今天的训练场上留下一分遗憾,就可能在明天的战场上增加十分危险。

随着飞行次数越来越多,技术越来越娴熟,我们这些新飞行员就有些"不安分"了,要尝试一些新的飞行动作,玩一些花样。

初教机一般飞到四五千米就不能再向高空走了,有时感到还可以再高一些,两个同学就在空中较量,看谁更高、更快。

向上爬升中有时忘了时间,等意识到了,按正常飞行已经不能准时回到机场了,而不能准时就算不合格。情急之下,我们就驾机向下猛扎,在规定时间里返回。

飞低空时,我们会飞得很低,看到地面有大片白花花的东西,就想去看个究竟,原来是牧民们的羊群。我们的飞机从50米的低空快速掠过,巨大的轰鸣和强烈的气流,把羊群惊得四下奔逃。

飞行员大多有这样的"顽皮"的故事,它是飞行快乐的一种释放,源自对自己战机的熟知,也是在充分掌控的前提下对危险边界的体验与品味。虽然飞行员面临着高度风险,但熟知飞机和飞行训练过程的所有细节,就可以把主动权牢牢地掌握在自己手里。真正的危险往往来自"意外",遇到这样的意外,长期训练形成的临机应变能力尤其重要。

感念一个教练

在飞行学院几年，对我影响最大的是我的初级教练员。当时我们是学员，他是教员，两者的关系跟大学里的师生不太一样。不像大课堂那样，老师在上面讲，学生在下面听，我们更接近于师父与徒弟的关系，要手把手地教，一个教员带两三个学员。

我的教练是1968年入伍的老教员，带着我们三个学员。他的名字叫赵承良，安徽人。

他是个全才，吹拉弹唱都特别在行，还是多个运动项目的国家级裁判，篮球是一级裁判，当时的报纸上报道过他，称他是"穿着飞行服的国家一级裁判"。他对自己的要求

恰同学青年（右二是我）

非常严格,对我们的要求也很严格,并不是嘴上说怎么样,而是更多地用他的行动、他的敬业作为表率。他告诉我们干一行就要去热爱它,为它投入,我这么老的教员带的学员不能比别人差,你们呢,也应该要强,应该努力进取,我们都应该比别人做得好,不能输给别人。

最初他带了我们四个学员——74、75、78、86,我的代号是75。飞行员飞行时要报代号,不报名字,和现在战斗部队一样,不能说我杨利伟怎么怎么,而是报代号。这种制度被我们带入了平时的学习与生活中,学员的代号是不变的,平时教员、大队领导喊学员都喊代号。在同一个师傅手下的战友,互相之间也不叫名字。

78号刚开始没多久就被停飞,赵教员之后带我们三个学员,三个人全部顺利毕业了。那时的停飞率很高,一百个人里头最多也就飞出二十几人,而我们三个都飞出来了,其中还有两个是第一批放单飞的,这真得感谢赵教员。

他在带我们做地面练习时,就做得非常扎实,上课时拿着飞机模型在那里一圈一圈走。到了周末,他也不回家休息。

那时不像现在的飞行学院有模拟机,可以像驾驶真正的飞机一样模拟各种飞行动作。为了让我们熟悉飞行动作,他用平板车做了一个简易练习器材,让我们三个坐在上边,他推着我们,在学校的篮球场上,一圈一圈地走。他向左转或者向右转,指示我们手中的模型要立即跟上去。教员和学员的这种深厚感情,就是这样一点一滴累积下来的,他平时不太要求我们怎么样怎么样,但一有空余时间就带着我们打篮球,带着我们玩。

我第一次驾驶飞机飞行,也就是最初的体验飞行,就是由赵承良教员带着。我在前面坐着,他在后面坐着,就像现在的汽车陪练一样,前后的操纵杆底下是连着的。他提醒我放松,让我把手和脚都放开,飞机还在平稳地飞着,他说你看,驾驶飞机其实很容易嘛,不用管就能飞平稳。其实,他在后面拿腿夹着操纵杆呢。他就是想先打消我的紧张心理,让我放松。

在飞行技术上,他却非常严格。比如最初练习降落的时候,跑道是45米,中间有一条中心线,我每次降落都偏离中心线,这样很危险,一旦降落出了跑道,飞机就可能发生重大危险。赵教员很快就发现了这个问题,从一开始就给我纠正,他让我从中心线右侧练习飞一小窄条,飞得更窄,就瞄着这一小块。这都能飞好,再瞄中心线就相当容易了。他知道我老盯着那条线,只顾机头不顾机尾,往往机头瞄准了,但机尾是歪着的,这样很容易出事。

千里之行始于足下,赵教练对技术的严格要求,对我形成扎实的飞行功底起到了直接的、关键的作用,他带我迈出了坚实的第一步。但还不仅仅如此,说心里话,除了飞行理论与技术,我从赵教员身上还学到了很多别的东西,他的忘我、敬业精神,无私的投入,做人做事朴实无华但又处处好强的风格,对工作的悉心钻研,处理事情的方法和经验,都对我有潜移默化的影响,为我的飞行员生涯和航天员生涯打下了很好的基础。

他后来转业到了安徽的一所大学,在档案室里工作,不久前刚刚退休。我和航天员战友们谈起过去时,都会牢记一些昔日的师长、同事。在我们的学习与工作中,都曾遇到过对我们产生显著影响的人,他们自己未必在意,却让我们感念一生。我们深深感激在人生的前几步能遇上这样具有榜样力量的前辈,他们把优良品质传承了下去。

恰同学青年

我不仅感激我的师长,也常回味航校里的青春时光,那些最珍贵、最丰富的记忆,来自我青春勃发、阳光闪动的同学们。我们小组三个人,我的代号是75,就叫"拐五"。在师兄弟当中,跟我交流比较多的是"86",名字叫蔡春祥,现在他在山东。在学员队的时候,我和他曾在一个班级,他当班长,我当副班长。后来学飞行又分在一起,关系自然要亲密得多。

蔡春祥是吉林白城人,个头比我高,有1.75米,打篮球是把好手。他在白城老家的时候曾经是个短跑健将,百米的成绩是11秒4。我自认为百米成绩不错,可他比我还厉害,让我心里很是钦佩。

在八航校的时候,我们周日爱踢足球。那时不是双休日,只有周日休息,这个爱好的形成,实际上有些被强制的成分。航校不是特别提倡我们踢足球,怕踢球受伤影响飞行员的体质。但是,几个铁杆球迷却是非踢不可的。有时凑不齐人手,他们就来为你"服务"。所谓的服务,就是帮你"晒被子"。周日早早地他们就来了,说我帮你晒被子,其实就是强行抱起你盖在身上的被子,把它挂出去。被子没了,觉也睡不成,就只能跟他们去踢球了。年轻人在一起,说说闹闹很正常,即使玩起来"不讲理"也都很开心。

我们同学周日经常一起出去玩。第八航校附近很荒凉,只有很小的几个小村子。当地人没有好玩的去处,第八航校毕竟是个建设得很棒的部队大院,规整的院区,笔直宽阔的大道,绿树成荫,在这偏僻的地带就被当成一个景色最好的地方,当地人会经常到学校附近走走看看,就像逛公园一样兴奋。

而我们则会出去,看他们司空见惯的"风景"。冬天的时候,我们就会去山上的冰川凿下来好大好大的冰块,然后坐在冰块上,你推我,我推你地滑行。回想起来,这些游戏本不应该是我们那么大年纪的人玩的了,但在单调的生活中,我们却感觉到很快乐。夏天,我们到老乡家里去买杏和葡萄,把工作服的两个裤腿系好,变成一个大口袋,扛在肩上回到队里给大伙分着吃。

现在战友聚会,大家提起当年依然特别兴奋。我记得我们曾经用一双胶鞋换过一板车的哈密瓜。像我和蔡春祥这样的北方人,哪儿见过哈密瓜啊,又甜又香,我俩就天天吃。也没人告诉我们哈密瓜糖分高,爱上火,结果很多人吃多了哈密瓜,嘴上都起了好多大泡。

那时交通不发达,没有现在到处可见的物流,农贸产品往往只在本地自产自销,大城市都很难见到外地的稀罕瓜果,绥中这种小县城就更是没见过哈密瓜。我假期探亲回家时带了两个哈密瓜,把家乡的朋友惊奇坏了。我们还跑到军马场跟军马照相,维吾尔族兄弟非常热情好客,想骑马,维吾尔族兄弟就把缰绳送到你的手上。我就在那时学会了骑马,不过,后来很多年我都再

飞行学院毕业合影

也没有机会骑马了。

我们搞侦察时去爬天山,用天山雪水洗脸。天山雪水多凉啊,我们也不懂皮肤会冻伤,回来后,脸上脱皮了,出现好多圈,一圈圈,大圈套小圈,好长时间才下去。我皮肤算好的,是不容易出问题的,可那回我真傻眼了。所以现在,我还比较怕凉水,手特别怕冷。虽然在边疆工作生活都比较艰苦,但那时跟大伙一起,并不觉得苦,反而留下了很多珍贵的回忆。我比较念旧,对过去的战友都记得很清楚,谁谁叫什么名字都忘不了,他们现在来航天城找我,我都十分高兴,热情地跟他们聚会。

那时的娱乐远没有现在丰富。当时队里除了一台大录音机,什么娱乐器材都没有。我攒了好长时间的钱,花30多块钱托人从哈密买了一把"美声"牌吉他。这把吉他让我们几个人大大地风光了一把。

八一建军节各班都要出节目,为了把别的班比下去,大家都铆足了劲儿排练节目。我们没亲眼见过乐队,只在电视上见过乐队演出。我们开始了最早的"模仿秀",组织了一个最简陋的乐队。我还算有点文艺细胞,吹口琴,主要负责主旋律部分。一个同学弹吉他,实际上,他还不怎么会弹吉他。蔡春祥找来一个木头墩,把里边抠空,翻过来,又拿了两把勺子,模拟架子鼓。

那天演奏的曲目是校园歌曲《外婆的澎湖湾》。我们一上场就把观看的学员给镇住了。因为社会上刚开始流行乐队,我们在这么偏僻的边疆玩乐队,副队长都兴奋得拉着队长来观看。结果,我们的新潮玩法赢得了奖项。

不光是演节目要评比,平时各项活动和任务都要争第一。在学员队的时候,我们挖菜窖、拓土坯,连学校道路两侧的马路牙子,都是我们用泥夯实抹平的。

有一年八一建军节,去巴里坤湖劳动,任务是割油菜。我们挥舞着宽大的镰刀,唰唰唰,一片油菜地很快就被收割完了。为了超过别的中队,我们加快速度,拼命地干活。而用力过猛的后果是到了第二天,我们几个的胳膊都抬不起来了。别的中队依然不紧不慢地挥舞着镰刀,收割的油菜数量渐渐超过了我们。我所在的四中队,基本都是城市兵,在家时没怎么干过农活,所以没什么经验。但为了不落后,我们依然互相鼓励着,互相帮助着,坚持把油菜给收割完。

当学员期间,总会有不同的各种困惑和问题,有飞行上的,工作当中的。同学们经常聚在一起,当遇到一些挫折或不开心的时候彼此开导、鼓励,情绪低落时有人听你倾诉、替你分担,有什么高兴的事也一起分享。

在部队里,这种同学、战友的情谊非常珍贵,是一种情同手足的关系。这是为什么呢?是因为大家一同成长,一同面对危险,如果上战场随时就要生死与共,在飞行部队,由于飞行的危险性随时存在,战友之间更有一种牵挂和担心,这不是现在机关里或公司里一般的同事关系,上班见面、下班各走各的,彼此互不相关。在我们的航校,大家一起吃住,一起执行任务,一起为战友捏把汗,因为战友遇到的危险自己也有可能遇到,所以相互之间交流飞行心得、要领,实际上是在互相关怀、规避风险。

由于军旅生活中这种超越了名利的真情实感,对正在成长和进步的年轻军人起到良性的作用。想到大家是战友,平时即使交流不多,甚至有些小矛盾,也都不那么在意了。

1987年夏,临近毕业了,除了淘汰的压力之外还有分配问题,同学们各种各样的想法比较多,但是要分开了,不管平日里关系如何,都特别舍不得。一拨一拨送走战友的时候,大家在站台上眼泪都哗哗的。确实,摸爬滚打这么多年,留在最后的为数不多的同学着实不易。在共同经历了无数次停飞的考验后终于闯过来完成飞行学业,心情跟从战场上经历过无数次炮火的历练而活着凯旋似的。

我记得特别清楚,颁发毕业证的那天,每个人都到台上去领毕业证书,学校的领导把毕业证书送到我的手上,首长向我祝贺,我立正,敬了一个标准的军礼。那一刻我松了口气,心中生起了成功的感觉。

我的军校生涯艰辛而卓有成效地完成了,我终于胜出,成为一名真正的飞行员。领导回敬军礼的一刻,我的眼睛湿润了。这是心与心的敬礼,是军人间最诚挚的祝贺。从登上列车离开家乡小城的那天起,我从没有掉过一滴眼泪,然而一瞬间的百感交集,让我实在用语言难以表达,我的眼中充满着激动的热泪。

直到现在想起来,我还是挺激动的,那五年承受着巨大压力辛勤学习,总算有了个好结果,终于走到了最后,成为一名光荣的飞行员。

与学习飞行打的这场"战争",我胜利了。

从航校毕业的时候,除了和教员、领导喝酒话别之外,我们并没有搞太大的庆祝活动。但为了纪念难忘的青春岁月,总是要做点儿什么的,一群血气方刚的小伙子总觉得要用一种特别的仪式来昭示我们的与众不同,最后大家一起商定,在最后一门课考试前都理光头。

理光头并非头一次,在校几年也经常理成光头,但都是个人理个人的,很少有集体理光头的。商定之后,开始下手,我会理发,有几个同学的头是我理的,记得最开始有几个广东的学员不愿意理,可大家不管,往那儿一按,一推子下去管你爱理不理的。同学之间这点很好,按那儿就按了,理光了就理光了,谁也没生气。平时,看不出彼此的脑袋是什么形状的,理了光头后一目了然,大家互相取笑,谁的头那么尖,谁的头长了两个旋,挺有意思。

我们理发全都是互相理,我的理发手艺就练出来了。现在我还留着一张照片,我们几个飞行员拿着飞行帽拍的合影,站在飞机旁边,全是光头。有一次,我们十几个人外出一起坐火车,都没穿军装,又都是光头愣小伙,火车上的其他乘客都不敢往我们身边坐,还以为我们是哪个帮派的呢!其实,我觉得我们都挺面善的,不像坏人。

毕业离校前,我领到了人生中的第一笔工资,120多块钱。因为当时我分在新疆的部队,还有一笔数目不小的边疆补助,工

现在的初教机

资算是高的。我母亲当了几十年的教师,每月才挣五六十块钱,而我一工作,工资就比她还高了一倍。

领到了工资后,几乎每个学员都到街上买了一双皮鞋,那时候学员不发皮鞋。当时,军官和士兵的最大区别,就是上衣的四个兜和脚上的一双皮鞋。我们就穿着四个兜的军装,穿着新皮鞋,很显眼、很荣耀地去逛街。虽然穿着很光鲜,但我们都刚二十多岁,又长期受部队的严格教育,显得十分单纯,街上人都看我们,老百姓指指点点地议论着我们:哪儿来这么一群小孩,都还穿四个兜的军装,还是干部呢!

我们都听见了,要的就是这种效果啊!但都装成若无其事的样子,大家还是憋不住劲,一路笑着。这种兴奋和荣耀冲淡了我心中藏着的一点遗憾。那个遗憾就是,我差1分就以全优成绩毕业。如果所有的功课都在90分以上,就能成为我们那届唯一的一个全优学员,而我只有一门课没有达到优秀。是一门理论课,当时刚刚入学,不知道全优学员的要求,考前没下功夫,结果考了89分,就只差1分。

分配时,部队来挑人,看我们的档案,说没有一个全优的,后来看到我的分数,就对我说:"真可惜,差了1分,是门不难的理论课。你当时没重视吧?不然就全优了。"

听了这话,我心里一直懊悔着。人生处处不能松懈,虽然未必有危害,但会让自己遗憾,而且无法弥补。

第三章　凌云之翼

　　我驾驶的强击机是双发动机的。我记得特别清楚,我飞得很低,贴着白花花的地面高速前进,就在这时,飞机突然发出了巨大的响声。霎时间仪表显示汽缸温度骤然升高,发动机的转速急剧下降。我瞬间反应就是:"空中停车!"

我的战机 我的部队

我所在的第八航校,主要是为海军培养飞行员,因此,我们那一批毕业学员,大部分都分到海军航空兵部队,不少人分到了上海和海南。那些地区的部队生活与工作条件相对比较好,装备也更先进。

那时的分配不是按照个人成绩,而是成建制走。我所在的中队被分到原空军某师的一个飞行团,地点在甘肃。关于分配到哪里,我没有想很多,当时个人有什么想法也没用,就是服从上级命令,分到哪里就是哪里,不容置疑。

我们先到了兰州。在我的印象中,兰州是个大城市,比第八航校所在地热闹繁华得多了。

中午,大家一起吃了兰州拉面。都是大小伙子,觉得每人一碗面不够吃,就又点了一些包子。等拉面上来,把我们都给吓了一跳,盛面的碗跟小盆一样大,哪里吃得完,包子也没吃,全都剩下了。

坐着小火车到了一个小县城,又改坐汽车,到了部队才发现,这里比新疆的茫茫戈壁还要荒凉。

仅有的几个小村庄趴窝在黄土高原上,平均海拔1800米,随便上个山头就到了海拔2000米。站在一个山头,你会发现前边有一个更高的山头,一个高过一个。部队都驻扎在山坳里,通常每个山坳里都有一支队伍。

我所在的部队和一般部队比,可以说是相当偏僻,离城镇很远,最近的比较热闹的地方是一个煤矿,从部队去煤矿还要坐1个多小时的汽车。当时那里经济不发达,在我印象中是非常贫穷,真的是有钱也买不到东西。

我们部队的飞机场修建于20世纪60年代末70年代初,虽然属于一个野战军用机场,但是特别大,跑道直接修到了山腹里,弹药库、飞机库、油库,各种洞库齐全,飞机可以直接开到山的肚子里面去。

在甘肃一年多之后,我又随部队转场到了陕西,那里的训练和生活条件好些。

在部队,我飞的战机是强击机,就是强-5。对于飞行员来说,战机相当于步兵的枪,是他的武器,是他的第二生命。我们常说,"要像爱护自己的眼睛一样爱护武器",当然也要像熟悉自己的身体一样熟悉武器。强击机这种飞机主要用于空对地作战,用于从低空、超低空突击敌方的小型目标,直接支援地面部队或水面舰艇部队作战,比如摧毁敌方战役战术纵深内的防御工事、坦克、地面雷达、炮兵阵地、前线机场和交通枢纽等重要军事目标。这种飞机具有良好的低空操纵性、稳定性和良好的搜索能力,有威力强大的对地攻击武器,除了机炮和炸弹外,还可以装备制导炸弹、反坦克集束炸弹和空地导弹。

强-5是我国唯一自己生产的一种强击机。从20世纪70

年代开始,作为主力机型装备部队,大量部署在边境机场,主要训练对付"坦克集群"。

强-5属于轻型、超音速战机,性能很不错。一直飞了40年,飞行员对它有着充分的好感和信赖,至今仍然是中国和一些第三世界国家前线航空兵的主力机种。当然它也在不断改进提高,后来又有了强-5甲型、强-5乙型,强-5Ⅰ型、强-5Ⅱ型、强-5Ⅲ型及强-5Ⅳ型等。我平时的基本任务就是驾机训练,练习打地面坦克和炮阵地,这需要飞得很低。沿公路练习时,离地面只有几十米,路上的行人和车都看得非常清楚。

我们最普通的训练科目是练习用机炮打地面目标,或者练习向地面目标投炸弹,当然扔的都是教练弹、水泥炸弹。经常有老百姓等着在底下捡水泥炸弹,因为里面有一根钢管可以卖钱,只能卖给部队,外面没人敢收。一个炸弹可以卖几块钱,这对当时的老百姓来说是一笔不菲的收入。

在投弹训练场,平时老百姓就在那里活动,边放牛羊边等着捡炸弹。为了安全起见,我们在投弹前会先低空飞一下,把下面的人和牛羊赶走,时间长了下面的人也明白,一见飞机低飞就知道要投弹了,赶紧跑到旁边等着。

我们投弹之后回来看训练成效,能看到挺有意思的情况,为了抢炸弹,老百姓都在那儿做标记,比如说戴着个帽子,就把帽子往炸弹上一放,代表是我捡的,然后再去捡下一个。

除了训练和平时部队自己组织的活动,我们的业余生活比较单调。我和战友们都正处于青春焕发、激情满怀的年龄,部队管理严格,训练紧张,工作之余没有什么地方可去,时常也会感到烦闷。

白天或夜晚,出了营房大门之后,从机场望去简直是一望无际,远处是辽阔的原野。平时不开心的时候,或者是遇到节假日,闲下来没事,想家了,大家的情绪都不太好,我们就到机场外边的场地大喊大叫,发疯似的,追一追,跑一跑。这是我们那时放松精神、调节心理的一种方式。

特别是我们在新疆马兰外训时,那个机场是个战地机场,留守的人都已经撤了,我们却驻扎了进去,整整一年时间。环境非常艰苦,条件很差,一天只通两小时电,当天新闻都看不到,洗澡也没有热水,就是弄一桶水在外边晒着,到晚上拎回来用来洗漱洗澡。远离家乡,远离营区,也远离人类文明,我们几乎天天就是面对着戈壁滩,面对着没有生命的空旷。单调的线条、单调的色彩会让人感到疲惫不堪,哪怕在戈壁滩上发现一团紫红色的草丛,都能让我们兴奋半天。

很多人都会去戈壁滩上喊,我也去喊,一遍又一遍喊亲人的名字,一遍又一遍喊"坚持就是胜利"。那是一种发泄和自我调节,即使现在看来也觉得很正常。训练时精神高度紧张,闲下来无事可干,精力又旺盛,总要找到一种方式去放松身体和心理上的压力。

也许是被戈壁的无边无际所震撼,或是被这苍凉和荒芜所感染,只知道这一片天空下的苍茫大地,沉寂的外表下有一种潜在的力量使我躁动,我必须喊出来才能平复。黄昏,走在戈壁滩上,四面是天地的空旷,只有脚步和沙石的摩擦声,只有呼呼作响的风。夕阳在面前铺展开一片壮丽的血红,骆驼刺展露难得的绿色。这些骆驼刺,使死寂的戈壁有了一点生机和活力,使它的荒芜不再单调。

艰苦的自然环境、单调重复的军旅生活,让人寂寞,也使人坚韧。有人曾说,耐得住寂寞是美德,作为军人,坚守自己的岗位是职责。无论是在南疆大漠还是在西北边陲,军人,就是一棵棵的骆驼刺,驻扎在艰苦的地方,耐住寂寞,保卫着祖国,让自己的青春挥洒成边疆的一片绿色。

空中停车的惊险一刻

　　飞行员承受的紧张、压力和面对的高度危险,可能许多人都有所了解,尤其最近几年对空军英雄的宣传,报道他们的英勇事迹。比如王牌试飞员李中华、返航时遭遇鸽群撞击而在迫降时牺牲的飞行员李剑英,他们在飞行中都遇到了非常大的危险,表现出了飞行员机智勇敢的风范。

　　人们在了解到这些时往往会感叹一下,但只有飞行员才能对其中的生死艰难感同身受,因为,许多飞行员都亲身经历过各种各样的惊险。

　　1992年,我就遭遇了"空中停车"事故,那个过程我终生都不会忘记。那是夏天,部队在马兰机场执行训练任务。那天,我驾驶着飞机在吐鲁番艾丁湖上空做超低空飞行。艾丁湖在海平面以下100多米,是中国海拔最低的地方,一眼望去都是白花花的盐碱地。

　　我驾驶的强击机是双发动机的。我记得特别清楚,我飞得很低,贴着白花花的地面高速前进,就在这时,飞机突然发出了巨大的响声。霎时间仪表显示汽缸温度骤然升高,发动机的转速急速下降。我瞬间反应就是:"空中停车!"

这时候的飞机是在一种失控的状态下飞行着,借助于惯性,它仍然飞得挺快,待动力不再供给的时候,飞机就很可能失速,像中弹一样跌落下去。我根本没时间想有什么后果,只是要弄清怎么回事儿,能不能把它飞回去。一个有责任感和训练有素的飞行员这时要做的就是用最快的速度准确地找到故障的原因在哪里,然后迅速拿出解决的办法。

大概也就是几秒钟的时间,我看仪表、按检测开关,确认是我第一时间里判断的"空中停车",一个发动机几乎停转了。

"空中停车"的故障,在任何一个飞行员面前都无异于万丈深渊,如果故障无法排除,是可以选择弃机逃生的。但是我们都知道一架飞机价值不菲,那是国家的一大笔财产。我丝毫没有弃机逃生的念头,只是想一定要把飞机开回去,而且当时还有一个发动机可以工作,我觉得自己能够把飞机开回去。

强-5

我当时相当冷静,稳稳地握住操纵杆,慢慢地收油门,依靠剩下的一个发动机把飞机一点点往上拉。因为我飞得太低,超低空阶段无线电不通,跟塔台联系不上,拉上去后才能把情况报告地面。

由于动力不足,飞机飞得很慢,而且带有侧滑,操作起来速度很慢。

500米、1000米、1500米……慢慢地飞机升上来,终于越过天山山脉,然后向着机场飞去,稳稳地降落在跑道上。平稳落地之后,战友们跑过来接我,我这才发现自己的衣服都被汗水湿透了。团长很激动地抱住我,当时就宣布给我记三等功。

飞机回来后检查故障,发现其中一个发动机的叶片断了。断开的叶片很容易打到油路,如果把油路打断了,飞机就会着火爆炸。

曾经有过这样的事故,当时飞机爆炸后掉了下来,没有找到发动机,一直没有查到事故原因。几年后,老百姓在自家院子里挖出来一个发动机,经过检查,就是当年出事飞机的发动机,最后证实是发动机叶片把油路打断引起的爆炸。

遇到类似的情况,我很幸运,断开的叶片没有打到油路,否则我就回不来了。总结一下我当时的处理方式还是不错的,一系列操作避免了其他失误,让飞机安全地飞了回来。

有很多记者曾问过我,那一刻你害怕吗?想到了死亡吗?说实话,我没有时间去想这个问题,我只想着飞机要飞回来。事后才知道,能不能飞回来有一部分要看我的运气,因为机器故障是人难以预料的。

我的飞行服湿透了,肯定当时是紧张的,但我很快就没事了。有些飞行员遇到迫降和跳伞的事故,回来后,按规定是要休息几天,调整一下心态,克服一下心理障碍才能继续飞,而我根本就没有休息。我下来以后就平静了,第二天照常飞行训练。实际上,即使在我们航天员当中,遇到过危险的也不只我一人。飞行员的心理素质、承受能力和意志品质在处理意外险情时极其重要。

飞行员可能遇到的故障或危险有多种,对于飞行员来说,没有谁愿意遇到其中哪怕是最轻微的一种,但如果真的经历或处理了一次这样的事故,会增加相当多的飞行经验,对飞行会更有把握,并不会因此而改变对这个职业的热爱。

当兵要当精兵,为将就做良将,训练场上多经受艰苦和磨炼,战场上就会增添胜利的砝码和希望。我深知作为一名经常与死神擦肩的飞行员,只有刻苦训练才能减少危险,并在战场上处于优势状态,何况我的梦想是当一名王牌战斗机飞行员。

因为热爱　所以坚持

1992年,对作为飞行员的我来说算得上多事多难。但事情往往这样,人生中的一些事,一切顺利时感觉不到它的重要和分量,当你遇到挫折和困难,面临非此即彼的选择时,才会深切地明白它对你到底意味着什么。

在部队,我先后辗转了几个地方:甘肃、陕西、新疆,之后是四川。新疆一年集训,艰苦备尝,经历了空中惊险一刻,1992年年底回到陕西部队,刚回来就碰上了部队精简整编。我所在的空军某师整个裁掉了,之后我们集体转到了四川航空兵某团。有意思的是,当我从这个团被选拔进入航天员队伍去了北京之后,这个团又被裁了。

部队要裁掉了,我首先要想明白是走还是留。转业、改行、调动,我需要下个决心。

有一些亲朋好友劝我,当飞行员既辛苦又危险,不如趁机换一份工作。我的很多战友在这次精简整编中转业,到了地方民航,到现在干了快20年,已经是民航的高管了。

应该这么说,对任何一名飞行员而言,对自己的职业生涯有所考虑，转业或调往其他岗位，这都很正常。当时我如果到地方工作，可以找一家航空公司，那里的待遇及收入都非常可观，甚至不是比在部队的收入高一两倍，而是七八倍或者更高。当时我家里经济

歼-6飞机

条件也并不好，如果我转到民航当飞行员，也能给家里减轻负担。

  但我个人却压根儿没有考虑这些。我的理想是当王牌战斗机飞行员，离开了部队，去开四平八稳的民航飞机实在不是我的愿望，我从心里热爱军队，希望在部队发展，这时我已经是二级战斗机飞行员了，在祖国的领空飞行，保卫神圣的领空不受外来侵犯让我感觉到无比的兴奋，我不能去干别的。

  按照安全飞行时间和技术积累程度等来区别，飞行员分为特级、一级、二级和三级。比如，一名三级飞行员需要700小时的安全飞行时间，而一名一级飞行员需要1000小时以上的安全飞行时间。我已经飞行了近千小时，我不想轻易地放弃。

  家人给予了我支持。飞行员大多有个共同的习惯，就是不对父母和家人谈飞行的危险经历。我的父母家人，尽管也担心我的安全问题，却从来没有要求过我换工作，一直都在支持我的选择，不管是当飞行员还是做航天员。1993年初，我们被调到成都空军某师航空兵某团，从陕西到了四川，我们将面对一个对飞行员来说更严峻的问题：出于任务的性质和训练的需要，我和

我的战友必须由早已熟知的强击机,改飞陌生的、对飞行员能力要求不尽相同的歼击机,即由强-5改飞歼-6,许多技术需要重新学。

这种改变对飞行员的身体和精神都是一种考验,当时还有几个人受到了处分,原因是他们不愿意由强击机改飞歼击机。

之所以不愿意改飞歼击机,是因为两个机种执行任务的性质不同,由一个熟悉的机种改飞不熟悉的机种,本身就是一种考验。而且不仅有技术上的,还有个人成长、生活方面的因素。

事实上,即使是现在,能够飞两个机种的飞行员在部队也并不普遍,我是为数不多的能够熟练掌握两个机种的飞行员之一,在我们航天员大队,也只有我飞过两个机种。

部队驻地很偏僻贫穷,家属子女都很难安置,一些家属一时不好找工作,这也导致有些飞行员放弃飞行。

我们那一批调来22人,大部分战友转业了,一些离开的战友在各家航空公司找到了工作,工资很高,待遇很不错。

置身其中,面临这么大的变化和动荡,对于我而言也是相当大的冲击,思想上有着剧烈的波动。我并没有想过不去改飞歼击机,我太热爱飞行了,我不想转业。陕西部队被裁掉的事让我心理上多多少少有些担心,我好不容易从航校毕业了,我不想停飞,不想离开部队,我时常做梦梦见自己突然被停飞了,醒来后有种要流眼泪的难过。飞行的梦想一直支撑着我,为了热爱的飞行事业,顶着压力也是要坚持的。

如果说我的飞行员生涯中遇到过什么挫折和低谷,那时可以算我的低谷。我感到了事业和生活的双倍沉重。

在这种低谷中,我常常告诉自己必须坚强,必须乐观,必须清醒,必须胜利。

从个人角度,既然热爱飞行,选择做一个飞行员,那么即使再难,也要坚持下来,一定要把飞歼击机的技术学好,继续飞行的梦想。从大的角度来讲,国家培养我们这么多年,经过层层选拔、层层淘汰,如果因为受到处分停飞,或因为改机型不成功停飞,无论如何都太可惜了!

年轻的战斗机飞行员

新机型的训练需要从头开始。新的理论和数据,我会把它们编成顺口溜,这样一下子就能记住。而在飞行准备上,自己更认真更细致,比如在特情处置问答上,我做到了全部优秀。

在练习阶段,操纵飞机进行特技飞行时,如果第一次动作没有达到技术标准,我就会利用有限的滞空时间,一遍遍地反复练习,直到动作规范。

我感觉,歼-6相比强-5虽然性能落后,但却可以磨炼技术,相比来说你要能在大强度、大载荷、高速度的条件下灵活机动,快速反应,准确操作。

部队所在地区地理环境特殊,四季多雨多雾,飞行气象条件复杂,曾经作为培训基地轮训过全军飞行员。有这样一个说法,在这里训练过的飞行员,可以应对任何机场、任何条件的飞行。

用了两年多的时间,我终于飞完了歼击机的基础科目,掌握了全部技能。后来我被提拔为中队长,又调到团里当领航主任。到 1996 年为止,作为飞行员,我基本年年全勤,总共安全飞行了 1350 小时,成为一级飞行员。

我打定主意,无论如何要一直坚持飞下去。

现在看来,这个阶段的新机型飞行训练,不仅让我的心理素质、反应能力、做动作的精准度有了很大长进,各个方面的变化所带来的困难,也成为对我思想和精神的考验与砥砺,我比任何时候都清楚地知道我心中最热爱的,最珍贵的是什么,而我要如何对待它、为它而奋斗。

"王牌"梦想

有人曾问我,飞行员每天都要飞行吗?不飞行的时候你们做什么?实际上,飞行员的飞行训练是根据当时当地的天气条件来安排的。一般一周两三个飞行日。其余时间也不清闲,你要时刻准备飞行时的数据,比如科目内容、设备使用、特情处置等。

无论是飞强-5还是歼-6,仪表、编队、特技等所有的科目都需要一丝不苟地完成。我依然记得儿时站在机场附近看天空上的战机做各种飞行特技时的兴奋。筋斗、半筋斗、战斗转弯、横滚……当我能够很好地完成这些飞行特技的时候,那种达成心愿的满足无以言表,感到一股豪迈的英雄之气直冲云霄。

在休息时间里,飞行员之间很爱谈论那些在一战、二战中立下赫赫战功的王牌飞行员。"王牌"二字就像闪亮的勋章闪耀在我们眼前,那种憧憬和兴奋,那种对英雄的向往,让我们在翱翔蓝天时多了一份保家卫国的豪迈。

我曾看过一战时德国王牌飞行员曼弗雷德·冯·里奇特霍芬的一些资料。这位德国的飞行员在阵亡后竟然受到英国人最

强-5 先进型飞机

高的礼遇。英国人称他为"红男爵",并为"红男爵"举行了登峰造极的隆重葬礼:为对应曼弗雷德的军衔,六名协约国上尉抬着这位伟大敌手的棺木在一位神职人员的引导下缓缓前进;当棺木进入墓穴后,两旁士兵朝天鸣枪表示最高的敬意。在那个用木头和纤维制造战斗机的时代,20次空战胜利足以使一个飞行员青史留名。然而,里奇特霍芬一生取得过80次空战胜利!直到今天也被认为是王牌中的王牌。

曼弗雷德·冯·里奇特霍芬把自己战机的一部分涂成了血红色,这竟引起了一股潮流,他的队员们也争相将自己的飞机部分涂成血红色,以显示团结一致的精神。他所在的德国第11狩猎中队的战绩异常出色,以至于在战争后期,许多英军飞机上都涂上了红鼻子,以表示"我们一定打下红男爵"的决心。

"红男爵"的阵亡竟然是因为英军对手一直飞不高而且晃晃悠悠的飞行技术。4月21日,"红男爵"追逐着威尔弗莱德·梅驾驶的骆驼战斗机深入英军控制区。这时距离战争结束只有短短几个月的时间,德军不得不面对着越来越多的协约国飞机和不断增长的己方损失,"红男爵"也感觉到原先那种猎杀敌机的兴奋荡然无存,剩下的只有不安、焦躁和伤痛的困扰。"协约国飞机越来越难对付,"他亲笔写道,"除非跟踪追击到敌军阵地,否则很难打下它们。"这一次他又追赶着自己的猎物进入危险区域,梅的飞行技术很臭,他一直飞不高而且晃晃悠悠,但这反而使曼弗雷德难以捕捉到他。

在英军阵地上"红男爵"紧紧盯着这架路线奇怪的飞机,就在这时,一颗子弹从他的后方打来,斜穿过他的身体从胸部飞出。不管怎样,"红男爵"再也无法操控他的爱机,他坠落在公路旁边的田野上。事后有很多协约国士兵赶来捡取他飞机的红色残片留作纪念。而双方飞行员听到这一消息时不约而同地表示不敢相信"红男爵"已经阵亡,因为对他们来说这已经成了一个神话。

自从知道了这些王牌飞行员的故事,我上天飞行的时候更有了一股劲头。在能够飞强-5和歼-6两个机种后,我更是觉得和"王牌"飞行员较量的资本增加了。那些压力和辛苦,被强大的自信所取代。有时候,驾驶战机在天空中飞行战斗动作的时候,我会觉得自己正在跟"红男爵"较量。这种斗志激发我更加刻苦认真地训练,把辽阔的天空当成一个战场,而我的梦想终将在那里实现。

一个飞行员的自我问答

刚得知要在两年时间内必须完成歼-6的全部课程时,我确实一度情绪低落,巨大的压力使我夜不能寐。每当仰望夜空中忽明忽暗的星星的时候,我一次次跟自己的内心展开对话。这是自我心理调节的一种方式,无论是新疆外训时茫茫戈壁上的呼喊,还是神舟五号成功返回后的独自沉思,这种自我问答让我更加清晰地知道我是谁,我在做什么,将来会做什么。

有不少朋友跟我聊天时会问很多问题,令我常常反思,回顾一路走来的点点滴滴,我在这里跟读者朋友们共同分享一下我的感受。

给自己一个评语吧,你对自己满意吗?

我对自己呢,还算满意。我的意志品格很坚定,训练学习肯下功夫非常刻苦,理想信念坚定不移,我应该是中国人民解放军中千千万万优秀军人中的一名。不论是在南疆戈壁,还是在航天员训练中心,祖国人民把我放在哪里,我都会尽己所能,让人民满意,让祖国放心。

但是在家庭方面,我远离故乡,没能在父母身边尽孝守候,也缺少对妻儿的照顾。如今父母已远去,我空有尽孝之心而无法弥补,一直是我心中的痛楚和遗憾,但我清楚,深明大义、知书达理的父母会一直以我为骄傲。小家大国的思想一直在每个中国人血脉里奔流。每当战士们唱起"家中的老妈妈已是满头白发",我都不由得热泪盈眶。

军人职业真正的吸引力是什么?一个军人如何看待自己?

作为一个有着26年军龄的老兵,和刚当兵的时候比较,我对军人的理解不一样了。我刚当兵的时候,觉得军装穿起来很神气。现在,我觉得作为一个男人,去当兵服役,是一种责任,很

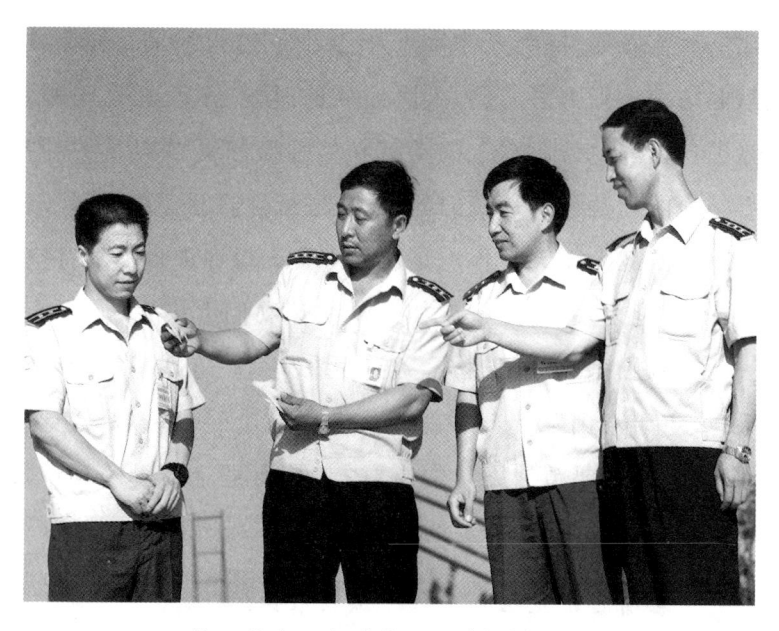

航天员的飞行训练还是在空军进行

神圣。不仅是我们国家,世界上的所有国家都是这样,军人这个职业本身就意味着奉献和牺牲。很多的军人,特别是很多优秀的军人确实做到了这一点,在奉献与牺牲中建功立业。

和平时期,可能大家对军人的情感有些淡化,但在老百姓的内心深处,对军人的尊重和对军人这个职业的推崇是没有任何改变的。人民军队听党指挥、服务人民、英勇善战的光荣传统是它最大的魅力和吸引力。在困难面前,老百姓首先想到的是军人;当灾难降临的时候,只要一听说解放军来了,老百姓就会放下心来。人们对军人充满敬意,哪怕只是个战士,一说起来,别人都尊敬他,虽然看起来都是在那里站岗,但士兵跟保安就有区别。

抗震救灾过程只有那15位空降兵,在自然条件非常恶劣的情况下从天而降,把个人的生死置之度外,这肯定是一种牺牲和奉献的精神。当国家需要、人民需要的时候,军人义无反顾,不惜献出自己的生命。军人的奉献和牺牲换回更多人民的利益,赢得国家的利益。这是我们的信仰,也是我们的理想。

我们的载人航天工程也是这样。我记得在神舟一号升空的时候,当时是无人舱,大家说如果这次让我们上去,我们干脆就上去,没问题,牺牲就牺牲了。正所谓"一个人的生命,或轻于鸿毛,或重于泰山",当年往深里去考虑这个问题时,就会觉得:人活着,一是需要精神力量的支撑,二是确实需要活得有意义。军人最享受的,就是精神上的满足。

> 你有过沮丧吗?为什么感到沮丧?

我虽然个性非常坚强,但也有脆弱、沮丧的时候。我们每个人平时都会遇到一些挫折,或者有什么事情不开心。比如我在某个飞行科目上,这一次没有飞好,成绩没达到预期,或者是领导来检查的时候,本来应该表现一下,但没表现好,本来是可以做到的,却没有做到,回去之后就会感到很沮丧,可能一两天都会不开心。晚上睡觉时还翻来覆去地想,怎么会这样呢?我那个地方本来应当怎么做。

人在成长的过程中都会有这种经历,有时会沮丧,会感到很失落。你尽了努力,付出了很多,在需要的时候却没有达到你所期望的目标,而且可能有些结果不是你的原因造成的,这时你会感到很失落。这个时候,我会去调整自己的心态和情绪。我觉得这种情绪很正常,没有人会一直情绪高涨,每个人都要学会调整自己的情绪。

你有什么宣泄情绪的方法?如何排解自己的情绪?

人总会有情绪变化,我也是个敏感、重情义的人,不过说实话,自从入伍之后,我基本没掉过眼泪。在不开心的时候,我往往会到室外转一转,散散步,特别压抑的时候,会到一个空旷的地方喊两嗓子。

除了喊,不开心的时候我会听音乐。流行音乐和古典音乐我都喜欢。我在部队时连冰箱都没买,拿着父母给我结婚的钱先买了套音响。特不开心的时候,就听节奏激烈的音乐,比如摇滚。当我工作压力比较大的时候,我会听安静一些的古典音乐,钢琴曲、小提琴曲。音乐会让人放松下来。可能我所理解的并不是音乐本身表达的东西,但在听音乐的过程中,我会产生自己的一种思想或者构建一种场景,音乐会把你内心深处的很多东西释放出来。

有的人靠抽烟和喝酒来排解情绪,但我不会。我压根儿就不抽烟,一直不抽烟,喝酒也不行,我的酒量很小,基本上也不喝。

为什么选择继续飞行?飞行对你意味着什么?

我没有放弃,是对飞行事业的热爱使然,它寄托着我的追求和理想。我希望什么时候能够达到一个很高的境界,有很多新型的飞机想去尝试,看我能否成为一个真正的优秀飞行员,成为"王牌"飞行员,要往这方面去努力。当航天员后飞行是在太空,这对我更是一种诱惑,虽然执行了一次任务后,再执行任务的机会并不多,但我时刻都做好了再次飞行的准备,我坚持参加航天员各项训练并保持成绩名列前茅为的也是再次飞行。

人总是有进取心、上进心的,遇到一些大的选择机会,对人生来讲,它可能就是你的拐点。部队撤销了我转不转业,要从头开始改机型我改不改,这就是考验我的时候,也是我的拐点。现在看,我当时没有选择错,假如说那个时候有了其他选择,就没有后来当航天员的机会了。当然不是说别人选择得不好,现在民航系统也有一大批领导是我的同学,他们同样为这个社会做出了贡献。

对年轻战友或青年朋友,假如要提什么建议,我觉得自己喜欢、爱好是很关键的。在条件允许的情况下,你要让你的爱好与事业目标尽可能地一致,这样会比较容易促使你达到成功。有这种情感内因起作用,无论做什么事,都会事半功倍。

说到一个人的理想和立志,这个理想如何与实际工作结合起来？

在理想和幻想之间，有非常关键的差别，好多不切合实际的想法，不仅没有任何激励作用，反而会影响一个人的心态。

我跟青年人交流的时候，会告诉他们，在实际工作和生活中超越自我的，才应该是你的理想。我们讲，"不想当将军的士兵不是好士兵"，这是不错的，但你的理想太大太空太远就没有实际意义了。即使想当将军，也得从当好一名士兵一步步做起。我觉得立志有很多方面，一个远大的目标是一种立志，在本职工作的基础上稳步确立目标也是一种立志。

我也是一样。当飞行员的时候，就想我什么时候能当飞行教员，到了飞编队的时候，就想我什么时候能当长机。在不同的阶段，会有不同的追求，这个追求不是你的远大理想，而是一个接一个的具体目标。

立志是不断探索、不断实现的过程，只有这样，才能实现自己的理想。好多人问我有什么偶像，我的偶像每个时期是不一样的，多是英雄人物，我崇拜他们的精神，并把这种精神复制到我自己身上、投入到本职工作中，去完成理想和志向。

什么会影响一个人的选择与坚持？

选择一个自己喜欢的职业，能够遇上一些很好的师长，很认真地看几本对你有益处的书，结交几个志同道合的朋友，都能非常好地促进你。很多优秀的人，各行各业，做企业的，当公务员的，搞艺术、体育运动的，优秀的人比比皆是，他们现在很出色，实际上，当初他们就是找到了喜欢的事业，和一群志同道合的人，一步步抓住机遇地发展，到后来就变得很强大了。

蓝天任我飞翔

即使是现在,部队的发展方向也很多,在连队或者在机关院校,选择一个你确实很喜爱,又比较擅长的位置,往那个方向去发展,会更顺利。很多人遇到挫折了,没有坚持下来,实际上他是对从事这项工作动摇了,对追求动摇了,没有从心底里去热爱它,如果你真正热爱它,你就不会轻言放弃。常见有些人兴趣很容易转移,这在做成一件事业上是挺要命的事,所以凡是最后有所成就的人,都不会见异思迁。

当然,在实际环境中会有许多因素影响你的坚持,但你应当不为所动。比如当时我在航校的同学转业到民航了,他反馈的信息:工资高很多,不是一倍两倍的问题。作为飞行员,待遇并不高,加上军属随军工作往往不理想,经济条件较差,不去想是不可能的,但你反过头来想你的志向、你的追求、你的爱好,会不会动摇,这就是考验你的时候。

你为什么能够全勤飞行,仅仅是因为好强吗?

我在空军飞了15年,没有因为身体原因住过医院。如果因为身体不适而耽误飞行,我觉得是很可惜的,所以平时就很注重身体锻炼。而且我当飞行员的时候,非常不愿意耽误飞行日,我们叫一年出全勤,就是一年不耽误一次飞行。这不是规定的,我就是想出全勤,不想因为身体不好影响飞行,也不会因为自己有什么事放下飞行训练。

飞行时间到年底会有一些评比,不是说到年底一定会怎么样,会有什么重要奖励。我觉得是一种上进心,大家到年底会看出全勤的今年有哪些人,一个团里也不会有几个人。但其中有你,这是作为飞行员的一种荣耀,我非常珍惜它,包括最后我们部队面临解散的时候,我都没有放松飞行。

> 产生当航天员这个志向是什么时候,很早就接触这方面的内容吗?

我当飞行员时就知道世界上有航天员,因为毕竟是离得最近的一种职业,至于自己是否能够成为航天员,当时真的不敢想。我们国家的航天工程是1992年立的项,虽然立项了,但最初整个项目主要是从科研的角度来做。我在空军时对航天领域并不了解,作为飞行员,对航天方面的内容比较感兴趣,因为它们有很多相通的地方,而且,那时候国外的航天员有很多是从战斗机飞行员中选拔的。所以,看到相关的报道和书籍,我就在心里想:我们中国什么时候也会这样?我们飞行员可不可以也去做航天员?但只是个朦胧的想法,毕竟,当时我们国家的航天科技水平还没发展到这个阶段。

终于有一天,得到了选拔航天员的消息,我的积极性非常高。但我对自己谈不上有信心,因为老觉得这个目标离自己很遥远。那么多优秀飞行员,怎么能够排到你呢?但是潜意识里，我真的非常渴望，对选拔航天员的消息也特别关注。我对自己的身体健康状况还是很有信心的，在当飞行员的多年时间里，没有住过一次医院。我在空军飞了15年，很多年份都是飞全勤。

第四章　望穿天际

航天员是要离开人类能够生存的地球,去往另一个不适宜人类活动的区域。太空神奇而美妙,却不具备地球赐予我们的重力、氧气、压力和水,在生存的必需条件缺失的情况下进入太空,航天员要在密闭狭小的飞船环境里经历超重、失重、低压、旋转相互交替的过程。我们的航天员训练项目,就是要与它们进行生存的搏斗。

选拔：1500人到12个

得到参加航天员选拔的通知，有些突然。尽管我曾经有过这个念头，但一直认为那只是个遥远的梦想罢了。我是在意外、兴奋和一无所知的茫然中报名接受选拔的。然后，在最短的时间内，我对当一个航天员意味着什么做了大致了解。

在1949年新中国成立后几十年的科技攻关奋战中，中国有了自己的导弹、原子弹、人造地球卫星，早在20世纪60年代已开始航天方面的探索，如今又开始了向载人航天的冲刺。航天事业的发展既有老一辈革命家和科学家的大量心血，也有千千万万的无名英雄默默地奉献，一代接一代，托举起中国的航天事业。到了20世纪90年代，中国航天员应时代的呼唤出现了。可以说，我们这一代航天员无疑是幸运的，因为将有机会去实现中华民族伟大的飞天梦。

我了解中国航天员对人类和国家的意义，也明白它可能蕴含的艰难和危险。但作为一个热爱天空、长期飞行的人，能够飞向更高远的地方，还有比这更大的诱惑吗？即使我还不清楚这条路会有多么漫长、多么坎坷，既然可能，就要去试一试。我本不是一个惧怕危险的人,更是一名在天空飞行了1350小时的一级飞行员,危险在我的心里早变得很渺小,航天员的危险跟它对民族国家的意义相比显得微不足道,这种想法让我很坦然,在整个参选过程中表现得相当平静。

1996年初,我在青岛空军疗养院参加外围体检,这是初选。体检用了一个月,与以前不一样,这次巨细无遗,似乎动用了一切可能手段,对我们进行了从头到脚的逐项检查。

我们知道,飞行员体检和普通的健康体检不一样,有些针对飞行的检查,比如对你的眼睛、鼻子等器官的要求比较高,比如对你的平衡机能很在意。而航天员的体检跟飞行员的体检又不一样。

不一样在哪儿呢?在于他的工作环境发生了变化。飞行员是在大气层之内飞行,而航天主要是在真空条件下飞行,有很多的特殊要求,所以我们叫生理因素检查,或者叫特殊因素检查,这部分是飞行员没有的。

事实上,航天员的选拔程序早已经开始了,它是1992年9月中央批准的载人航天工程的一部分。按照进展,1995年9月,载人航天工程指挥部获中央军委批复,从空军现役飞行员中选拔预备航天员。工作分为四步走,即预选、初选、复选、复审四个阶段。

预选是由原国防科工委和空军联合组成的选拔领导小组,按照一系列条件,从全军现役飞行员中进行筛选。条件包括有坚定的意志、献身精神和良好的相容性,身高160厘米至172厘米,体重55公斤至70公斤,年龄25岁至35岁,歼击机、强击机飞行员,累计飞行600小时以上,大专以上学历,飞行成绩优良,

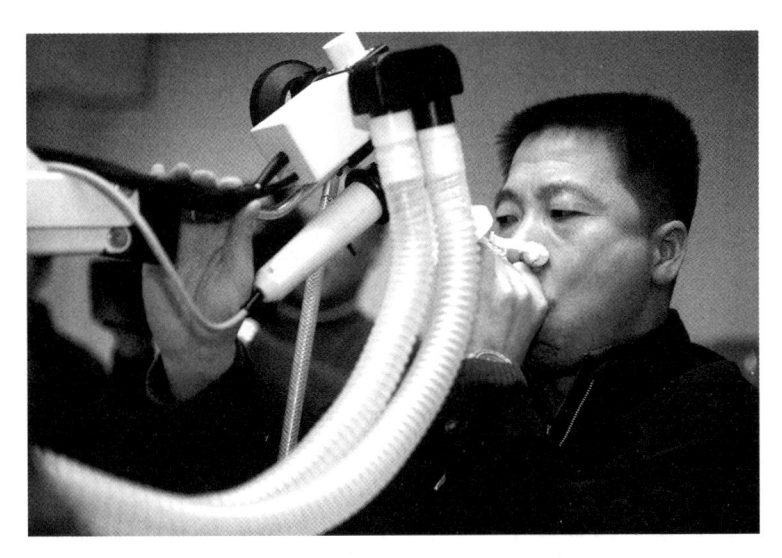

心肺功能测试

无等级事故,无烟酒瘾,最近三年体检均为甲类等等。符合以上条件的总人数是1500多人,之后调阅这些人的全部档案,并做全面情况调研,确定886人参加初选。

在青岛体检后,身体条件和知识水平看似无可挑剔的飞行员,可能因为一个小问题就被刷掉了。大部分人在这一关止步,886人变成了90人。然后,从90人中又筛选出60人,到北京接受再次体检,也就是复检。60人分为四批,15个人为一批,我是第二批。

可能觉得前面走得比较顺当,我对自己产生了很强的信心,觉得离航天员的目标越来越近,带着迫切的心情,我提前三天就到了空军总医院。复检通知由空军通知到部队,部队通知到我。刚好我们团长要到国防大学学习,我又着急,我俩就结伴来了北京。我们从部队机场坐了六七个小时汽车,转火车到了北京。

我手里拿着北京地图,先找国防大学,坐公共汽车把团长送到国防大学。我掉头回来又坐地铁又坐公交,总算到了空军总医院。

到空军总医院时已经是晚上了。一报名字,他们知道我是来复检的,护士诧异地说:"你也太早太积极了,我们都没准备好呢。"

因为带着体检本等证件,当晚他们还是接收了我。我就住到病房等着检查。但是我来得太早了,他们脸盆也没准备,拖鞋也没有,都是当晚现找的。第二天、第三天陆续有人来了,等大家来齐之后体检才开始。

这次复检大概用了十来天的时间。每天都有各项检查,做临床,十几天把全身器官查了个遍,这个环节结束后,又淘汰了20人。

按照工作程序,此前的所有检测是空军负责,此后由航天医学工程研究所负责。

1996年8月,我到现在所在的航天医学工程研究所做特殊功能检查。这是个高难度的选拔,看你是不是天生具有做航天员所必需的"航天生理功能"。这种功能是航天员与普通人在身体上的本质区别,是个天然的门槛。

在检查中,很多设备仪器和检测方法都是我以前从来没见过的,做起来感觉相当痛苦。比如在离心机上飞速旋转,经受7倍于体重的超重,测试胸背向、头盆向的各种超重耐力;在压力试验舱,要仿照上升到5000米、10000米高空,5000米是为检查耳气压功能和低压缺氧耐力,10000米是为检查减压病的易感性;在旋转座椅和秋千上检查前庭功能,要进行下体负压、立位耐力、心理功能等测试。当时体检的每一项,直到现在航天员也依然在训练。

为什么要检查这些方面呢？首先是确定你能不能承受这些特定考验，比如说你的心肺功能、代偿都是通过检查数据由专家来分析的。我们成为航天员之后进行训练也是为了始终保持良好状态。

这种状态如何保持呢？一个要提高。通过一些反复的训练，掌握方法，身体通过一些训练的辅助达到一个很好的状态，保持好。第二个就是通过训练把适应能力提高。像离心机上进行的超重耐力训练，我们要很好地保持训练效果，保持一个很好的状态。我记得检查我们的时候，做的7G，我们后来训练都训练到8G，最大的峰值是8.5G。训练是一个不断提高和不断保持状态的过程。

查完了，只剩下20人。60个人当中，我们第二批选上了15人，选拔成功率比较高。我、聂海胜和景海鹏都是这一批。

后来我知道，世界上选拔航天员的方式方法大致相同，当年苏联的加加林也经过类似的过程：先是从空军3000多人中分几个阶段进行选拔，从1959年开始到第二年的3月，苏联共录取了20名航天员进行训练，直至1961年4月才选出其中的6名航天员准备飞行。

加加林在他的书中这样描述道："除检查健康状况外，医生们在每一个人身上寻找是否有潜伏的缺陷或者肌体对典型航天因素耐力较低，对这种因素作用时的反应进行评论。他们借助一切可能的生化的、生理的、脑电的和心理的方法和特别的功能试验进行检查。在各种空气非常稀薄的压力舱内检查我们，在离心机上旋转我们，所有这一切用了几周的时间，淘汰了不少同伴。"

1996年12月,我们结束了全部测试,却没有宣布结果,只是要我们回部队等待消息。那年只选12个,这意味着,我们20个人当中有8个还将被淘汰。12月31日,航医所的领导、专家和我们一起迎接新年。在吃饭中间,时任航医所副总工程师的宿双宁和我互祝新年,他把我叫到一边悄悄嘱咐说:"回去不要喝酒,注意饮食卫生,保护好身体,千万别得传染病,还有,不要再参加有危险性的飞行科目训练,一点外伤都不能受……"我觉得这是一种关心,更是一种暗示,心里一下子有了底。

越过万水千山

回到四川,我开始了等待,虽然事情似乎有了眉目,但这种无法确知最终结果的等待还是相当漫长的。我并没把日常训练放下,是出于"一颗红心,两种准备"。

如果能入选,那我的战斗机飞行员生涯就将结束,我将告别我的战机、我的部队,累积了十几年的、对飞机的留恋是难以割舍的;如果不能入选,仍要像以前一样继续我的飞行,良好的状态要每天保持。所以,作为团里的领航主任,我仍天天带着新飞行员训练,自己还飞行了150个小时。而且那一年我们团的空靶、拖靶机基本上都是我飞的。

一周、一个月、两个月……几个月过去了,最后的消息仍没有公布。其实,选拔工作仍在紧锣密鼓地进行着,有关人员在对我们进行家访、政审,领导和专家们分别到20个飞行员所在的部队了解情况,还专门对飞行员的家族成员进行体检,询问父母及几代人的身体情况和有无遗传病史。到绥中县城调查时,对我的父母做了详细调查,也把亲戚们都排查了一遍,老家的人不知道是怎么回事,以为我在部队出了什么事。

1997年春天，航天医学工程研究所书记吴川生带专家组来到我所在的部队，先从战友和同事的口中得到了对我满意的评价，之后又到我家里进行家访，征求我妻子的意见。之所以这样做，是因为航天员要在没有后顾之忧的状态下训练和执行任务，而妻子的态度至关重要。看似随意的问话，其实也是考核内容之一。

　　"如果杨利伟被选为航天员，今后的生活有所变动，你能习惯吗？"

　　"习惯，这么多年都是这么过来的。"

　　"当航天员有危险，你同意吗？"

　　"同意。杨利伟当飞行员这么多年了，有危险不算什么事情。他看重自己的事业，无论他做啥，我都支持。"玉梅的回答干脆、朴实。我通过了这项考核。考核一项项地进行，我也一直在担心。直到后来，航天员中心给我打电话，问我穿多大号的服装，这时候我心里才比较有底了：开始准备我的军装了，那基本没问题了！

　　1997年4月中旬，中国载人航天工程指挥部集中了多名著名专家，做最后的研究和挑选，最后从20个人中

射击训练

录取12个人为预备航天员。我在临床医学、航天生理功能指标、心理素质的测试中都达到了优秀,成为其中的一员。

这12个人,学历都在大专以上,驾机飞行都在800小时以上,平均年龄32.8岁,大都有处置空中险情的经历。

有许多人问,为什么我们的航天员必须从战斗机飞行员中选拔,而不能从其他职业比如从大学生中选拔?为什么年龄在30岁左右?

首先,中国航天员要执行复杂的空中任务,并不是飞船上的乘客,美国、苏联选择担任指令长的航天员一般也都从飞行员中挑选;其次,较长时间的飞行经验、空中生活、工作经历,让飞行员过渡到航天员不需要重新适应。而要达到规定的飞行时间,年龄必然在30岁左右。另外,在航天员的训练与工作中,风险和压力不仅仅是生理上的,主要是心理上的。飞行员阶段的空

静静的弱水河

中体验对心理承受能力、良好的精神品质、意志力的形成起到了关键作用。

当然,作为飞行员,即使是一名优秀的战斗机飞行员,也不是顺理成章就能成为合格航天员的,中间相隔的,不是从四川到北京的万水千山,也不仅仅是从地面到天空几公里扩展到几百公里的距离,而是另外一些越过生命极限、超出想象的考验。

进 京 了

1997年年底,我们12个人来京报到。

1998年1月5日,12名中国航天员正式由空军移交给原国防科工委,并在航天医学工程研究所的原办公区举行了一个仪式。

当时两个大单位的首长参加仪式。空军首长对我们的入选表示祝贺,同时又有一种难以割舍的情感。

我记得,首长对我们赞赏有加,称我们是空军最出色的飞行员,空军真是舍不得,但国家有需要,航天员在某种意义上说是一个更重要、更具有挑战的岗位,这是你们的光荣,也是空军全体指战员的光荣。

2009年空军创建60周年大庆,我们全体航天员回了"娘家",参加了全部庆祝活动。置身于熟悉的部队,听着熟悉的呼啸声,我们仿佛又重新站在了飞行员的队列中。

原国防科工委的首长对我们表示欢迎,并对空军诚挚致谢。虽然整个仪式的过程十分简短,而且对外秘而不宣,却意味着中国航天史翻开了新的一页——中国人民解放军航天员大队正式

中国航天员大队成立了

成立!

那天,我们在国旗下庄严宣誓,并在国旗上签下自己的名字:

> 成为航天员是我无上的光荣,为了负起神圣的使命,我将英勇无畏,不怕牺牲,甘愿为载人航天事业奋斗终生……

那一天,1月5日,成为我们航天员大队的诞生日,每年我们都会纪念它,像过我们共同的生日一样。

刚到航天员大队我们就换了装,但是当时还没有航天标志,也没有航天员的等级,所以那时候还都是戴的飞行员标志。直到我们有了镶嵌着地球标志的金色航天标志,才摘下了胸前的空军部队飞行徽标。1997年年底,我们12人来北京报到时,恰逢年终岁尾,接下来就是按上级指示,尽快搬家,入住航天城。给的时间是一个星期。

我匆忙地回到部队,开始搬家前的忙乱。那时我儿子杨宁

航天员公寓

康刚刚两岁,因为太忙顾不上他,就把他送回了辽宁老家。可以想到,部队的领导和战友们纷纷前来道贺,但并没太多机会坐下来叙谈旧情,他们更多的是在帮我打点行装。

我和战友们平时关系相处得极好,他们和我也不讲客气,都觉得我当了航天员,进了北京,搬去航天城,待遇肯定不错,条件会更好,什么东西都会有的。

战友们的意思是,现在你这些家里的东西搬过去也都用不上,还不得扔!所以,让我走的时候什么东西都不用拿,全给他们留下。

他们看到我的自行车,就说,到了那儿给你配车,你还骑什么自行车啊?推走!在四川,除了我的歼-6,我平时的交通工具就是自行车,结果,第二天他们就把我的自行车给骑走了。

还有电视机、床、书架、锅……基本上,我所有的东西都被他们分了。我最值钱的两万块钱的音响,他们说你也别带走了,给了我两千块钱,拿走了。最后剩下一台旧的录像机没人要。

几天后,我就带着那台录像机,几个木箱子装着幸存的书等杂七杂八的东西,还有一床被子,来到了航天城。

到了后看看其他人,和我情况也差不多,带过来的东西都比较少。想来和我一样大多留在原部队了。

航天城坐落在北京的西北部,相距北京市区还比较偏远,进城要走八达岭高速,坐车也挺不容易。我们12名航天员和爱人进行了分工,她们去商场买日常生活用品,我们就去买家具。

没有太多时间挑选,看着差不多的东西,大家就一起买回来。我们的家都在一个住宅楼里,所以直到现在,房子是一样的,家具是一样的,家用电器是一样的,装修装饰也都差不多。有些人看了,不明就里,还说:"你们待遇真是不错,连这都是统一配发的啊。"

许多东西都是在这一个星期完成的,许多事情也在这一星期弄明白:工资还是按级别和军衔走,只加了几百块补贴,但不飞行了,没有飞行补贴,工资还不如过去多;我们住的都是团职房;每个人配车更是不可能的事,外出还是骑自行车,或者坐公共汽车。

家总算安排停当,却被告知自己不能住在家里,我们要住那座专门的两层小楼——航天员公寓,也就是后来被人们称为航天城最神秘的"红房子"。它自成一个小院落,平时有士兵严密把守,外人不得进入,即使是航天城内部的科研人员。而我们,周一到周五必须住在这里,与外界隔绝,不能离开。

国外的航天员平时是各自分散居住的,只到执行任务前才会集中。而中国的航天员在管理上采用集中管理,从第一天起,我们全部14个航天员便朝夕相处,一同"隐居"起来,成了最神秘、最难以接近、最不"自由"的人。

非常之城　非常之人

　　成为航天员,远非经过简单适应和学习就能胜任。除了驾驶飞船,还要学习和掌握大量的高科技航天知识,要充分了解整个航天工程系统,更重要的是理解我们所承担着的责任和使命——国家的荣誉、民族的梦想、几代人的不懈努力。

　　在我们之前,曾经进行过一次航天员选拔。1970年夏,中国准备从1000多名飞行员中选拔航天员,其中有很多人都是当时的空军战斗英雄。曾有一位当时连闯数关的飞行员回忆说:"那时就差最后阶段的工作了,但是因为技术、经济等各种原因,载人飞船的工作暂时中止,航天员的选拔也暂停了。"

　　相比起这些人来说,我们是幸运的,但同时也在想,我们能否上天?能否完成这个使命?会不会半途停止?

　　随着对这项事业的深入理解,我们知道了载人航天的大体设想:第一阶段是立项、确定七个系统的研发方案,从1992年开始;第二阶段是火箭、飞船和相关产品的设计和试制,从1995年开始;第三阶段是产品生产和无人飞船飞行试验,从1998年开始;第四阶段是飞船载人飞行……而我们航天员只是国家这个载人航天大业中的一小部分,一个具有标志性的、位于塔尖上的小部分。

我们所要做的和所能做的,就是为了这个小部分的完美表现而开始义无反顾地默默努力。

航天员的生活是由服从最细致的管理、遵守最严格的纪律开始的。

除了要求我们遵守部队条令条例之外,许多特殊的规定都写在《航天员管理暂行规定》里,其中,有这样几条对常人来讲几乎不尽情理的"五不准":不准在外就餐;节假日不准私自外出;不准与不明身份的人接触;不准暴露自己的身份;不准抽烟喝酒。

严格的纪律向来是军人这个职业最重要的特征,也是军队战斗力的保证。就这一点来说,刚刚成立的航天员大队将纪律细化并强调到了最高的程度,它几乎规定到了每一个细节。进驻航天员公寓的第一课不是别的,是科学进食,我们不能按以前的习惯想吃什么就吃什么,而是要合理搭配。

每天的营养成分摄入有个标准,大致如下:

膳食营养成分推荐摄入量(部分)

能量 WHO(中等活动水平)	2800—3100kcal(11.7—13.0MJ)
蛋白质	120g,占总能耗的12%—15%
碳水化合物	400g,占总能耗的50%—60%
脂肪	110g,占总能耗的25%—33%
膳食纤维	25g—35g
钙	1000mg

磷	700mg
镁	350mg
钠	2200mg
钾	2000mg
铁	15mg
铜	2.0mg

……

航天员的饮食规定非常多,一日三餐都由营养医师制订食谱,食物还要留样保存。采购食品要到专供商店,购买蔬菜要到京郊的绿色蔬菜基地,绝对不能像常人那样想吃什么就吃什么。当然不会每天盯着你吃饭,但是否遵照了营养师的配餐要求,在体检时就能发现。基本上,我们三个月一次小体检,一年一次大体检。体检发现情况不对了就会找你谈话。

我对吃没有什么特别的要求。尽管也有一些比较爱吃的菜,比如海鲜等等,但是按照营养师的食谱吃饭,也不觉得有什么不妥,所以,我并没有因为进食的问题被找谈过话。周末回家,妻子如果想按我们的口味做点"好吃"的,说不定营养师就来"家访"了。后来,我们基本上习惯了这种饮食上的要求。比如我一直喜欢吃肉,不太吃青菜,但按要求必须要改,我就尽量忍着,让自己少吃肉,多吃菜。

其实,我们平时一日三餐吃的大多是家常菜,许多朋友对我吃什么很好奇,以为航天员吃得好,大概多是鲍翅之类。我咨询过营养师和厨师,他们说我们的食谱很平常,没什么可以保密的,比如说2009年某周的食谱就是这样罗列的——

周一,早餐:莲藕瘦肉枸杞粥;金枪鱼、酱鸡胗、葱花脆豆腐、西芹花生、糖醋大蒜、辣白菜……

午餐：红烧大黄鱼、小炒牛肉、海带炖排骨；韭黄炒腊肉、海米冬瓜；砂锅娃娃菜；银耳鸡蛋汤……

晚餐：水煮泥鳅、红烧鸡块、酱炒肉丝；腰果虾球、香芹炒肉；蒜茸木耳菜；百合莲子汤……

周二，早餐：二米粥；麻辣肉皮、酱鸭脖、辣炒绿豆芽、三色杏仁、红油豆腐丝、素炒藕片……

野外生存训练休息片刻

午餐：姜汁大闸蟹、葱爆羊肉、辣子鸡肝；木须肉、松仁玉米；辣炒莴笋；酸菜豆腐汤……

晚餐：清蒸武昌鱼、虾仁炒鸡蛋、红烧咕噜肉；草菇烧肉片、肉末豆干炒青蒜；酸辣圆白菜；三鲜汤……

周三，早餐：醪糟鸡蛋汤；陈皮牛肉、哈尔滨红肠、三色腐皮丝、美极瓜条、素炒圆白菜、青椒土豆丝……

午餐：锅子墨鱼仔、花江狗肉、啤酒鸭；银耳炒肉丝、青椒鳝段；小炒奶白菜；胡萝卜汤……

晚餐：家常海参、辣子鸡、姜汁刀肉；榨菜炒肉丁、香辣豆角香干；炒莜麦菜；菠菜丸子汤……

每餐水果：苹果、梨、橙子等。

每餐主食：面条、米饭、馒头等。

中晚两餐：建议多加入窝头、玉米、红薯等粗粮食品……

在吃饭上最重要的一点是不能在外就餐。我们现在不太容易执行这个规定了，尤其是飞过的几位航天员，要求参加外面的活动比较多，到吃饭时候你不能总不吃，但大家还是尽量避免在外面吃饭。实际上经过多年训练，我们自己已经知道如何控制了。但在神五升空之前，我们的确做到了不在外就餐，不单纯是营养问题，还涉及卫生安全，因为是集体生活，万一弄个传染病回来会非常麻烦。

生活管理是全封闭的，我们的作息时间甚至比当新兵时还要严格，出操、队列、军容，执行的都是最高标准。平时我们进出航天员公寓都要拿、交钥匙，登记出入时间。虽然家就在同一个院子里，但我们不能回家，必须回宿舍。大家都很自觉，不仅仅是因为有这些硬性规定，是航天员的特殊性需要这样。如果你跑到外边去，无意中感染个什么病回来，首先你自己的职业生涯就被断送了，而且还成了危害大家的"千古罪人"。

时间长了，我们就感觉不到这些规定的苛刻和严厉了，因为理解之后，按照规定，行动已经成为我们的习惯。事实上，纪律并不是限制，在它内化为你的行为习惯和思维方式后，你会感到另一种自由，它让你严谨、从容、感到一切尽在掌握。

国家为了选拔、训练一名航天员，可以说是煞费苦心，投入的人力物力不可胜数。许多科学家拼搏一生，就是为把航天员送上太空。有人说战斗机飞行员是用等量黄金堆起来的，这样形容起来，航天员大概是要用等量的钻石堆起来了。

航天员的安全问题也很重要,要求就是一个,那就是确保"绝对安全"。我们享受的是国家二级警卫。探亲、疗养、外训,也要专车接送,专人护送,严格警卫。

为保护我们,有关部门采取了特殊警卫措施:居住地周围安装有电视监视器,有流动哨,出门有专人护送;集体外出必须坐火车,而且还不能坐同一列火车。

等到2003年我首飞之后回到家乡葫芦岛,要回绥中县城看一看,就没法住在家里了。当地的公安部门不让我在家里住,因为在楼道里布警,既不现实,又妨碍居民正常出行。于是,我只能住在宾馆里。

在58级天梯上

把航天员规定课程学习完,我们用了五年多的时间,等于重上了一次大学,而且就其深度、广度和强度来说,比世界上任何一所大学都有过之而无不及。

这些课程涉及理论、技术和训练,门类繁多,覆盖面宽,相当复杂。大致说来,有基础理论训练、体质训练、心理训练、航天环境耐力和适应性训练、专业技术训练、飞行程序与任务模拟训练、救生与生存训练等七大项目,每一大项里又包括多项甚至几十个具体科目。我们五年学了58门课,也就是通过这些课程,我们才能进入航天事业的殿堂,才有可能真正成为一名合格的航天员。我们把这58门课称为天梯,每登上一级都有那么多艰辛,又都有那么多喜悦。

比如13门基础理论课就包括如下内容:载人航天工程、英语、计算机应用、解剖生理学、航天医学、地理气象学、高等数学、电工电子、自动控制、力学、飞船GNC、星空识别、政治理论和文化知识素养等。

基于当飞行员时期的经验和自信,我觉得自己在实际操作方面不会有问题,我最担心的是理论学习,生怕自己学不会、跟不上。

来北京航天城训练中心正式报到前,我去向所在部队的领导告别,师长邵文福对我说:"我对你的身体素质和飞行技术都不担心,今后面临的主要挑战是学习,你要学习大量载人航天的相关知识。"我记得他的话,所以发奋学习的思想准备做得比较充分,我的办法就是笨鸟先飞。

发射塔紧急撤离训练

当时的14名航天员中,飞行经历差不多,但文化基础差别比较大。我是1983年进航校的,当时空军都没有本科课程,我们学习的是大专课程。自1985年起,航校开始从参加高考的学生中招收学员,也从地方大学招生,分到飞行学院。14名航天员里有一大半人年龄比我小,但他们的学历比我高,而且有的人还是双学士。我感到了很现实的压力,所以,从学第一门课开始,我就特别用功。

航天员执行任务的机会少,这一点我们从开始就知道,所以,竞争从最初的学习延伸到了以后将执行的所有任务。面对强手,我不服输的个性又一次彻底爆发。我相信,只要肯努力,刻苦执着地学习,就能化竞争压力为学习动力;只要一点点地积累,坚持不懈地努力,就能取得好的成绩。

"天道酬勤",最有希望的成功者,往往不是才干最出众的人,而是能够坚持到最后一秒的人。

第一阶段是基础理论学习。第一门课是《载人航天工程基础》,16开的大书,厚达600页,涵盖了载人航天各个方面的相关知识:飞行动力学、宇宙物理学、天文学、航天器轨道理论、火箭推进原理、空间导航等等。教材里面有些内容很深奥,要记忆的东西很多。基本上从上第一门课开始连续的四年时间里,我晚上12点以前没有睡过觉,都在用功地学习,钻研课本。

结果,第一门课第一次考试,我的成绩是92分,在14个人中排第二,第一名是从俄罗斯留学回来的,在新入选的12名航天员中我名列第一。从此我对理论学习越来越有信心,觉得我能行,我能学下来。第二阶段是专业技能训练。航天员要熟悉飞船及各个系统的工作原理和模式。但凡飞船涉及的东西,我们都得学,飞船的结构、材料都要清楚,电的原理、太阳能帆板的原理也必须熟悉。还有天文学方面的知识,一旦出现故障,航天员要懂得识天象,通过星星的位置判断自己所在的方位。80多个星座需要掌握,我们常将星座和每个人联系起来,一说谁是什么星座的,那太清楚了,哪个月份在哪儿,马上就知道了。

我们还要学习飞船、火箭、发动机、燃料、发射场、发射场塔架方面的知识,要明白飞船的组装、测试、垂直转运等,野外救生技巧也应熟练掌握。

为学野外生存知识,我们在认清了80多个星座后,又学会了辨认80多种植物,知道哪些能吃哪些不能吃。要去植物园挨个看那些花花草草,同时,我们动物园也没少去,看教材上说的

水上救生训练

那些可能攻击我们的动物或可能被我们攻击的动物,去看哪种蛇是有毒的,哪种是无毒的……

这些内容,学完了就是考试,全程量化考试,都是闭卷考试。这么繁杂的内容,要学好考好,没别的办法,就是下功夫背下来。

第三阶段是综合训练,以飞行程序和任务训练为主。我们很多时候都要在飞船模拟器中训练。飞船模拟器就是在地面等比例模拟飞船内设备、仪器环境,是对航天员进行航天飞行程序及任务模拟操作训练的最为重要的航天专业技术训练场所。

飞船从发射升空到进入轨道,再调姿返回地球,持续时间几十个小时甚至上百个小时,飞行程序指令有上千条,操作动作有上百个。舱内的仪表盘红蓝指示灯密密麻麻,各种线路纵横交错,各种设施星罗棋布。

训练过程中,教员常常故意设置各种突发性故障,以考验和提高我们的故障发现、判断和排除能力。要熟悉和掌握它们,并能进行各种操作和排除故障,没有别的捷径,只有反复演练,才

野外丛林训练

能做到熟练地使用。

在此之前，大家都没见过飞船模拟器，对其中的环境、布局感到陌生。为了熟悉它，我把能找到的舱内设备图和电路图都找来，贴在宿舍的墙壁上，随时默记。我还专门花一万多块钱买了一台摄像机，那时我的工资并不高，每个月才2000多块钱。

有了那台摄像机，我把模拟器各舱段内的每个角落都拍了照片，录了像，然后自己做了一个小片子，经常看——各种设备叫什么，在什么部位，干什么用。我平时就对着片子练，这样的话，我就可以做到随时练习。现在我的电脑里还有那部片子，当时还配了音乐，并且做了一个片头，片头注明"航天员工作室制作"。

俗话说"功夫不负有心人"，我对此深有体会。这个训练课下来，那些密密麻麻的图表和键钮都印在我脑海里了，对它们我比自己手上的纹路还要熟悉。一闭上眼睛，座舱里所有的仪表、电门的位置，都能清清楚楚地出现在我面前，随便说出舱里的一个设备的名称，我马上就可以想到它的颜色、位置、作用。

谁是聪明的攀登者

后来的航天员综合考核成绩我排名第一,有不少人问我,你怎么就能学得那么扎实?我认为,无论是青少年在学校中的学习,还是航天员在训练中的学习,学习方法是极其重要的。要善于用脑、用心,下功夫巧学,不能填鸭式被动地学习。经过一定时间的积累,自然会取得长足的进步,自然而然地也就超越了别人。

大家在同一起跑线上起步,你要做好,做得比别人强,怎么办?你又不比别人多一个脑袋,只能下功夫。但也不是下死力气,除了用功之外,还要善于动脑筋,要想达到一个目的,你要思考怎样找到学习效果最佳的途径。

航天员实际操作时要求看的"飞行手册",我基本上能背下来,如果遇到特殊情况,不用看手册,也完全能够处理好。我说的这个手册,用通俗的语言解释是一本关于飞船的说明书,是一本厚厚的辞典之类的读物,上面对飞船的各种仪表零件都有详细的介绍,还有图标,只要你一对照实物,就会弄懂所有零件的用途。因为复杂,也因为似乎没有必要,从没要求航天员背过,但我基本能背下来。

攀岩训练

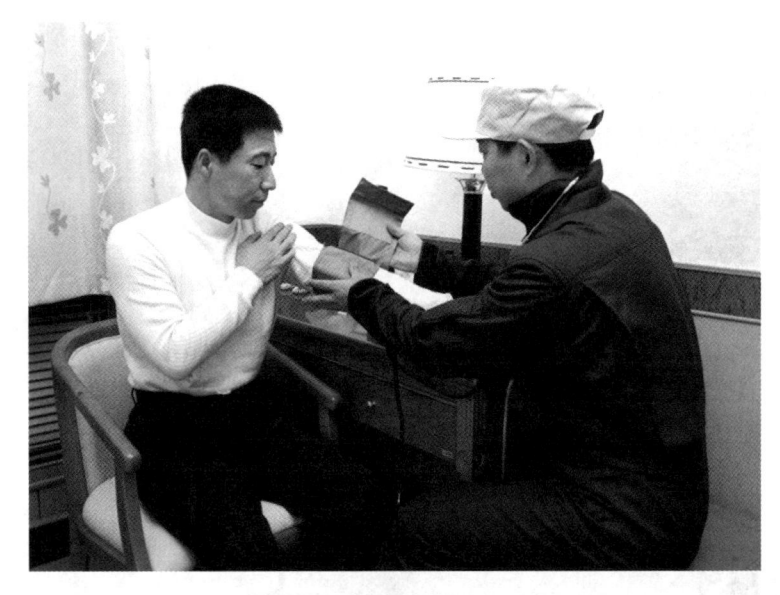

定期体检

为了便于记牢操作程序和要领,我编了很多口诀。当时航天员的训练没有先例和经验可循,我就吸取了好多空军的经验。飞行员都有很多飞行口诀,这是空军的传统。各个部队都是老飞行员总结、提炼,一代一代传下来,每个部队都有一套。

因为航天员的很多操作都是按程序化来的,第一步、第二步、第三步……尽管规范,却很难记忆。编成口诀和顺口溜之后,一个字代表一个动作。比如五个步骤,我可能五个字就代替了,相对押韵一点儿,朗朗上口,比较好记。

在抗负荷训练中,教员讲授了方法,具体如何做却要靠个人在实践中体验。就像学开车一样,轰油门、松离合、揉库、侧方位停车,这些动作教练讲完了,就得靠自己练的时候体会了。我们也一样,每次训练要有意识地按照个人体验的方法去练习,并及时地与教员沟通,总结经验,掌握好用力和频率适当的度,慢慢地琢磨出规律。

我们航天员每个人之间个体差异肯定有,但是不大,这种情况下你想更好,首先就需要把功夫下够了,这是毫无疑问的。这种功夫不是一天两天使一使劲就行的,甚至也不是一年两年,你要持之以恒,刻苦学习,要在每项检查上做细,把每个动作都做到位,每个环节都严谨认真。

学习训练五年多,我的成绩提高很快。即使是我最感困难的基础理论,13门课程,我每一门考核的成绩都是优秀;体质训练每个课目训练成绩都比较突出,在我36岁时,也就是2001年,百米比赛我还跑了11.97秒,成了单位田径运动会短跑100米的纪录创造者,至今仍无人打破。据后来考评,我的前庭功能、超重耐力等都是航天员中最好的。五年的学习绝非一日之功,能够取得第一,是自我鞭策、自我超越的结果。

无论是理论学习、体质训练还是实际操作,困难和挫折无处不在。在面对这些问题时,要坚持永不放松,耐力和韧劲是成功的一个重要法宝。

每个人的成功方法都不尽相同,但几个关键词却非常相似。比如对理想的追求,对事业的坚持,对自我的不断超越。马斯洛人本主义心理学认为,人类的最高需要是个人成长与发展的自我实现。当实现理想与抱负成为自身的需要时,就会转化为一种巨大的内在驱动力,更大程度地激发自身潜能,实现个人的成功,从而对社会、对国家做出更大的贡献。我想这就是最好的解读。

学习好还要考试好

从小到大,我们需要面对各种各样的考试,最为人们熟知的是升学考试,小学考中学,中学升大学,都需要考试,分数往往成为最后衡量的标准。

对考试制度,人们有各种看法,甚至有许多非议。在这里我无意对教育制度和考试制度做出或褒或贬的评价,单从学习和考试本身来说,不仅学习好,而且考试好,本身就是一种能力,因为在对所有人一视同仁的前提下,考试成绩是一种相对公平客观的评价标准。

我们常说到高分低能这件事,我是这样看的,除了那种有特殊禀赋的天才,绝大多数人包括我在内,智力水平相差不大,在同样的情况下学习同样的功课,参加同样的考试,99分和100分,本身的确没有太大区别,而且可能99分的那个人平时表现出的能力比那个100分一点不差。但最后会选择100分的而没有选99分的,很公平很正常,没有问题。如果你说,没有证据说明99分的比100分的差,那反过来说,有什么能证明100分的就比99分的差呢?所以这时,唯一的衡量标准就只剩下了分数。

在相同的学习结束后,考试的分数,往往成为最后排名的依据。这一点,我们航天员和小学的同学们、中学的同学们没有区别。名次排列的方法,也没有区别。

在小学、中学阶段,我的成绩很不错,但并不是常常考试得第一,但自从我进入航校学习,成为飞行员,再成为航天员,考试和考核成绩却有很多的第一。仔细想来,我并不是天生就能得第一,而是后来的努力使然。

百米赛跑是我的强项

我了解自己的个性,我比较喜欢给自己施加一些压力。自从入伍后,能够自己管理自己,我觉得无论做任何事情,并不是说每件事都一定奔着拿第一去,但是一定要尽力而为,我相信只要方法得当,功夫下到了,结果肯定不会差。

前面说到,进入航天员这个群体后,首先看到别人和自己的对比。大家的飞行背景和职务差不多,但文化基础有差别,我在文化课学习上没有任何优势,功夫便下得格外足。开课后一个多月第一门考试能够名列前茅,给了我很大的信心。我告诉自己只要努力就有希望,只要像这样用功就没问题,基础的好坏是另外一个概念。

在这之后相当长的一段时间里,我和战友们都是这样用功的,每天熬夜学习,基本上都是半夜 12 点以后睡觉。这里的管理不像军校,不必按时熄灯,晚上你就学吧,随便你几点睡,只要早上能起得来就行。为了解困,每人都有一个特大号杯子,泡着浓茶。我们在难题上经常相互讨论,互帮互学,有一次,为了弄明白一个轨道动力学的公式,我和战友一直琢磨到凌晨两点。

比如高等数学课,航天员的基础理论中有这门课,我以前从没接触过,教员当初也能一眼看出来我的"先天不足",什么求导、微分、积分,没见过,怎么办?只能是下苦功学习。最后考试时,我的高等数学成绩也很好。当时分组到讲台上做题,都是我代表全组上去。普通物理我学得也不错。

虽然不是每门课都能考第一,但名次都在前面。第一阶段的 13 门功课学习完、考试完,我的总评成绩是第一。正像母亲评价我的,三十岁了,反而更用功了!这个阶段的用功,不用任何人督促,因为我的目标非常明确,就是要把航天员职责履行好。最终的首飞梯队,只有两三个名额,要想入选,必须各项指标都名列前茅。现在,我管航天员训练、选拔,一再跟大家讲,一定要树立竞争意识,这是良性的竞争,没有竞争就没有

篮球是我喜爱的运动

压力。很多自己认为学不好的课程,其实就是因为压力不够,有了压力自然就学好了。

我的外语基础不好,但英语考过100分,好多英语比我好的没考过100分。他们说我是考试型的,我觉得不是这样,我主要是专注,真的很下功夫,考满分是自己每天强化学习的结果。我把压力变成了动力。

现在我仍在学习英语,不是为了应对考试,而是为了应用。我有时候会和别人开玩笑说,谁的外语不好,就出国受一下刺激,回来外语就能学好了。很多人将自己过不了语言关归结于时间紧迫,其实,我觉得并不是时间的问题,还是压力的问题,人在有压力的时候,可塑性是很强的。

2004年,我到加拿大参加国际宇航联大会,要求必须用英语发言。2003年,对世界航天事业而言,是多灾多难的一年。哥伦比亚号失事爆炸等一系列事件给航天事业蒙上一层阴影。但在这一年,中国的载人航天事业却迈出了辉煌的一步,这无疑给全世界的航天事业带来了信心。所以,2004年的国际宇航联大会,全世界的目光都聚焦在中国航天员的身上。

我把稿子的英文版拿到手的时候,离上台发言只有两三天的时间。若按照如今的英语考试范围划定,我的那篇演讲稿绝对属于"科技英语"。既介绍我国航天的基本情况,我国航天事业的宗旨,也包括我在飞行中的所见所感,此外,还有特别多的航天专业术语,好多词我都不认识,比平时的英语日常对话难得多。时间非常紧张,实在没办法了,我就找了一个英语很好的人,让他照着稿子读一遍,然后我录下来。录音是一段一段的,我一遍一遍地反复听,把不会的单词都画出来。

GNC 操作训练

然后我就上了飞机,在飞行途中,我一直在反复听录音,到了加拿大之后的第一个半天,别人都在忙着报名、登记,我还在听。当天晚上,我们带队的同事让我讲一遍试试,算是演练了一下。

第二天正式发言,我讲的效果还不错,当时有很多留学生来听演讲。他们都说,你怎么外语这么好啊!我在心里偷着乐,这可是我几天几夜熬出的效果。

我至今不觉得自己有过人的聪明,关键是用心和用功,而用功的关键在于讲究学习的方法,掌握规律性,盲目使笨劲效率非常低。学习要好,不仅要下尽一切功夫,还要想尽一切办法,才能达到自己心中的那个目标。

学一门东西而且要考出好成绩,除了刻苦,还要去找一定的规律,这对任何学科的学习都非常有效。为什么有的老师教的学生分数普遍高一些?甚至有人迷信这样的老师考题押得很准,其实,并不是押题的问题,是因为这样的老师对知识的传授确实有独到之处,他让学生掌握了很好的学习方法。

很多人平时也很下功夫,但是成绩不拔尖,你比别人要好,就要体现在拔尖上,问题是如何才能拔尖。我提倡"研究型"学习训练,就是要动动脑子,找找规律,只有这样,成绩才能拔尖。每个人都有自己的学习方法,往往是方法上的差别导致了成绩的高低。在学习和考核中,要深入进去,把原理理解透了,去领悟一些东西,悟性来自你对知识的掌握,通过勤奋找到最科学的方法。

在航天员的全部学习训练科目的结业总评中,我的综合成绩排名第一,这其中既包括理论考试,也包括操作考试。这是从头到尾五年不松懈、不停歇、不间断努力积累的结果,不是一朝一夕就能办成的事。

困难和挫折就像湍急河水里湿滑的石头,一不留神就有可能让你滑倒。然而,了解了这些困难,战胜了这些挫折,却又可以摸着"石头"过河,它们变成了帮助你渡过河流的助力。

在经过长时间的努力却没有达到应有的效果时,我也曾经气馁、灰心过,但我仅仅让这种情绪在心中存留很短的时间,便开始收拾心情,继续奋斗。我不敢松懈!

在一次次体能和心理超负荷的训练后,我逐渐摸索到一条规律:当一件事坚持到快要坚持不下去的时候,实际上就接近成功了。

实录:极限训练不完全版本

在航天活动中,要圆满完成任务,必须进行航天环境适应、任务模拟、救生与生存等专门训练。我们学习的内容繁多,不可能一一尽述,我们训练的艰苦程度,没有经历过的人也很难体会和了解。

航天员训练主要分为一般体质训练和特殊训练,一般体质训练项目有力量训练、耐力训练、技巧训练等,虽然比对战斗机飞行员的要求更高、强度更大,却不难适应。最难、最痛苦,也最不易适应的是特殊训练,很多人称之为"魔鬼训练"。在我看来,那更是种种对人类生理、心理与意志的极限挑

冲击塔

EVA 出舱训练

战,它非一般人所能承受,而我们得一项项克服它们、战胜它们。

航天员是要离开人类能够生存的地球,去往另一个不适宜人类活动的区域。太空神奇而美妙,却不具备地球赐予我们的重力、氧气、压力和水,在生存的必需条件缺失的情况下进入太空,航天员要在密闭狭小的飞船环境里经历超重、失重、低压、旋转相互交替的过程。我们的航天员训练项目,就是要与它们进行生存的搏斗。在这里,我仅仅选择其中的几种,做一个大致的描述。

超重训练

这是最重要、最基本的一项航天生理功能训练,培养航天员的抗负荷能力。

航天飞行要面临两个最大的环境挑战,就是超重和失重。

滑道训练塔

在把飞船送入轨道的过程中,为了克服重力作用,飞船要达到一定的速度,即第一宇宙速度,航天员在飞船上要承受加速度带来的过载负荷,这个现象,就是我们所说的超重。

在航空和航天的飞行中,都会遇到超重问题。战斗机在做特技的时候,往往超重G值较大,但时间很短;而飞船在入轨前的上升段和完成轨道飞行后返回地面时,其超重值将达到很高的G值,持续时间较长。如果飞船按弹道式返回地球,超重值将达到十几个G,人相当于承受自身重量的十几倍的压力,容易造成呼吸极度困难或停止、意志丧失、黑视,甚至直接危及航天员生命。

离心机训练是航天员提高超重耐力最有效的设备。在飞速旋转的离心机上,能造成不同G级的超重感觉。公园游乐场的"过山车"等娱乐项目,许多人望车生畏,就是勇敢者几圈下来,也会轻飘飘的不知东西南北,有的会头晕呕吐。这些娱乐项目产生的超重只在2G至3G,而航天员的离心机训练达到了8个G。

我们在圆圆的训练大厅里进行离心机训练,我和战友们要坐在一只8米多长铁臂夹着的圆筒里,半躺着,呈发射时的姿势,围绕轴心旋转。我们以100公里时速高速旋转,利用离心力产生负荷来模拟超重,航天员在训练中不仅要承受这种超重的负荷,而且还要随时回答问题,判读信号,保持敏捷的判断反应能力。

在高速旋转中,练习者的面部肌肉开始变形下垂、肌肉下拉,整个脸只见高高突起的前额。做头盆方向超重训练时,血液压向下肢,头脑缺血眩晕,视力变差,严重时渐渐会看不见东西,产生黑视;而在做胸背向超重训练时,前胸后背像压了块几百斤重的巨石,心跳急剧加快,呼吸困难。当超重达到8个G时,虽然时间只有40秒,却感觉要花掉全身力量似的。

这项训练被大家公认是最痛苦的一项,不仅要付出巨大的体力与精力,而且充满危险。训练时事先会告诉我们,如果承受不了可以按报警电钮,不能强忍着,我们的手就放在那个红色按钮上。

尽管无数次经历痛苦的煎熬,但那个按钮却一次也没有被按响过。我算是超重耐力比较好的,仍感到难以忍受,那些耐受力不如我的战友,其痛苦可想而知。但我们航天员没有一个人主动按过这个按钮。我在和很多青年朋友交流时曾经说过,这是一种精神,是一种爱国主义精神,是爱岗敬业的精神、无私奉献的精神,正是在这种精神的激励下,我们的航天员无视这些困难和风险。

失重训练

失重是航天员到太空后的常态,是训练中一项重要内容。

在太空生活了438天的波利亚科夫戏称："失重是一张最柔软的床。"许多人也把失重的状态看得很诗意、很浪漫。其实，除了那种柔软的奇妙感觉之外，它会给人在太空的工作和生活带来意想不到的困难。

统计数据表明，有一半的航天员会因为失重而出现不良反应，严重的会导致任务中断。如果失重训练不到位，生存都成为问题，有报道说一位记者到空间站，由于失重反应一天就呕吐了80次。

失重状态下的训练，在所有训练内容中是比较难得、不太容易实现的。当前世界上航天员的失重训练，一般采用在"失重飞机"上进行。美国、俄罗斯和欧洲其他国家的航天员都是采用这种方法进行失重体验。

美国的"失重飞机"是在KC135加油机基础上改装而成的，一个起落可以飞20至30个抛物线，每个可以产生25秒左右的失重时间；俄罗斯的"失重飞机"是在伊尔-76飞机的基础上改装而成的，一个起落可飞15至20个抛物线，每个可以产生25至28秒的失重时间。训练就利用这些被制造出来的微重力环境时间进行。我们的失重训练是在俄罗斯加加林航天员培训中心进行的，当然要付给人家高昂的费用。第一次做这种训练，大家感到很新奇，跃跃欲试。而俄方也似乎有意要看看中国航天员的身体素质和前庭功能，所以一开始训练，就把我们使劲地折腾了一下。

巨大的喷气飞机爬升到一万米高度，开始沿抛物线连续俯冲，拉起……随着飞机一个个抛物线的飞行，我们在机舱里体会失重条件下如何控制自己的姿态，如何移动，还要在失重状态下,训练如何穿脱航天服、进食、饮水、取物、阅读写字、拍摄和操作仪器、设备。

美国航天员把失重飞机称为"呕吐飞机",可以想到训练时的不适。虽然我们第一次用失重飞机训练,但我和战友们从头到尾没有一个人呕吐,这让我们暗自骄傲,也让俄罗斯同行吃了一惊。

这种失重飞机训练对我们来说太奢侈了,而适应性训练可以在平时进行。在失重的太空,全身的血液、体液会向头部集中,专业术语称为"头向分布",头部因为充血而肿胀,给人的就是一种"大头朝下"的感觉。

为了充分地体验和适应,我们在一张特制的倾斜床上头朝下进行训练。训练时,所有的血液都向头部、颈部涌,头重得要命,眼睛充血,鼻塞,训练之后,人也会感到异常疲劳。

为了适应失重,我们用万向床进行"血液重新分布"训练,就是人躺在床上,头朝下,按不同角度,反复地进行从直立到头侧位的变化。一个训练周期需要好多天。在它上面做训练,会眼鼻充血、脖颈上青筋暴起,样子看起来相当狰狞。训练停下后,还会觉得自己像得了重感冒一样不舒服。

前庭功能训练

有半数航天员会在执行任务时发生空间运动病,主要的反应是头晕、失去方向感、肠胃不适、恶心呕吐,严重时会丧失工作能力。对所有人来说这都是一个难题,要想有效克服它,除了药物,重要的就是进行前庭功能训练。这项训练的主要器械是电

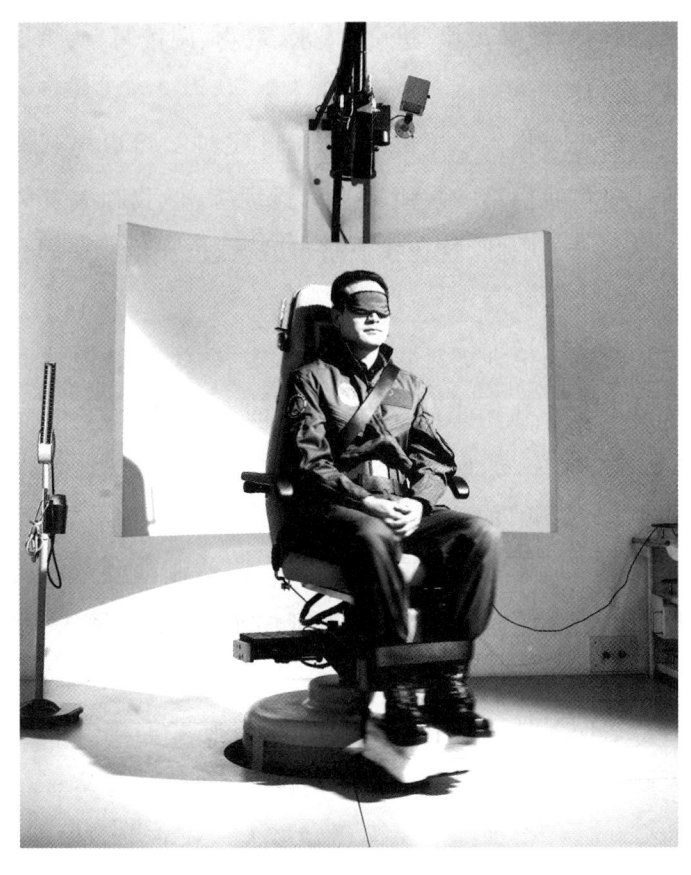

转椅训练

动秋千、转椅等,就是让航天员被动地承受线性加速度、角速度等刺激。想成为航天员,这是一项重要的考验。坐电动秋千时,我们会被蒙上眼睛,在身上贴上电极。一次15分钟,每天一次,连续五天为一个周期。坐在上面,犹如坐在狂风巨浪中的小船上。有人刚开始时,几下就会把胃里的东西喷出来,坐一次,几天都没有食欲,不要说自己再上去,就是看见别人在上面荡,胃里也会翻江倒海地难受。当然,如果仪器上显示谁的生理指标发生变化,也就是身体有危险了,就会马上停止。

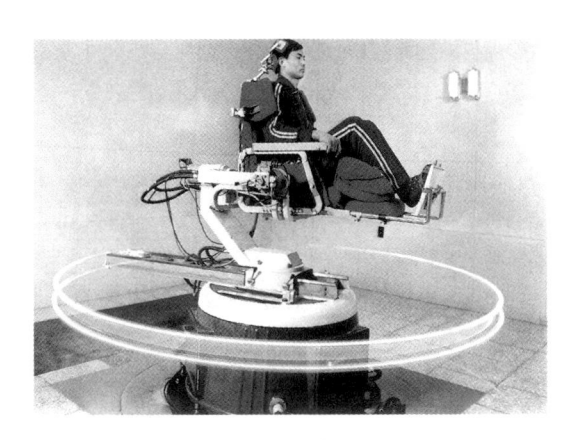

被动式转椅训练

每个人的耐受能力是不一样的。有的人做十分钟左右就坚持不了了,因此一天不可做多次。转椅也是一样。

电动秋千、转椅等项目对我来说,还不算特别难攻的关。在航天员选拔时,电动秋千我就做到了十五分零几秒。在转椅训练中,我还经常会被部分免训——如果第一天、第二天都能达到并且超过标准,第三天、第四天就可以免训,第五天参加考核就可以了。

航空飞行与跳伞训练

这是航天员的必修课,虽说航空飞行也是我们的老本行,但是数据表明这是一个风险极大的训练项目。因为世界上有多名航天员在这项训练中丧生,包括"世界太空第一人"加加林,他在1968年3月27日进行飞行训练时牺牲。

跳伞训练

我们的训练还比较顺利。我们去湖北某空降兵部队训练跳伞,正好是夏天,每天着装齐备,真是酷热难耐,主要是还要突破心理上的障碍。那会儿恰巧刚发生一起事故,有一名战士跳伞时牺牲了,这让带队的领导很紧张。

部队训练很有章法,都是整建制地练习。在我们训练时,安排了几个女兵跟我们一起训练。那些女兵跳之前都特别害怕,她们站在舱门口哭,还自己打自己的脸,为了让自己兴奋起来。女孩子都敢跳,我们还有什么不敢跳的?跳!

按照规定,跳出舱门后应该在心里默念数字,0001、0002、0003、0004,数完后如果伞不开就拉备用伞,但跳伞时,尤其是第一次跳伞的人,没有几个人会记得数这四个数。我第一次跳伞,等我想起来数数,伞已经打开了。

野外生存训练

这是一种应急训练,如果你不能在预定着陆点降落,要会自救。飞船不能准确降落在预定着陆点的情况有过,比如1965年苏联宇航员返回时,降落到了远处的森林中,在冰天雪地中还需要对付一群狼。针对可能的情况,我们野外生存训练包括多种环境,有水上的,有沙漠的,有丛林的。

飞船带有一般的救生物品,枪、刀、必需的食品、水、食盐。就带着这些东西,我们被放在沙漠上,或者扔到丛林里。还要训练面对气候的变化,寒冷也好,风沙也好,雨雪也好,如何去应对。我们还要学习和练习很多生存技能,怎样钓上鱼来,怎样设套把野兔子抓住,怎么用降落伞搭帐篷。这个帐篷要搭到什么

沙漠生存训练

地方，搭在哪种地势上，如果地方没选好，起风了会被风刮走，下雨了水会把你冲掉。

野外生存实地训练时我跟聂海胜一组。中午气温正高，阳光毒辣，我们被投放到北部沙漠中，手上只有一个降落伞，没有别的东西。我们就把降落伞割开搭起帐篷。夜晚，沙漠的气温会降到零下4摄氏度，帐篷需要变成堡垒才能保暖。我和海胜商量着，用破开的伞布包上沙子做成"砖"垒成墙，既防风又保暖。

我们在墙后面的帐篷里测了一下温度，外面零下几摄氏度，而里面能达到零上十几摄氏度，这很不错了。就这样，我们靠有限的凉水和饼干坚持到第二天中午，没晒着，没冻着，没饿着，精

寒区沙漠训练

力和体力保存得很好。

　　走的时候，我们放了信号弹，还进行了全副装扮。我想了个办法，用橙色的伞布包在头上，由于橙色非常耀眼，这样既能让天上的直升机很容易发现我们，还可以抵挡沙漠里的毒辣阳光和风沙。为了防风沙和沙漠里强烈的紫外线伤眼，我们把防雪盲的眼镜也戴起来。橙色的头巾、黑色的大墨镜、深蓝色的航天服，这样一装扮，不仅很实用，而且看起来很酷，我们相互打量，嗯，很不错，我们仿佛不是经历了艰苦的野外生存训练回来，而是进行了一次饶有兴味的沙漠旅行。

　　为了模拟返回舱在水上着陆的情况，我们在北京郊区的官厅水库进行水面出舱训练。

　　通常情况下，返回舱会降落在地面上，但也不排除降落在水面上时发生意外情况。如果舱内环境变得恶劣，航天员就不得不离开返回舱。跳下水之前，航天员要换上抗浸防寒服，避免冷水浸泡。入水时,腋下的救生圈能在数秒内充气。按设计要求,这样的服装能够使人在冰冷的水中停留12个小时,等待救援人员的到来。

可是返回舱要是降落在海上,情况就有所不同。此时,航天员要打开舱门,待在舱内,利用呼救电台发出信号,等待救援人员。可是航天员到底能在舱内待多久?我们曾在海南岛专门进行海上漂浮试验。

英国曾经做过返回舱耐受试验,他们的结论是,可以在海上漂浮6小时。在北京有人做过温度35摄氏度、湿度接近百分之百的耐受试验,结果有人只坚持了2小时。按预先设想,我们的这次试验达到8小时就算成功了。但在这次的水面生存训练中,我们的实验人员将待在返回舱中的时间提高到20小时,获得了宝贵的数据。

我们也曾在东北大黑山搞了野外丛林的生存训练。给我们一天的口粮,要在那里生存三天,我们要合理分配有限的食品,并且要利用当地的一些植物、动物实现补给。最后要爬山,我们用伞布拧成绳子系在山崖上,中间隔一段系一个疙瘩,这样在手里拉着就不会打滑,登山时更能用上力。我们还去抓野兔、捕河鱼,然后考虑怎么剥皮,怎么烤才好吃。每一组都不太一样。鱼烤得还不错,基本上可以吃,算得上新鲜味美。没别的调味品,手里就只有食盐,我们就努力研究怎么烤得它外焦里嫩。我们烤的野兔味道不错,抓得多没有吃完,就带了回来,让家里人尝尝野味,顺便夸夸我们的手艺。

寂静与孤独训练

这项训练实际上属于心理训练的范围,我和战友们都觉得是相当艰难的训练。

执行任务的航天员俯瞰地球、仰看星空,飘荡在茫茫宇宙间,这种颇为神奇浪漫的旅行后面,则是寂静的环境、寂寞的飞行,恐惧、孤独、厌倦、烦躁、抑郁等情绪就可能随时袭击我们,所以在上天之前,必须熟知这种感受。

训练时我们会进入模拟舱,里面是"真空"状态。空间狭小,活动受到限制,没有电视也没有音响,没有电话也不允许通信,与外界完全隔绝。在太空中没有空气,所以不能传播声音,所以这里的环境绝对安静,你就待在这种万籁俱寂里,好几天时间,一个人,没有音乐,没有任何交谈,没有外部任何干扰,分不清昼与夜……而且要高质量完成手上的操作。这种安静、孤独令人无法忍受,还有几天几夜不能合眼的疲劳。

航天员的训练课程中,有一部分是心理训练。实际上,这种训练贯穿在整个训练过程中。无论是基础理论还是体质训练,所有磨炼耐力和意志的项

听力测试

目都离不开一个强大的内心。一个人的顽强,不仅仅是生理上的,也是心理上的。调整好自己的心态,以平和而又认真负责的状态胜任航天工作是一个重要考核指标。

飞行程序和任务训练

这是综合性和针对性很强的训练,是航天员进入太空所有舱内操作的集合操演。我们要熟练掌握规定的飞行程序、任务和技术,利用飞船模拟器进行正常飞行、应急飞行以及飞行过程中各类故障判断和处理的训练,反复不断,并做到万无一失。要知道,飞船上的许多操作都是不可逆的,指令发错了,灾难就无可挽回。国外培养的航天员有三类职业角色:指令长、随船工程师和载荷专家,执行任务时各有分工,而我国培养的航天员则是

水上出舱训练

一身三任,这就要求我们必须要有过人的本领,完美的知识结构和全面的能力,所以在训练强度和难度上要求更高,这最终体现在飞行程序和任务训练上。

飞船有若干个系统,程序中有上千条指令和数百次操作,要做到顺序不能颠倒,位置不能出错,动作不能漏掉,口令应答不能说错。为了练习和熟悉,我们采用了各种各样的办法,我拍过小片子,其他的战友画过完整的舱内示意图,就是为了想尽办法把那些按键和指示灯像用刀子刻在脑子里一样。

训练舱内有六个摄像头,教员可以在指挥室清楚地看到舱内情况。我们训练中的每一个动作每一条指令,都有电脑记录。我们在训练时要穿上航天服,一练数小时,如果是夏天,汗出得太多,就像泡在水里,体重有时一天就会减轻两三斤。

神五飞天前,有最后十轮的强化训练,我没有一次操作失误,我一闭上眼睛,座舱里所有仪表开关、按钮的位置都能想得清清楚楚;随便说出舱里的一个设备名称,我马上可以想到它的颜色、位置、作用;操作时我不看飞行手册,也完全能处置好。教员常问我:"你感到有什么问题吗?"我对训练和自己心里非常有数,就实事求是地回答:"没有问题。"教员笑了:"你确实没有问题。"

在痛苦与快乐中凝神

好多人把我们的训练称为"魔鬼式训练",说得有点儿吓人。我们身体素质好一些,又经常训练,没有觉得怎么样,但确实有些项目是向生理和心理的极限挑战的。反过来说,有人没事愿意这样做吗?不会,因为对人的压力超常了,没人愿意这么危险、痛苦、难受。我们航天员必须要承受这些压力,因为是任务的需要、事业的需要、职责的需要,不是你愿意不愿意的事情。我觉得作为一个人,你从事一项工作,如果是你喜欢的、愿意做的,那是最好不过的,但当你能把不喜欢、不愿做的事情做得很好,那么离你取得成功就不远了。

在本质上我们和一般人一样,都想安逸一点儿,过得舒服一点儿,但是理想、事业、任务、目标摆在面前,它吸引你、规范你,也强迫你去做这样的事情,而当目标成功达到的时候,那些痛苦就升华成了快乐。

平时,家属基本不清楚我们的训练,怕她们担心,我们回家都不提。后来家人还是看到了我们做训练时的照片,脸都变形了,她们就觉得自己的老公在进行这样"非人"的训练,心里很难受。但是她们也了解，这是任务需要，也是我们追求目标过程中必须经历的。

  有人说，经过多么大的艰难就会得到多么大的幸福，有多少痛苦就有多少快乐。实际上，在完成一项项"魔鬼训练"时，我想的只是完成任务，想的只是战胜困难，战胜自己。我们所有航天员想的都是怎么更好地完成任务，并没有想过完成之后的幸福和甜蜜是什么样的。那时最大的心满意足就是比昨天的成绩又提高了一些，最大的胜利就是战胜了自己。

  我们有专门的体育活动馆，平时经常打篮球、打乒乓球、攀岩，这也是体能训练的一部分。参加文艺活动也很多，我自己喜欢弹吉他、唱歌，还有读书、演讲活动，在原国防科工委当时的演讲比赛中，我代表航天员大队在北京各大单位巡回演讲。

  我的战友们也各有特长。我们组织了一个航天员乐队，每

我是乐队的黑管乐手

个人挑选一样乐器,每周有一个晚上的练习时间,总政军乐团的老师做指导。我们从学谱子开始,懂了乐理,学会了演奏,后来参加过多次演出,积累了不少"舞台经验"。

我和我的战友们就这样度过了五年多的学习训练生活,一天天接近执行任务,实现梦想。但这并不是说一切都顺风顺水,期望的东西最后就能瓜熟蒂落。

从关键的2001年年底到2003年年初,我遇到了最大的困难,几乎失去首飞机遇。

2001年年底,我妻子张玉梅得了肾病,很严重。此前她早就觉得不舒服,经常说自己腰疼,却因为我训练紧张,而5岁的儿子又需要照顾,一直没有去医院检查,拖了大半年,直到出现尿血、血压升高等症状时,才慌忙去了医院。当时就留院治疗,在301医院做了肾穿刺手术。

野外丛林储水训练

手术后的玉梅身体虚弱,一天24小时都得躺在病床上,可就在她做手术的第二天,我们大队要去吉林某空军基地进行飞行训练。我们的所有训练都是一次性的,缺了课不可以补,如果这次不参加,便无法弥补,那么我的职业生涯就有了缺憾,可能导致我与即将进行的载人航天飞行失之交臂。

领导不想让我错过,又不忍把我从生病的妻子身边拉开,但是,按惯例航天员不应带着思想问题参训。于是领导问我:"你能不能行?"我说:"我去!请放心,任何事情都不会影响我。"领导让我再想想,去或不去。

其实,那会儿我心里很为难。家庭和亲人是我生活中最重要的一部分。妻子多年来已经为我牺牲了许多,这时病中的她很需要我在身边照顾,我怎能忍心不管,但是面临着无法弥补的训练,我如果错过将前功尽弃。走还是不走?我的心情充满痛苦和矛盾。那一晚,我在病床前坐了整整一夜,第二天早上一称体重竟然掉了一斤半。

妻子看出了我的心思,问清情况后故作轻松说:"训练你去你的,你在我身边反而会让我不习惯。"

当晚,我和大家一起上了火车,出发前我专门回了一趟家,第一次把屋子从里到外彻底打扫整理了一遍。在火车上,当时的所长宿双宁和我一个包厢。到了部队,大队长申行运和我住一个房间。我知道这是领导的特意安排,他们担心我的情绪和心理状态。我反复向他们表示:"没问题,保证完成任务!"而他们也反复关心我、叮嘱我。

那次训练进行得一切顺利,和平时没有什么差别。在接下来的一年多时间里,妻子的身体一直需要治疗,每个月有十天在医院里度过。病床紧张,要提前预约,每次我都要提前开好转院单送到301医院去,在住院部排队办理手续,之后再赶回航天城继续训练。在玉梅住院时,儿子没人照顾,我被特许可以住在家里。儿子刚上小学一年级,晚上我先给他做饭,然后陪他做功课、入睡,晚上十点后我开始自己的学习,第二天清晨六点,我送他上班车,之后去大队报到开始一天的训练。

如果不离开北京,虽然辛苦,我还能坚持。但是去外地训练就无计可施了。遇到这种情况,玉梅就说:"你不用管,我自有办法。"后来我才知道,她的办法就是上午去医院输液,然后举着吊瓶坐车回航天城,这样治疗和照顾家"两不误"……

这一年多,我承受的精神压力可想而知,但训练始终没落下。上级对我的状态也很担心,家里的具体情况在那儿摆着,没有别的办法,只能用更好的成绩和更出色的表现,证明自己信心和决心都没有丝毫动摇,以更稳定的状态让他们放心。在这近两年的时间里,我没有缺过一次训练,并取得了很好的成绩。

2003年"非典"期间我们完全封闭,与家人隔离,数十天难见一面,尽管担心家人,我还是一门心思投入到训练中,迎来了首飞航天员的选拔。航医所的领导对我关怀和帮助很多,妻子住院、治疗的许多事情都是他们安排,让我全身心地投入训练。

2003年是世界航天界的多事之秋。

2月1日,美国"哥伦比亚号"航天飞机返回时发生爆炸解体,7名航天员遇难;5月4日,俄罗斯"联盟TMA1"飞船返回时落点偏离400多公里,险些酿成恶果;8月22日,巴西的运载火箭在发射场爆炸,星箭无存,21人丧生……

对于航天所包含的风险,我们在成为航天员时早已熟知,其

出征前在航天林种树

实不单在执行任务时有危险,平时训练也有。在很多训练科目进行时,救护车、医生都必须到位,做低压舱训练时,医学专家都在现场,出了问题赶快把我们送到医院高压舱,两者有通道直接相连。

尽管风险随时都有,我们却能够从容地面对。

很多紧急情况,我们叙述的时候外人听起来轻描淡写的,很多人会问我怎么可以把那些惊险说得这么轻松呢?这来自我们的飞行经历,也来自我们对风险的认识和理解。

子曰:"君子不忧不惧。"我认为,做任何事情,"零风险"是不存在的,尤其做大事,更需要冒险精神。从当飞行员的第一天起,我就了解飞行是与危险相伴的,成为航天员之后更是如此。

从最初的恐惧,到对风险的认识,到开始习惯风险,这不是一个适应和麻木的过程,而是一个对自己要求更加严格,操作更加细致认真,提高控制能力、降低风险的过程。

我们不忧,不是我们不珍惜生命,我们不惧,也不是无视风险,而是我们对自己的能力与技术充满自信,而敢于奉献、对信念和理想的坚持,也让我们勇敢面对一切艰险。

载人飞行前的这些世界航天事故,又考验了我们承受和认识风险的能力。说实话,在最初听到"哥伦比亚号"航天飞机灾难事件时,我并没感到震惊,因为这是航天事业本身的一部分。它只是再次让我们明白,危险时时存在,你不能有哪怕一点儿疏忽,所有的操作训练应当更为细致。

航医所为此召开的座谈会,则变成了全体航天员的请战会。我记得景海鹏说:"我想用'一如既往'来表达我对航天员职业的态度,决不会因为出现了风险就犹豫。"

我表态说:"我们身为军人,本身就准备奉献和牺牲。存在风险是载人航天的正常现象,这不会动摇我……"

任何事物都是相对的,换个角度来看,在巨大的风险后面,是对理想的巨大渴望——代表亿万中华儿女去俯瞰地球,掠览宇宙,圆千年梦想,它足以让我们蔑视一切风险与个人牺牲。

"祖国利益高于一切,荣誉至高无上,责任重于泰山。"这是我们这些军人的核心精神所在,也是我们"无忧无惧"的心理依据。

第五章　此去天路迢迢

在神舟五号飞行回来后,我总结了几句话:"精神的力量是永恒的,民族的力量是无敌的,和谐与和平的力量是崇高的。"这不是空话、套话,从总书记送行,到这个出征时刻,我不可能有别的念头,这些感想来自我个人的切身体会,来自我的内心。我相信,任何人得到一种真正的精神激励,都会产生不竭的力量与勇气。

接近玉成时刻

在我们艰苦训练的同时,中国载人航天的其他系统也在急如星火地前行。

这就像一个作战集团,各支部队都在夙兴夜寐、风雨兼程,赶赴前沿战场。这个战场不是两军交战的所在,而是国家综合实力、科技发展水平、民族智慧、志气与自信心的竞技,在这个战场上获得胜利的标志,就是载人航天飞船的顺利升空并安全返回。

20世纪90年代,中国载人航天工程扬帆起航,在较短时间内,以"中国式跨越"走过了西方几十年的路程,从"三垂一远"的发射模式,到与国际接轨的陆海基测控网;从独具特色的航天医学工程体系,到项目繁多、立意高远的空间科学实验……一系列新创造、新突破、新技术,让中国的载人航天技术达到了国际先进水平。不仅如此,中国飞船还具有多种独特的优势和特点。

到2002年,中国已经发射了四艘无人试验飞船,尤其是神舟三号和神舟四号飞船,在与载人状态一致的情况下连续发射成功,预示着中国首次载人航天飞行,实现中华民族九天揽月的飞天梦想,已经近在咫尺。

现在总结出几句话来,用以概括中国载人航天精神:"特别能吃苦,特别能战斗,特别能攻关,特别能奉献。"这是对所有航天人的一种理解、一种肯定。如果用中国传统的说法,可以用八个字来形容:"艰难困苦,玉汝于成。"

我们到了"玉成"的关键时期。

2002年10月,中央专门召开会议,同意在2003年实施首次载人航天飞行,目标是"一名航天员,飞行一天"。中央高层对此非常重视,总书记强调,载人航天工程是我国2003年最重大的科研实践活动,一定要高度重视,精心组织实施。

接到中央的指示和命令,载人工程总指挥部下达了部署。时任总装备部部长、中国载人航天工程总指挥的李继耐上将宣布:我国首次载人航天飞行将在2003年10月实施。

我们知道,在世界载人航天史上,苏联的首次载人航天飞行是"一人一圈"。美国首次载人航天飞行是用"水星"火箭发射载人飞船,在亚轨道上飞行。所谓"亚轨道",是指宇宙飞船进入太空后,离开地球表面的大气层,开始进入太空的边缘,大体位于距离地面100公里处。由于速度和动力达不到真正的宇宙飞船水平,不能围绕地球轨道飞行。亚轨道飞行不是通常意义的环绕地球飞行的太空漫游,而是刚刚脱离大气层进入太空边缘的飞行。

现在,我国首飞的技术已经远远超过了当初苏、美首飞的技术水平,完全具备了"二人七天"的能力,但为了稳妥可靠,确定按照"一人一天""白天发射,白天回收"的方案实施。"确保万无一失,完成中国首次载人航天飞行",可以说,这是我们给中

航天员走出模拟器

央立下的"军令状"。

各个系统由此进入了白热化的前期准备工作中。

2003年的春节,我是在北京航天城过的。春节七天假,我哪儿也没去,一直待在家里和公寓。现在也一样,春节都在家里过,很少到外面吃饭聚会。尤其那时任务已经定了,安全稳定是第一位的。

其实,我们在航天城过春节很热闹:从进入航天员大队开始,每年的春节都是我们14家一起过。2003年的春节也一样。大年三十晚上,除夕之夜,所有的航天员都带上家人一起出来放鞭炮、点烟花,航天城在北京五环外,在这方面限制比较少。之后的年夜饭也是几十口子人一起吃。

执行过飞行任务后,我们几个人每年除夕都会参加中央电视台的"春晚",他们就一直等着我们赶回去。而在"春晚"现场的人,出场给全国人民拜过年后,不等晚会结束,就心急火燎地开车往回跑——家里人都在那儿等着呢。回到航天城,所有的大人孩子都出来了,大伙就在我们楼前边,一起放炮、叫喊、笑闹,迎接新年的喜庆吉祥。

之后开饭。我们14家,有时候大队或者所里领导也在,齐聚在大饭厅里一起热闹。每家出一个菜,因为人多要分好几桌,所以,每道菜也得做好几份。大人们在一起举杯庆祝,孩子们也凑成一桌,一边吃饭一边说笑。因为我爱吃水煮鱼,我家出的菜就是水煮鱼。

春节过后回到航天员公寓,我们都感到了气氛紧张。从时间安排上知道,结业考试要开始了。这不是一般的结业考试,不是仅仅为了获取一个结业证书,而是要对我们每个航天员从思想素质、学习成绩、训练成果、医学评价诸多方面进行综合考评。考核成绩要进入首飞航天员选拔的总成绩,并且以此为基础选出首飞航天员。

俄罗斯的一位航天员教练曾经说过这样一句话:"航天员经过大量的训练,最后的机会却只能属于少数人,这就是航天员的生活内容之一。"要获得这个"最后的机会",就需要面对竞争。其实,自从航天员大队成立以来,一直面临着"争"的问题。最初的挑选在争,平时的训练在争,每一次的考试在争,选拔首飞梯队和首飞航天员更是要争。但大家都有一个共识,我们"争"的是训练和成绩,是为事业而争,不是为个人而争。是国家在挑选我们,人民在挑选我们,不是我们为自己的私利争夺什么。

回想起来,从参军到预校、航校,到成为飞行员,最后成为航天员,我和我的战友们一路走来,似乎一直都在经历着激烈的竞

失重水槽训练

争、选拔和淘汰。这样一条人生道路,决定了我们的命运与竞争相伴相随。

我们14个人当中,当时年龄最大的已经42岁,如果还在飞行部队,平时这么努力,应当已经是师级领导干部了。可我们作为航天员,每天都要去承受高强度的体能训练,承受各种生理和心理的磨砺,确实感到了很大的压力。

我们都有很清醒的认识,航天员的价值不只是体现在执行任务上,并非说没有执行飞行任务,航天员就白当了,更重要、更具有价值的,是在这个过程中为国家的航天事业积累了经验,和大家一同走出一条中国的航天员训练之路。基于这一点,每次考试和选拔,我们都能够全情投入,而对结果坦然面对。

道理很简单,也很明了。在所有必须面对的竞争中,执行任务的最终选拔可能是最重要的,必须从14个人中挑出一个来,的确是一件严肃无情的事。

绝无仅有的毕业生

首先迎接"结业考试"。在这五年多的时间里,大大小小的考试我们经过了一百多次,但这一次的考试内容更全面、强度更大。不仅是对所有学习与训练的总检验,也事关执行首飞任务人员的选拔。

各种操作规程、飞行手册堆在一起,各种飞行程序资料集中在一起,几十本书要复习,数百个数据要记牢。为了把学习训练效果最真实、最客观、最完美地展示出来,我们航天员大队几乎进入了"一级战备"的状态。每天夜晚,航天员公寓中一直都亮着灯。

这时候,"非典"疫情突然来袭。在严峻的抗击"非典"形势下,任务的计划没有改变,我们的训练也没有受到丝毫影响。为了杜绝任何交叉传染的可能性,我们实行了完全隔离,封闭在公寓里生活和学习,一百多天时间,与家人不能见面。

2003年5月中旬,我们开始进行考核,在15天时间里,一共考了四次。

第一项是笔试,三个小时的笔试涉及学习的方方面面,从航天理论的基本原则到最小的操作步骤,无所不及。

笔试是共同试卷,全体航天员做的是一样的题目。除此之外,口试和操作考核都采用抽题方式,抽到什么考什么。

第二项是口试,既要考查每个人的语言表达能力,也要考查对专业的熟悉程度。试题备有多套,每个人进入考场,抽出自己的试题,抽到后给5分钟时间准备,

执行任务前我照了张标准照

然后面对十多位专家教授组成的考评组,接受他们严格甚至"刁钻"的提问。

太空飞行要素、航天服上橡胶绳的缠绕方法、如何食用航天食品……大大小小,无所不及。答题时我们必须对答如流,并且画出流程图做讲解。回答完后,专家们根据回答问题的完整度和准确度打出分数,心理教员还要根据我们回答问题的状态打出心理分。

第三项考试是实际操作题,在模拟器中进行,以考量我们在飞船各种飞行程序中所做的判断、处理和操作,整个过程和情形接近实战状态。

其中的应急故障程序是随机的,要在最短的时间里做出正确的判断,及时做出处理、排除故障,因为模拟太空飞行状

态,时间卡得非常紧,基本没有思考时间,几乎同时,脑到,眼到,手到,哪一个慢了就将面临更严重的故障,最后导致飞行任务失败。

我抽到的是"数管失效"的应急程序。是说飞船进入太空后,如果数据管理系统突然失效,就要立刻改为手动操作应急返回。从判明故障到处理完毕,这个程序一共有35道指令、50多个动作,而完成的时间只有几分钟。我做得分毫不差。

第四项考核是身体素质的全面考评,用多种器材做生理指标检查。我们14个人在具体数据上虽有差别,但全部达到优秀标准。

以上四项只是专业技术和生理基础方面的最后考核,还不能确定航天员是否合格,最后的评判要通过综合考评来进行。考评委员会分为政治思想、专业技术及心理、医学评价三个组,通过复核试卷、回放录像、计算五年多来的各项考试成绩和训练成绩、综合各个评委的意见,最后给每个航天员打出总分。

综合评定考核极为细致、严格,指挥部规定,不合格者将被淘汰。按照美国和俄罗斯的经验,航天员在训练过程中的淘汰率一般为50%。我国的载人航天飞行计划,实际上并不需要这么多数量的航天员,之所以选拔了14人进入训练,也是考虑到了淘汰的问题。

2003年7月3日,载人航天工程航天员选评委员会评定结果揭晓:经过艰苦拼搏,14名航天员全部具备了独立执行航天飞行任务的能力,予以结业,并同时获得三级航天员资格。

这意味着中国第一代航天员正式产生,标志着我们创建了

着陆后的生存训练

具有中国特色的航天员训练体系,继俄罗斯和美国之后,成为世界上第三个能够独立培养航天员的国家。而且这个成绩还创造了世界航天界的一项纪录:中国航天员大队的训练,淘汰率为零。

  5年6个月,一个人盛年时期黄金般的岁月,2000多个日日夜夜,58门内容丰富的课程,共计3000个标准学时……艰苦的努力,让最初文化水平参差不齐的我们,全部以良好以上成绩通过考核。其中经受的艰难与磨砺,远不是一些枯燥的数字所能涵盖的。我们不仅在知识水平上达到了一个新高度,个人的精神、思想与意志品质,也升华到了更高的境界。我们甘愿为了民族、国家的千年飞天梦想而贡献自己的一切,并从对这一使命的承担之中,深刻地体会到了人生的意义和价值。我们心中抱有对光荣的渴望、对梦想的坚守、对事业的热爱,所以才能这样恒久坚持、永不放弃。

顺利结业的 14 个航天员都获得了选拔资格,一起面对首次载人航天的任务,准备接受最终的遴选。

谁能进入首飞梯队

首飞选拔在结业考试结束后随即开始,过程分为三个阶段:一要在 14 名通过考核的航天员中,选出 5 名表现更为突出的进入下一阶段;二是通过为期两个月的强化训练,选出 3 人进入首飞梯队;三是通过具体针对首飞任务的训练与模拟,确定执行首飞任务的 1 人。

2003 年夏天的那几个月,我们全体航天员为进入首飞梯队而展开的竞争非常激烈,甚至可以算得上是残酷。

说实话,在神舟五号飞行任务明确之前,五年间大家并没有感觉互相之间的竞争有多激烈,只是在每个人意识中有一根绷着的弦,暗自比较和努力。但随着任务临近,大家的目标越来越明朗,竞争意识也越来越强烈。

虽然我们常说有付出就会有收获,但对航天员这个特殊群体,站在任务的角度看并非如此,付出了不一定会有期望的收获。中国的载人航天任务密度不大,这决定了不是所有人都有机会上天。你拥有上天的能力和勇气,却没有机会执行任务,谁都不愿意接受这样的结果。一位著名的老师曾给学生讲过一个

航天员考核现场

关于机遇的形象比喻,说机遇是一个长相奇怪的动物,它的脑袋只在前面长头发,而后面没长头发。当机遇迎面走来的时候,你想牢牢抓住它,就要马上抓住它脑袋前的头发,不能松手。如果懈怠,稍不留神,机遇就会溜走,你回头再想抓它,会发现根本无从下手,因为它的脑袋后面是光的。

我们一路走来,深深懂得这个道理,所以每个人都会竭尽全力抓住这次选拔的机会。

从2003年7月,评选委员会根据任务的需要和成绩排名,进行了第一轮遴选,从14个人当中选取出5个人。我的总评成绩在14个人中排名第一,顺利入选。其实,大家的考试成绩都相当优秀,很多科目的分数第一名和最后一名相差很小,小到一两分,甚至仅仅相差零点几分。

接下来,我们入选的5个人进行两个月的强化训练,以便从中选出3个人,进入首飞梯队。

所谓强化训练,就是比之前的训练更具有针对性,要求更为严格,强度也更大。每次,从训练准备到训练,再到与理论相结合的讲评,我们都要结合飞行训练模拟器实况进行,然后大家一起讨论、分析,把遇到的问题弄透彻。

其中,我们要进行多次血液重新分布训练,以提高航天员适应和对抗失重环境的耐力。在做下体负压检测时,我躺在床上,下半身置于封闭的透明玻璃罩中,腹部捆绑固定好,然后将玻璃罩里面的空气抽出来,让其变为负压状态。这时候,我们会感到双腿肿胀,动弹不得,此时通过生理指标变化来测试返回后的耐受能力。

为了避免在太空中发生胃肠道感染,我们要接受清理肠道的耐受训练,也就是要洗肠。现在有些女士为了美容去洗肠,其实,我觉得这是个挺难受的过程。而且,我们在洗肠后的三天里,只能吃专用航天食品。这些太空食品虽然做得很好,但还是比不上平时的饭菜可口。

心理素质也是这个阶段训练的重要内容。意志品质、情绪稳定性等评价,主要在平时的各种训练中通过观察进行,而这时,许多考核内容是超出书本的。在面对十多位严肃的、手握遴选大权的专家评委回答问题时,在大型演练时,在重要首长到场观摩时,航天员的心理压力会加大,专家们就在这时注意我们的反应。

专家们有时会故意增加难度,比如把录音笔放在面前,摄像机架到眼前,构成压力环境。有时会设置挫折情形,严厉指责我们的行动和操作。

这时航天员很容易产生压力,如果记忆不全面,动作不准确,心里怀疑自己,都会在这个时候有所表现。

航天员训练中心的很多专家,将我评价为"心理素质好",专家们认为我属于那种不受干扰型的。专家们精心设置的许多陷阱,我基本上没有掉进去过。经常在考完后,现场教员问我:"你认为你的操作有失误吗?"我对自己是有把握的,每次总是不假思索地回答:"没有失误!"我的确没有失误,他们是在考察我的心理素质和自信心。

在我看来,心理素质好还是要以平时的刻苦认真为前提。

两个月,十多项强化训练科目,每项训练结束都由专家们打分,最后算总分。在我的印象里,就是不停地训练,接着考试,一个接着一个,相当密集。有不少次,专家们给我打出了99以上的分,连我们所长都觉得我的分数高得有些不可思议。因为专家们打分是非常严格的,包括报告及口令问答时,错说一次、漏说一次都要扣分,操作不规范也要扣分。

在这个精确的、艰难的选拔过程中,我的综合成绩仍然排在第一位。经过评选委员会专家组无记名投票,我和排名第二的翟志刚、排名第三的聂海胜,最终入选"首飞梯队"。

面对"一人一天"这个事实,我们都能坦然面对选拔的结果。进入了首飞梯队的人,心情自然会有些兴奋,但没谁喜形于色,而没能入选的人,心里的滋味肯定不好受,却也表现得相当平静。但我感觉得到,没能入选的人在后来的训练中更加刻苦了。

首飞梯队名单宣布当天,我陪着一个落选的战友跑步跑了一下午。我对他说:"别难过,不要放弃,你是有优势的。"

"直面现实,准备迎接下一次机会。"落选的战友有了这样的想法,在经过短暂的失落后,都对此释然了,飞船只能上一个人,必然会有13个人不能去执行任务,这是摆在眼前的现实,但是下一次任务还有机会。

李庆龙说:"我是军人,国家让我上,情况再危险我也要保证完成任务;国家不让我上,我也会认真履行自己的职责!"

景海鹏也说:"对失败,每个人都有自己的理解。我认为,在航天员队伍里,没有失败者。不管谁上,他是一个执行者,是我们所有人梦想的实现者。"

他们说得真好,我为我这些同样优秀的战友感到骄傲。

能艰苦　才成器

从14人到5人,再从5人到3人,航天员的考核排位,常常是用零点几的分数差别区分出前后顺序的,因为大家的综合素质确实不相上下,又都非常努力。没别的办法,只能考,反复考,如果你考不到前面,就进不了首飞梯队,就没有飞的资格。

执行完神五的任务后,我曾对媒体说过这样的话:"我们14位航天员都具备了航天飞行的能力,完成任务都是没有任何问题的。"

但是肯定不能抽到谁就让谁去,这就要选拔,优中选优,肯定要有一个标准,就按照这个标准来量化。而现在这个标准就是看考核分数。当然,除了分数,选拔航天员还要考核心理素质、政治表现、综合素质,由专家组综合打分,尽可能地达到公平,又能反映实际情况。

从始至终负责航天员训练的黄伟芬教授对我有过很高的评价,她说进入首飞梯队的三名航天员有一个共同特点,那就是"特别认真"。之所以最终确定由我来执行首飞任务,是因为专家们认为我能力更全面,技术更到位,对于教练员的训练意图体会得更快。

我认为,要保障保险系数,要达到不让万一的情况出现,就只有反复地重复同一件事情,直到它像你的本能反应和天生的技能一样,这样才能真正在实际执行航天飞行任务时,确保做到"万无一失"。比如对《飞行手册》中的条款和规定,我真的可以做到倒背如流。很多人关心我在太空中看什么书,结果发现我在看手册,似乎

刻苦锻炼身体

有些失望。其实,为了确保万无一失,完全靠记忆是不行的,我当时确实是在复习手册中的内容。

我想,"特别认真"是我们航天员训练中应有的状态,也应当是我们平时工作和生活中应有的状态。

除了认真之外,还要能吃苦。

回顾从进入航天员大队到执行任务的五年多时间,我感觉这中间的每一步都走得不容易。精神、心理和身体各方面,需要面对种种挑战和痛苦,要克服它们,战胜它们,并在其中一点一滴磨炼自己。这是对职责的忠诚、对工作的热爱使然,也是出于自我塑造、自我完成、自我超越的强烈意愿。航天员必须不断超越自己,从执行任务的层面上变得更完美,才能在选拔中脱颖而出,保证飞行"万无一失"。

说到认真、能吃苦，我对此认识明确，也坚持得比较好。在这一点上，我从小受到母亲的影响，母亲是个性格沉着、韧劲十足的人。这很大程度上引导了我的行事风格：不太喜欢热闹，但是比较争强好胜，上进心比较强，做事情总想做到最好。

我想，一个人有没有能力是另外一个概念，有能力却不把能力发挥出来，是很遗憾的事情。现在，我也经常对航天员说，别因为自己的原因造成终身的遗憾。

很多时候，有很多人，真的就是因为一个小小的差错把自己的前途毁掉了。对此我从来都是一句话：不要说忽略了、马虎了这样的话，没有这句话！你马虎，别人怎么不马虎呢？这绝对是一种能力，从心理素质的角度来讲，这就是一种能力的体现。马虎就要出错，明知道出错会选不上却还要马虎，这至少说明你没办法控制自己，这就是能力上的差距。

说到这里，我不能不谈到从小到现在一直听得很多并深有体会的那个词——艰苦奋斗，其中就包含着做事认真、勤恳、能吃苦等内涵。

很多年轻人认为"艰苦奋斗"只不过是一句口号，甚至是一句过时的口号。我却觉得，艰苦奋斗的优良传统仍然是非常有必要提倡的。

训练钓鱼很有意思

倒不是说在目前的这种经济条件下,还一定要吃野菜、忆苦思甜,这有些表面化,有些偏激,而是要在国家经济发展的基础上,与时俱进地提倡和执行艰苦奋斗。

从历史上看,不论是一个国家、一个政党、一个群体、一个人,没有谁轻轻松松就能取得成功,实现自己的目标。不经过百折不挠的努力,是不可能实现自己的理想的。

航天员在日常训练的过程中,面对各种艰难困苦,是要靠艰苦奋斗精神指引的。

就我自身来讲,我的先天条件并不比别人优越。航天员群体的身体、生活、工作、阅历都差不多,关键在于在这个过程中,如何把自身的长处利用好,如何把不利的条件弥补好,这是需要艰苦奋斗精神的。比如我的耐力相对弱一些,在做体能训练的时候,别人坚持做两个小时,而我为了弥补耐力上的弱势,就要坚持做两个半小时。基本上,做体能训练的时候,我都最后一个离开训练教室,主动给自己增加运动量,增加难度。

噪声训练

当然，我说过，还要摸索钻研适合自己的训练方法，不能机械地去受训，别人教你什么就只是什么，要参与进去，凡事都要讲究方式和方法，不能蛮干，要巧干。但是，即使你掌握了很多技巧和方法，却只有一个第一；而且我们必须都去争取这个第一。要想去执行任务，你就得做第一；做不了第一，就执行不了任务。如果没有艰苦奋斗的精神，就算你的方法和技巧再多，也是没用的——艰苦奋斗是最基本的条件，是所有方法和技巧的土壤。

暂时还是谜

首飞梯队选定时,距离执行飞行任务只剩下了一个月。这段时间,训练的重点转向飞行程序和实际执行任务。

中国航天员训练和整个航天工程的进展是同步的,没有前车之鉴,没有成功的范例,只能在摸索中进行。在整个过程中有很多不成形的、不停变化的状态,形式和内容都不可能固定。

比如,我们的训练是针对神舟系列飞船的,但当时神舟系列飞船的技术状态并没有完全定下来,因此,随着飞船技术和功能的调整,训练大纲和操作细则都必须随时跟着调整,而每调整一次就得重新学一次。打个比方说,相当于在建学校的同时要把学生培养出来,教学大楼还没盖好呢,我们就要想象坐在教室里上课是个啥样,有的课老师还没有,就要找老师,发现还得补上一门课,就得再找老师。

而到了这个阶段,整个航天工程绝大部分技术内容都已经定型,训练目标和训练内容才变得明晰和确凿。

这一个月的强化训练,主要在飞行程序模拟器中进行。用飞行程序模拟器、飞船运动人工控制模拟试验系统等设备,进行正常飞行、应急飞行以及飞行过程中各类故障的判断和处理,有针对性地进行反复训练。

对这些内容的考评,将决定谁成为首飞航天员。其实,相关的操作,我们已经训练了无数遍,尤其我们首飞梯队的三个人,都是优中选优的胜出者,那么,怎样才能在三个人中间拉开档次呢?这时,专家们给我们设置了一些陷阱。

比如,按正常程序,航天员进舱后首先要对飞船的初始状态进行检查,专家们这时就会故意把状态设置错,看我们能不能及时地发现,发现后怎么处置。虽然训练过程都一样,但是我们面对问题的表现肯定是有差别的,哪怕只是细微的差别,专家们都会做出评判。

我们连续进行了五次模拟程序考试,我五次的成绩分别是:99.5分,99.7分,100分,100分,100分,仍然排名第一。

发求救信号

9月初,李继耐总指挥亲自主持,召开了评选委员会会议,以无记名投票方式对我、翟志刚、聂海胜三人进行了排序,当时的结果并没有公布,尽管如此,我心里还是有比较清楚的感觉:我可能排在第一位,首飞有可能是我。

2003年9月14日,全体航天员来到酒泉卫星发射中心,也就是神舟五号发射场,进行最后的训练和选拔。

9月21日到9月24日,首飞梯队的三人进行"人—船—箭—地"联合测试演练。

到了这个时候,可以说我已经对飞船的飞行程序和操作规程熟记于心了。

比如,飞船在实际发射时,起飞后3分20秒左右,罩在座舱外的"整流罩"将按程序被抛除,航天员在此时可以见到舷窗外的天空。在演练时,这只能是一种想象中的情况,不会实际发生。因此,指挥大厅里的老总们谁也料不到航天员在此时会有什么反应。

我坐在飞船座舱中,之前的所有规定动作都做得一丝不苟、忙而不乱,没有失误。程序刚刚走到3分20秒时,我认为按实况应当报告这时的状态,于是按照顺利发射时一定会出现的情况,向指挥中心报告:"整流罩抛除,我看到窗外的天空了!"

这并不是训练中的规定动作,所以,现场的一位老总惊讶地问我们所长宿双宁:"你们的航天员训练得这么好,连这都知道!"

身为航天医学工程研究所所长、中国载人航天工程航天员系统总指挥兼总设计师,宿双宁对此非常自豪:"开玩笑,你都知道的事,他还能不知道?"

这次合练让我一直以来的感觉得到了印证。

从整个提前演练的环节上看，我们三个人走的程序不一样。我走的是实程序，都是一比一的设备演练，而翟志刚和聂海胜的演练，程序是压缩的。

我告诉自己不可以有半点松懈。我期待着揭开心中的那个谜底。

10月初，我们首飞梯队的三位航天员，都被领导约见单独谈话。原总装备部朱增泉副政委负责载人航天飞行的思想工作与宣传工作，他带着一个班子，不仅找我们三个人谈话，还找我们的家属谈话。

首长的谈话内容非常透彻，包括整个行动过程、训练任务和执行任务的思想调整、宣传计划、个人对载人航天工程的认识、如何对待飞和不飞。

我当时汇报说，从训练这个角度，我觉得飞行肯定是没有什么问题的，我只拿它当一次任务，跟训练没什么区别。如果不是我去飞行，我会做好备份，坚持到飞船离地前的最后一秒，随时准备飞。而对于类似如何对待荣誉、名利，那时真的没有多想，也没想到飞行回来会很"出名"。

谈话快结束的时候，朱副政委突然问了我一句："所里跟你说了吧？"我说："没有，什么也没说。"他沉吟了一下，说你要保持住，情况很不错的，综合素质排名最高。

在此之前，9月30日，中央电视台《面对面》栏目的王志采访我，这是我第一次接受电视采访。当时，我得到的特殊照顾至今让我印象深刻。

那时，防"非典"还没有结束，要求我接受采访最好穿着防护服,可穿着它上镜效果又很不好,我和王志就都没有穿。

结果,为了保证我的安全,工作人员就用几个大电扇,一直对着王志吹,让他处于下风口,这样,他那边的气息就流通不到我这边来。王志就这样一直顶着风采访我。

那个采访场面对我来说很新鲜,估计王志也是第一次在人造大风中采访,我很感动。国家和人民对我们的厚爱和呵护,让我更加深切地感到了肩上担子的分量,我没有理由亵渎自己的职责。

送别时刻的火焰与雪

2003年的国庆节,所里给我们首飞梯队的三个人放了三天假。为了给我送行,父亲和母亲专门从老家赶来,还带了我平时最爱吃的螃蟹。

在此之前,我已经有半年时间没回家了,更是好久没有见过父母。执行任务前,能和家人团聚一下,我感觉非常温暖。就像将要出征的军人,对亲人和家的那种依恋和珍惜。

这三天,我哪儿也没有去,就是和父母、妻子、儿子一起待在家里,和他们一起吃饭、聊天。

在聊天中,时不时会涉及飞行的话题。毫无疑问,家里人很关心这件事儿,却又不好多说。他们希望我实现愿望,又担心我的安危。

父亲和母亲在那里犯琢磨,有时忍不住就小心地问我:你学得怎么样,是不是能飞行?但我常常岔开话题,不对他们说排名情况,只是告诉他们,我进梯队了,有希望去飞。

我心里相信自己肯定要首飞,虽然不怎么想危险的问题,但潜意识里有这个准备,它毕竟是高风险的,况且2003年世界航天界发生了那么多的事故,可以说是大灾大难的一年。所以我就想更多地和家里人在一起待一待,我们有意绕开一个显然很大的话题,小心翼翼,让这次节日团聚变得安静隐忍。

2003年10月12日,清晨,空中飘着零星的秋雨,站在航天城向西眺望,西山上昨晚落下的第一场瑞雪清晰可见。

7时45分,我和翟志刚、聂海胜依次走出航天员公寓,来到送行现场。今天,我们要告别亲人、战友,奔赴酒泉卫星发射中心。

我的家人、战友和航天城的老老少少已经早早地站在广场上。人们敲锣打鼓、挥舞着彩旗,等在那里为我们送行。我的父母、我妻子和儿子也在人群里,我一走过去,母亲就拉住我:"冷不冷啊?"

我说:"不冷。天凉了,你们要多穿点衣服,别惦记我。"父母似乎还有什么话要说,却没有再开口。我知道,他们担心我的

神五梯队离开航天城

安全,就对他们笑笑说:"为了这次载人航天,国家花了那么大力气,把该考虑到的都考虑到了,安全不会有问题。我训练了五年,该掌握的也都掌握了,你们就放心吧!"

对父母说完话,我回头看着玉梅,对她笑了笑,没说什么。我看她的眼睛,里面没有泪水,我虽然觉得玉梅并不是个脆弱的人,但这会儿她的坚强表现还是出乎我的意料。

这时我们周围人挺多的,玉梅想说什么又一时不知该说点儿什么,突兀地问了我一句:"带便服没有?"好像我要上街或者出差。

我知道她这是有些慌了,笑着反问她:"带便服干吗?"

小宁康表现得很兴奋,扯着我的手,一下一下摇着。我俯下身亲了一下儿子,他歪着脑袋对我说:"爸爸你早点回来哟,教我打游戏。"

我和全家人看上去都很平静。后来我看到有记者写道:"没想到,他和亲人的告别竟出人意料的平静,平静得就像他平时去上班。我们见过种种军人的告别——上战场,上抗洪大堤,上风雪边关……然而却不曾见过如此重大的、划时代的告别,竟然这样轻松。"

可能大家都觉得这时应当有动情的、挥泪送别的场面,但是,真的没有。

有记者当场问我:"你真的不紧张?"我笑着回了一句:"有什么可紧张的?"

前一天晚上,考虑到第二天要走,我回了趟家。平时,家里的电子闹钟都是我调,我就拿起闹钟对玉梅说:"我走了,你也不会调表,我教教你吧。"我说得似乎很随意,其实是想了很久才说出来的。她好像听出了别的意思,一把抢过闹钟,坚决地说:"不,我等你回来给我调。"

无论是在家里聊天,还是在电话当中交谈,我和家人都有意或是无意地绕开了最敏感的话题——生死。在我的亲人们那里,似乎不存在"一旦"和"万一",这个难以回避的问题我们不约而同地回避了。

满眼是鲜红如火的标语,满眼是亲人殷切期盼的脸,满眼是战友们举起的手……在这样热烈的欢送场面中,我和翟志刚、聂海胜登车驶离航天城。

9时20分,我们乘专机飞向远方,飞向那个即将实现的巨大梦想。

相信一切都没变化

同机送我们飞向酒泉发射中心的是原总装备部政委迟万春上将。在飞机前舱,迟政委让我坐在迎面的位置上,他自己却坐在背向机头的座位。我一看,觉得这样不合适,起身要和他换过来。迟政委摆手让我坐好:"不要动、不要动,现在一切工作都以航天员为中心,我是全程陪同你们的。"

在约三个小时的航程中,我和首长聊了一路。迟政委告诉我,中央正举行十六届三中全会,为了保证神五任务如期进行,中央特许本次载人航天工程总指挥李继耐缺席会议。而今天,又同意身为中央委员的他请假,专程陪同我们前往发射现场。

迟政委还说起他8月份参加国际会议时的所见所闻。国际宇航协会主席在报告中说:"目前世界上可以独立发射飞船的国家有两个半……"其中的半个,指的就是中国。当时,迟政委在会上的发言中明确表示:……用不了多长时间,那半个可以加上了,中国将是第三个可以独立发射飞船的国家。

我对迟政委说:"我们全体航天员心情都很迫切,也都具备完成载人航天飞行任务的能力,都盼望着能去亲自完成这个光荣任务。这次飞行,无论谁去,都能代表全体航天员完成使命。"

中午时分,我们抵达酒泉卫星发射中心,三人排成三角队形,由我向已经等候在那里的中央军委委员、原总装备部部长、工程总指挥李继耐上将报告:"总指挥同志,首飞航天员梯队奉命来到发射场执行任务,向您报告!"

"同志们辛苦了!祝你们在发射场任务准备期间身体健康,工作顺利,精神愉快。"李继耐总指挥和我们一一握手,带我们走进航天员公寓"问天阁"。

这座"问天阁"是黑白相间的两层徽式小楼,取意于中国古代诗人屈原的名篇《天问》,几千年来中华民族对苍茫天空的浩

首飞航天员梯队

叹与向往,将由我们变成现实了。在这样一种意味深长的遐想和临战的严肃之中,我们按既定程序每天训练和体检,精神和身体都处于整装待命的状态。

10月14日15时,首飞名单即将宣布,我不知道接下来会不会隔离,晚上有可能无法和家里联系了,于是就拨通了家里的电话。

当时父亲和母亲都在,但除了问问他们身体之外,我没多说什么,怕两位老人情绪有波动。我在电话里跟妻子说了一声:"执行任务的情况没什么变化……"她瞬间明白了我的意思。

谁是首飞航天员一直没有宣布,但正如我在电话中所说,我的基本判断仍然是:没有变化。

进入中心之后,我们三人拿到了飞行任务材料,我发现,三人的材料内容有细微的差别。我的那份更加细致,针对性更强,包括代码、密码、应急号码,一应俱全。

14日17时,在"问天阁"举行了"中国首次载人航天飞行任务航天员与记者见面会",我们三人以"首飞梯队"集体亮相。

新华社的记者问道:"你们中的一人将成为叩访太空的第一位中国人,此时此刻,你们最想对祖国说的一句话是什么?最想对家人说的一句话是什么?"

我当时回答:"我在这里想对祖国说,感谢祖国和人民对我的培养和信任。我一定不辜负祖国和人民的重托。我也想对我的家人说,感谢你们对我的支持和鼓励。请你们放心,我们已经做好了充分的准备,有信心和能力圆满完成这次任务。"

《解放军报》的记者问道:"你们三位都是我军优秀的战斗机飞行员,现在是我国第一代航天员。作为中国军人,在即将出征太空的时候,你们认为军旅生涯对这次特殊的飞行任务有何帮助?你们最想对三军将士说些什么?"

我回答说:"作为一名航天员,我首先是一名中国的军人。在任务中,我会发扬我军的光荣传统和大无畏的革命精神,服从命令,听从指挥,战胜一切困难,坚决完成任务。同时感谢全军战友对我们的鼓励、关心和厚爱,也请他们放心,我们一定不辜负他们的期望,为军旗添彩。"

在回答提问时,我说了"我",同时也说了"我们"。我相信很多人此时都在猜想,我们三个人当中谁会首飞?

实际上,在这个时候,首飞航天员已经确定了。

知道就是我

14日下午4时整,载人航天工程指挥部在总指挥李继耐主持下召开会议,会议的议题只有一个:确定谁来首飞。

经过每一位指挥部成员表态,确定我为首飞航天员,翟志刚、聂海胜为备份航天员。

而接下来,指挥部内部发生了一点儿小小的分歧。有的领导觉得应该第一时间通知我,这样三个人心里都踏实,有足够的时间调整状态;有的领导担心当时通知会引起我情绪异常,怕我太激动睡不好觉,影响第二天的任务。

两方意见各有所据,大家争论不休。后来,总指挥李继耐拍板,他说:"最了解航天员的还是航医所,因为他们都是在你们这里选拔训练的,这件事情就交给航医所决定吧。"我们航医所的领导当时就决定,还是要通知我。

政委吴川生说:"航天员如果这么点东西都承受不了,怎么去执行任务?"

后来的神六、神七确定执行任务航天员,程序和神五大致相同,我也参与了,经历了这个过程。从神六开始,整个航天员的选拔就以我们航天员训练中心为主,我们给上级部门提供依据,上级机关根据中心汇报的情况酌情定夺。如果有疑问,上级会反复询问,如果没有异议,就以中心的意见为准。

晚上7点钟,我从新闻发布会回到房间不久,航医所政委吴川生就走进了"问天阁",和我单独交谈。

祖国,我回来啦!

他一进房间,我就明白,可能是来通知我执行任务的。吴政委开口对我说:"利伟,首先祝贺你担任首飞。"

虽然已经猜了个十之八九,听到这个消息,我心里还是有一股热流涌起,很激动。但我知道这时候一定要保持镇定,不能放任自己的情绪,便克制住自己,平静地对政委说:"感谢祖国和人民给了我这个机会。我一定以一颗平常心去做好准备,完成首飞任务。"

吴政委没有和我讲太多的道理,只是说到一些具体的准备工作,问照相机、摄像机装船没有,还嘱咐我,一定要多拍些地球的景色回来……

临走,他和我握了一下手:"我们都盼着你顺利完成任务。"我知道,其实吴政委担心我紧张,担心我晚上睡不好,这也是大家共同担心的问题。

我坚信这种情况不会在自己身上发生。我的准备和整个系统的准备情况都极好。这一次任务,看起来就像是一次普通的出差,只是时间不长、距离较远而已。我并没有觉得太紧张,我必须,而且可以让自己睡好。

"我会睡好的。"我对吴政委表示。送他离开时,我已经非常平静。

翟志刚和聂海胜作为首飞梯队的一员,将作为飞行任务的第一和第二备份,直到飞船升空的最后一秒,都会时刻做好飞行准备。

他们谈完了话,过来向我表示祝贺,同时对一些技术问题仔细讨论,就所能想到的细节一再叮嘱,想办法缓解我的压力。

聂海胜对我说:"你放心去,所有的东西我给你带回北京。什么也不用担心,家里有我们。"

其实那天晚上我们没多少空闲的时间。通知谈话之后,紧接着进行体检,然后洗肠。我们三个人程序一样。

我最后一个洗肠,这项令人不舒服的工作结束后,已经晚上9点了。回到自己的房间,用几分钟时间,我把所有正在使用的东西收拾好,准备第二天交给翟志刚和聂海胜,好让他们带回去。

让应该到来的都来吧

10月15日凌晨2时,一阵轻轻的敲门声将我从酣睡中唤醒。这是随行的医生来叫我们起床。

后来他们告诉我,这是第二次敲门,第一次我竟然没有醒来。满打满算,我睡了五个小时,但我这五个小时睡得很香、很沉,好像比之前所有的夜晚都睡得踏实。

起床后,医生对我进行了常规体检。我的状况是高压116,心率76,体温36.1℃,一切都很正常。首飞的任务由我执行。

翟志刚和聂海胜也起床进行了体检。之后,我们三个人就穿着棉大衣,直接去吃早餐。

和平时一样,早餐的内容按已经确定的食谱准备,并没有特别的东西。我们部队的机关灶基本都差不多,有面条、馒头、米饭、面包等。

我平时是最不爱吃面条的,好像部队每天早饭都有面条,习惯性的。我那天早晨吃了些面条,但没敢放开吃,所以总感觉没吃饱。快离开饭厅时,就说:"不行,我还得来点肉。"又吃了一些有肉的菜。

出发前,家人在指挥大厅等候

吃饭时,翟志刚不知从哪里要来一瓶红酒,他和聂海胜各倒了半杯。因为执行任务不能喝酒,我倒了半杯矿泉水。翟志刚一定要我在里面滴点红酒,他说:"虽然以水代酒,也要给你加点儿颜色,喜庆喜庆。"

他们预祝我以最好的状态飞行,顺利完成任务。

三个战友站起身来,举杯相碰,一饮而尽。

时针指向凌晨3时,飞行前的准备工作开始了。

我们三个人离开"问天阁"时,在客厅的门上签上了自己的名字。这是个从国外"引进"的程序,俄罗斯的航天员在执行任务前,都要在自己住的公寓门上签上日期和自己的名字。

前期的准备工作复杂而烦琐,虽然程序和平时训练一样,但各项内容都要反复测试、确认。工作人员拿着一个程序单,一项一项做,一项一项画钩。

我的各种生理指标全部检测了一遍,确认正常;我穿上生理背心,工作人员给我贴上电极。之后穿航天服的"内衣","尿不

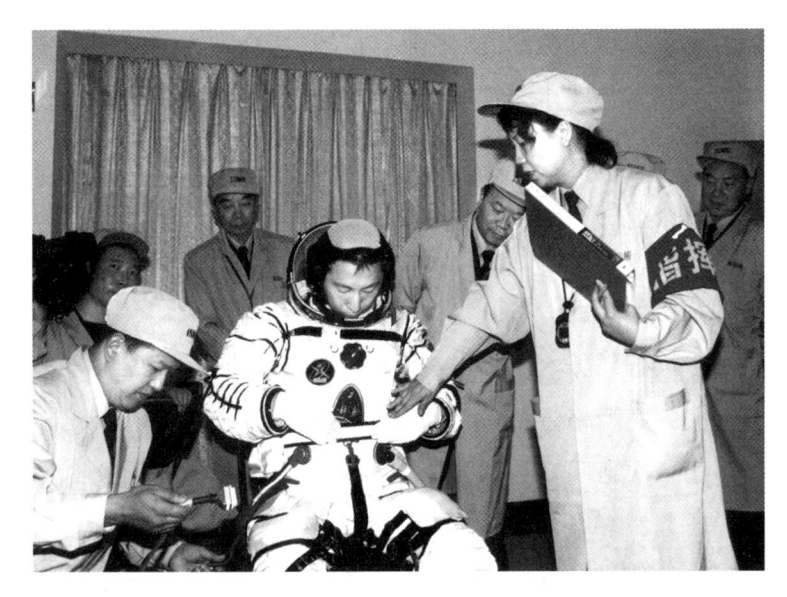

穿上航天服

湿"这时也要加上（从这时起就不能上卫生间了。穿上航天服直至飞行一天回到地面，中间有30多个小时）。

测试航天服，确认正常；测试无线电，确认正常……

5点钟，所有测试结束，我穿着航天服和工作人员以及领导们合影，因为之前一直都在紧张地准备，没有顾上。5时20分，我们坐在了"问天阁"的会见厅里，翟志刚和聂海胜身穿蓝色出征服站在我身后两侧。照相机记录下了我们三人预备出征的一刻。

从凌晨起床到这一刻，一直处于紧张和忙碌的状态，所有工作项目一个接着一个，行云流水，间不容发，我也全神贯注，心思全用在应对每个细节上。

随着照相机拍照的快门声落下，随着环绕于身前身后的工作人员离开，四周似乎突然安静下来。这时我好像突然置身于空阔的场地中央,我这才清晰地意识到:这个神圣的时刻终于到来了!今天将是我生命中伟大的一天!那么,让所有应该到来的都到来吧!

很多人问过我,当我得知自己被确定为首飞航天员之后,是否在第一时间想到了自己的使命对国家的意义?说实话,这不是当时才会去想的。

早在执行任务之前,在这么多年艰苦卓绝的训练当中,特别是一次次面临严格选拔和激烈竞争的时候,这个问题在我心里已经不止一次地闪现过、思索过。为什么要去执行任务?为谁去执行任务?答案早就埋在心里了。

因此,当得知自己被确定首飞之后,我并没有再去想执行这个任务的重要和神圣,而是在想下一步该干什么。我们所有的行动都是按照程序执行,几分几秒干什么都非常明确。而要确保任务万无一失,此时再去想"重大意义"和"神圣使命",于事无益。它早已经内化为我们航天员的精神气质,此时,"放下"才是最好的状态,才能心理平稳、冷静从容,以全部身心执行好每一项程序。

当然,面临这么一件大事,心理不可能不受到冲击,我突然生出许多感慨,经过五年半的艰苦训练,实际上就是为了等到执行任务的这一天,这是所有航天员共同的目标,是我的目标,现在,它就要实现了!自己这么多年的努力终于有了结果!

如果说这时没有强烈的激动,是假话,但片刻之后我就平静下来,没让自己想太多。我明白接下来的工作很复杂,我得考虑如何一项项完成,不出丝毫的纰漏。

还有人问我,你们在上天之前有没有写遗嘱什么的,需不需要留下什么话。

大家知道,战士上战场之前会写请战书和遗嘱。虽然我们也作为军人奉命出征,但从来没有写过遗嘱,没人想到这件事。在空军当飞行员时,也不会去想这件事。

我清楚地知道,航天飞行面临着极高的风险,但我从没想过自己会回不来。

一则我对祖国的飞船和航天科技非常信任,各大系统都有充分保证;二则我相信自己的能力,训练已经做得非常充分,所有的可能性都已经考虑在内了,包括当年俄罗斯飞船返回偏离之后,我们还针对这种情况加做了一个模拟失效实验。做实验的时候把飞船座椅都拆了,在座椅的位置搭一块木板,我就坐在木板上,一只手握着操作杆,另一只手用一个秒表测时间。进一步说,虽然我们的工作尽量做到万无一失,确实仍会有很多未知的因素,危险随时可能爆发,这也是世界航天界事故频发,许多航天员献出了生命的原因。但作为航天员,明明知道风险在那里,当我们真正去执行任务的时候,却很少去想风险发生的概率。

这跟我们对这个职业的理解有关系,当初选择了它,我们就做了牺牲生命的准备,这是我们最重要的精神基础之一。也跟我们作为战斗机飞行员飞了那么多年有关系,没有哪个飞行员不知道飞行有风险。在空军飞行十年二十年的人,没参加过追悼会的太少了!每一次飞行都是在承担一次风险,但是没有哪个飞行员一上飞机就想着会不会出事,如果这样想,就没法执行任务了。

当年发生"空中停车"事故的第二天,我还是照常飞行,并没有因此而休息。对于一名飞行了多年的飞行员来说,潜意识里,风险意识时刻存在,但平时谁也不会把安全问题挂在嘴上,每次去飞行,就像普通人骑上自行车就走一样。

在那双满含泪水的眼睛注视下

10月15日,早晨5点20分,我们三人安定下来。小厅左侧的门打开了,我扭头望去,看见胡锦涛总书记和其他几位中央首长、中央军委首长走过来。

总书记微笑着向我们挥手致意。他是来为我壮行的。我从座椅上站起,和翟志刚、聂海胜并肩而立。

为了执行任务,我们被隔在玻璃罩里。尽管隔着一层玻璃,和总书记相见,仍让我的心情很激动。在此之前,我还从来没跟总书记那么近距离地接触过。

在我们对面站定后,总书记开始讲话。

毕竟是第一次面临这样的任务,几乎所有人都承受着很大的压力。总书记可能也考虑到了我们的心理状态,想尽量让我们放松,所以讲话时声音平缓,非常从容,一字一句:"杨利伟、翟志刚、聂海胜同志,神舟五号马上就要发射了,这是你们盼望已久的庄严时刻,也是全国各族人民盼望的庄严时刻。一会儿,杨利伟同志就要作为我国第一个探索太空的勇士出征,就要肩负着祖国和人民的重托去实现中华民族的千年梦想……"

总书记讲到这里,停顿了一下。那时我眼睛一眨不眨地看着总书记,心情一直处在激动中,以为他讲完了,刚要开口表达自己执行任务的信心和决心,总书记示意我,他还要讲几句。

他接着说:"相信你一定会沉着冷静,坚毅果敢,圆满完成这一光荣而神圣的使命。我们等待着你胜利归来!"

在总书记讲话节奏的带动下,我感到心里轻松了一些。

总书记讲完,我表示:"请总书记和全国人民放心,我一定会聚精会神地做好每一个动作,圆满完成这次任务,决不辜负祖国和人民的期望。"

隔着玻璃罩,我能看到每个人脸上的激动表情,也似乎能听到人们的心跳。

我举手敬礼,然后左手提着航天服地面通风箱,转身向通往院外的侧门走。马上要到门边了,我回过头来,向总书记和其他首长挥手道别。

这时候,我看到了意想不到的一幕。总书记见我回头,又向前迈了两步,停住,向我挥手。我忽然看到总书记的眼睛里有泪光闪烁……我的心情一下子变得很复杂,既感到强烈的心灵震撼,又有一些吃惊;既非常感动,又有一种不忍。即便是几年后的今天想起那时的情景,我仍然会眼眶发热,激动不已。

总书记眼中的泪水饱含着对我的关心、期待、信任,同时也包含了一份牵挂和不舍。总书记作为党和国家的最高领导人,却在航天员去执行任务时,给予如此深厚的关切,我能感到他的心和我们在一起。我想,无论是谁,此时此刻都无法克制得住自己的情感。

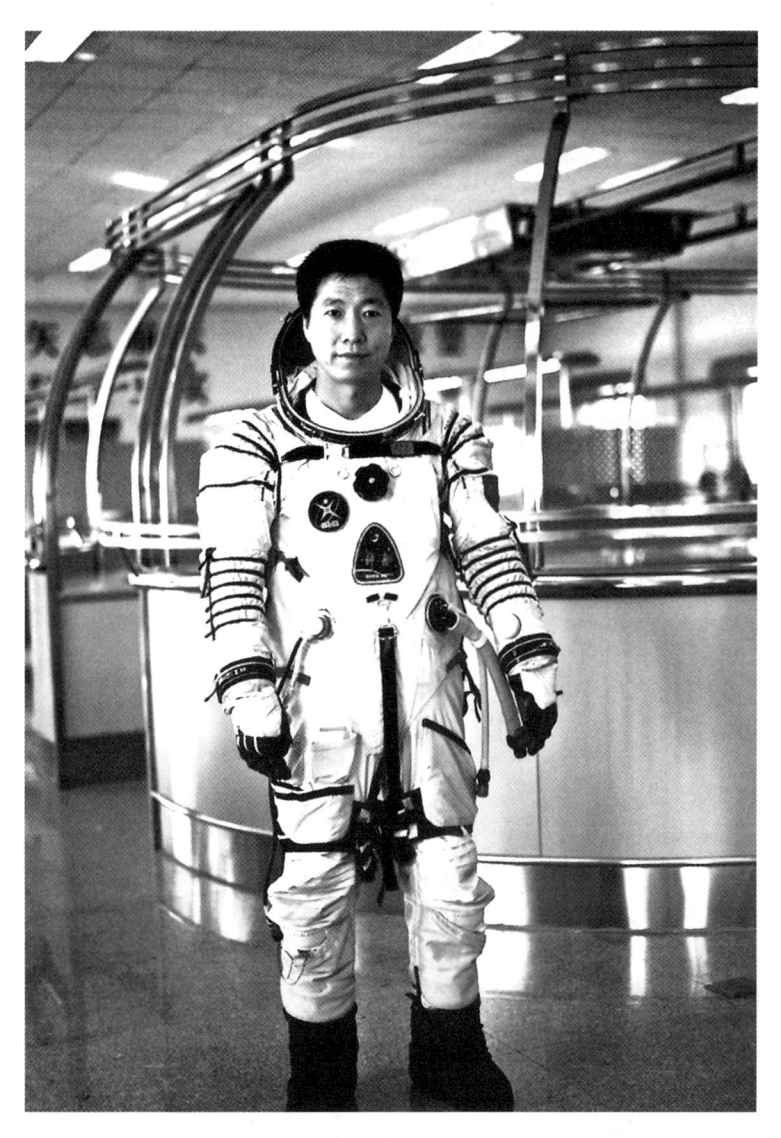

我要出征了

我只觉得一股热流涌向眼眶,心情无以言表。但我没有让眼泪掉下来,只把那种殷切的目光,那种关怀,那种鼓励,深深地记在了心里。在执行任务的整个过程中,这种目光给了我巨大的力量,让我义无反顾。

现在分析起来,可以说那是一种真正意义上的灵魂冲击,让我产生了从未有过的慷慨激昂的情绪。

在总书记那种目光的注视下,那一刻我甚至有了英勇献身的冲动,有了那种"风萧萧兮易水寒,壮士一去兮不复还"的壮烈豪情,心想,即便有什么突发情况,为了国家和民族,贡献就贡献了,牺牲就牺牲了。

义无反顾走向发射塔

清晨5点28分,我和翟志刚、聂海胜走过"问天阁"的航天员专用通道,来到了广场上。

"这是中华民族历史上一次伟大的出征。""这一天,中国人已渴望了很久。""这一刻,中华民族已等待了千年。"后来,各国的媒体用这样的句式来描述这个时刻。

这个时刻,太阳将要升起,沉睡的戈壁滩正在苏醒,黎明的熹微之光映出地平线优美的轮廓。

"问天阁"前的广场上,已经站满了送行的人们。我刚在广场上站定,人群中就响起了欢呼声:"杨利伟!杨利伟!祝你成功!祝你凯旋!"

人群中,有我曾朝夕相处的战友,有我的教员,有跃跃欲试的军乐团和锣鼓队……在大漠深秋的寒冷中,人们情绪激昂,让整个广场都沸腾了起来。

我被意料之外的热烈场面感染了。在原来的计划中,并没有安排群众欢送的场面。这是李继耐总指挥亲自加上的。他说:"勇士出征代表着国家,代表着五十六个民族,应该让大家

向李继耐总指挥报告

也来送送英雄,这种气氛也有利于执行任务的航天员。"

在欢快的《迎宾曲》中,我和翟志刚、聂海胜走向预定报告位置,边走边不停地朝人们挥手,心里充满感慨。

当乐曲落下,全场寂静下来,我向早已等候在那里的李继耐总指挥立正、报告:"总指挥同志,我奉命执行首次载人航天飞行任务,准备完毕,待命出征,请指示!中国人民解放军航天员大队航天员,杨利伟!"

"出发!"总指挥面色庄严,朗声下达出征命令。

"是!"我应声举手敬礼,之后走向送我去发射塔架的汽车。

在车前,翟志刚、聂海胜和我告别。本来按要求我们不应该拥抱,但我们三人还是忍不住拥抱在一起。

他们在我耳边说:"杨利伟,明天北京见!"

我说:"放心吧,一定的!"他们两个人的眼泪流了下来。而我,把这一幕也深深印在了心里。

军乐队奏起《歌唱祖国》的乐曲,人们跟着在唱:"五星红旗迎风飘扬,胜利歌声多么响亮,歌唱我们伟大的祖国……"此时的我听起来,觉得这是世界上最动听的音乐。

人们挥动着手中的彩旗、气球为我送行,一声一声喊:"杨利伟,我们盼着你胜利归来!""……期待你凯旋!"

我登车启程,总指挥李继耐上将率有关领导乘车随后。车队在五辆摩托车的护送下,穿过夹道欢迎的人群,向发射塔架驶去。

我知道国家和民族几千年的飞天梦想将要实现,我知道自己要代表几代航天人问鼎苍穹,我也知道此去天路迢迢、充满艰险。但我的整个身心就像一张充满力量的大弓,向往和期待着射出飞往太空的利箭。

在神舟五号飞行回来后,我总结了几句话:"精神的力量是永恒的,民族的力量是无敌的,和谐与和平的力量是崇高的。"这些感想来自我个人的切身体会,来自我的内心。我相信,任何人得到一种真正的精神激励,都会产生不竭的力量与勇气。

我就以这样的心态走向发射塔,泰然自若,内心坚定,感觉自己无所不能。

第六章　太空一日

我眼前的地球却以无与伦比的维度伸展着她的壮丽身躯,她的形象使得所有的地图苍白简单,也使所有的地球仪呆板无趣。她真实地在宇宙中自如地永不停歇地运转着,以她的宏大、美妙向我阐述着生命之星的往事今生。

仿佛在告诉我,孩子,你一定要知道地球母亲在这广阔无垠的宇宙中是怎样运行生存的,你要仔细看看你赖以生存的这颗星球,她是宇宙的宠儿,而你们人类是她的宠儿。

馆长,明天见

警车、摩托车、特护专车组成的车队,在中国的西北戈壁,披着朦胧的霞光,庄严地驶过胡杨林和弱水河,驶向那个谱写过许多壮丽诗篇的地方——火箭发射场。长征 2 号 F 型火箭在晨光中巍然挺立,像一柄巨大的倚天长剑,从苍茫地面指向浩瀚天

直指苍穹的发射塔架

空,箭体上五星红旗和"中国航天"四个大字十分醒目。

清晨5点50分,车队抵达塔架下。总指挥李继耐上将带领载人航天七大系统的负责人前来为我送行。在短暂的交谈中,几位老总再一次告诉我,他们那个系统的工作是最稳定、最安全、最保险的。这些以严谨著称的科学家,平时从他们那里是很难听到"最"这个字的,但此刻,他们说了许多"最",说得很肯定、很坚决。我明白,他们是想以此来增强我的信心。

在与首长和专家们道别后,我乘坐防爆电梯登上飞船平台,其他人员和车辆迅速撤离。

6时整,现场只剩下了4个人:我、一位教员、一位工程师和一位医生。这时候,按照程序,我还不能进舱开始工作。

发射前的所有程序都是倒着推的。飞船是9点整发射,进舱的时间是往前推2小时45分钟,我应该在6点15分进舱。

整装待发

现在是 6 点，离进舱工作还有 15 分钟。

我们感到了 15 分钟的漫长。

我们已经到了高达 50 多米的发射平台上了，发射平台十分狭窄。这时没有工作可做，只能等着，几个人都默默无语。只听见塔架发出的机械声，除此之外没有任何声音，寒冷而寂静。

火箭已经加注了，足有 430 吨的燃料，想一想那是什么概念，相当于一枚巨型炸弹。有位国外的航天员曾经说自己是"在炸弹顶端飞行的人"。此刻我们就在"炸弹"上等着。

在远处，几台摄像机对着我们，这个时刻是我们一生中难以遇到的，谁都一动不动。气氛有些凝滞。

大家都很紧张，实际上这时候我也紧张。后来回想，是这种等待太难受了，在很高的地方，在一个巨大炸弹的上面待着，暂时的宁静让人不安。大家你看我，我看你，有好几分钟谁也不讲话。

这时,他们三个人中的一个为了缓和气氛,提议说:"咱们给杨利伟讲个笑话吧,放松放松心情。"可三个人谁都讲不出来。

一会儿,帮我关舱门的那位工程师开口了,没话找话,他问我:"知不知道当年给苏联的航天员加加林关舱门的工程师现在在干什么?"我说:"还真不知道……"

工程师就告诉我:"他现在成了俄罗斯航天博物馆的馆长。"

其实,他讲的这个"笑话"一点儿也不好笑,几个人谁都没笑出来,但大家的紧张得到了些许缓解。

终于,6时15分,我接到命令:"神舟五号可以进舱!"

进舱之后,我首先接收飞船,由工程师在舱外协助。要看飞船是不是正常,各种手柄位置是不是和单子上一样,每检查确认一项,我就报给工程师,他手里拿着"确认单"打钩。

接收飞船的程序用了十几分钟完成,我在"返回舱状态确认单"签上名字,把它交给了工程师。

工程师这时的主要工作已经完成,帮我关闭舱门后就撤离了。在关舱门前,他对我说:"利伟,咱们明天见。"

我微笑着回答他:"馆长,咱们明天见。"我听见外面的几个人都笑了。

成功返航后,在欢迎仪式上,我又见到了这位工程师。我们笑着拥抱,我对工程师说:"咱们又见面了,馆长!"从那时开始,我就一直叫他"馆长"。

心 跳 76

所有人都已经撤离发射场,我独自一人在已经关闭的飞船中,开始工作。

连接通信头戴、插好生理信号插头、连通供氧和通风软管、检测航天服气密性、打开航天服通风机,然后,我坐到航天座椅上。

其实刚刚进入飞船的舱体后,我感到新鲜和惊奇,因为这是我第一次进入真实的船舱,以前的所有训练都是在模拟状态下进行的,即使仪表、按钮的位置相同,但真实的与模拟的还是会给你不一样的感觉,就像用木头枪练习刺杀的人第一次握住真枪,质感、视觉、触觉等元素,令人震撼。我清晰地感受到了两者之间的差异。

我认真环视船舱,闭上眼记住它的形象,并让它与我记忆中的模拟器重叠,用这样的办法熟悉它。

一旦开始进入工作,我的自信就回来了——那些程序和动作,平时训练已经做过无数遍,不但烂熟于心,而且成了一种自然反应,一切都在我的掌握中。我有意寻找那种得心应手的感觉,让自己沉浸到熟悉的节奏当中,尽量让当时的感受与平时训练时的感受重合。

在完成了规定的动作之后,我的状态已经调整得很好了,思维清晰,情绪冷静。

我的心率平时基本是 72 至 73 下,特别稳定的时候可能不到 70,根据发射那天的医学数据,从准备开始时直到火箭升空之前,两个小时,我的心率保持在 76 下,与平时相比变化不大。

做完自己的准备工作后,后边的工作就是配合整个系统。

程序规定了几大系统在某个时间要做什么,哪一步是火箭的,哪一步是飞船的,哪一步是测控的,哪一步是航天员的。我根据指令,配合火箭和飞船的一系列动作。

时间在一点点过去,历史性的时刻在一点点接近。

每到一个时间节点,零号指挥员就会报"某分钟准备",并且越来越密。

"60 分钟准备!"

"30 分钟准备!"火箭发射塔操作支架缓缓地打开。

"15 分钟准备!"总指挥李继耐和我通话。

太空进食

他说:"我们一定会牢记中央首长的重托,和你并肩作战,让你实现成功发射、精确入轨、顺利返回的目标,也希望你沉着冷静,坚定自如,按预定程序认真做好每一个动作,任务指挥部信任你,全国人民期待着你!"

"我向全国人民保证,坚决完成此次任务!"我回答。"杨利伟,明天早晨,我们将在内蒙古草原迎接你凯旋,预祝你圆满完成任务,咱们明天见!"

"明天见!"

零号指挥员说:"5分钟准备!"我再次检查调整束缚带,把自己紧固在座椅上。抬手关闭了面窗,然后两手握住操作盒,静待起飞。

4分钟准备、3分钟准备、2分钟准备、1分钟准备……

50秒、40秒、30秒……最关键的时刻已经来临。

平时经历再多次的训练,也无法体会真正起飞时的状态。绝对是仅此一次的体验!

此前,我的耳机仍然可以听到下面的声音,突然,却发觉下面安静极了,除了零号指挥员数时声,其他一点儿声音都没有。

这时候,飞船的各种风机的响声就越发显得明显。

此刻,我的心情没有变化是不可能的;随着倒计时越来越密,人会越来越紧张。不是恐惧、害怕,虽然明知谁也不能保证这次一定会成功,但此时此刻不会去想会不会出事,回不回得来,如果想那些,会把自己先吓坏了。我的心情有些复杂,脑子里产生着各种念头。

我想的主要是操作程序,因为在飞船里总是有程序需要执行,有很多情况需要反馈,但时不时一些想法像金鱼吹的泡泡一样泛出水面。我会想,这一刻马上要到了!这么多年自己的努力和奋斗就是为了这一刻;我会想,国家和民族为之积淀和准备了这么多年,几千年的梦想要成真了,一件很伟大的事情马上要发生了,而我就肩负着这个责任!我会想,接下来会发生什么,太奇妙了……

这里面既带着一份紧张,又带着一份期盼。我不能放开了想,必须把精力集中在操作上,所以就用力把这些念头按下去。

最后的 10 秒开始倒数。10、9、8、7、6……我听着清晰的倒计时声,百感交集。我知道有千千万万人看着我,从总书记到普通百姓,我感到了责任重大,心里有一种出征的兴奋,有一种紧迫感。

在数"4"的时候,我很自然地敬礼。这是程序没有安排的,我戴着很大的航天服手套敬礼,看着摄像头敬礼,以一个军人的庄重和严峻。寂静的耳机中传来热烈的掌声。

掌声响起来,就像一首歌形容的,"我心更明白",我感到有那么多人都站在我身后,给我强大的支持。我并不是一个人出征,我是和千千万万科研人员一起出征。

在这种激奋的情绪中,传来零号指挥员响亮的口令:"点火!起飞!"

我以为自己要牺牲了

9时整,火箭尾部发出巨大的轰鸣声,几百吨高能燃料开始燃烧,八台发动机同时喷出炽热的火焰,高温高速的气体,几秒钟就把发射台下的上千吨水化为蒸汽。我曾经在现场看过火箭发射,那种情景令人非常震撼。

火箭和飞船总重达到487吨,当推力让这个庞然大物升起时,大漠颤抖,天空轰鸣。此时身在飞船中,虽然能听到火箭点火、发射时的声音,觉得噪音很大,但远不像在外面感觉震耳欲聋。

火箭起飞了。

我全身用力,肌肉紧张,整个人收得像一块铁。因为很快就有动作要做,所以全神贯注,眼睛一动不动地看着仪表板,手里边拿着操作盒。

开始时飞船非常平稳,缓慢地升起,甚至比电梯还平稳。我心想:这很平常啊,也没多大劲儿啊!

后来我知道,飞船的起飞是一个逐渐加速的过程,各种负荷是逐步加大的,要提前做好准备。但当时,没有人有过坐火箭的

神舟五号升空

真实感受,并不清楚会有这样的变化。我一看情况远不像训练中想象的压力那么大,心里稍有释然,全身紧绷的肌肉渐渐放松下来。

"逃逸塔分离""助推器分离"……

火箭逐步加速,我感到了有压力在渐渐增加。因为这种负荷我们训练时承受过,曲线变化甚至比训练时还小些,我的身体感受还挺好,觉得没有什么问题。

但就在这个时候,火箭上升到三四十公里的高度时,火箭和飞船开始急剧抖动,产生了共振。这让我感到非常痛苦。

人体对 10 赫兹以下的低频振动非常敏感,它会让人的内脏产生共振。而这时不单单是低频振动的问题,是这个新的振动叠加在大约 6G 的一个负荷上。这种叠加太可怕了,我们从来没有进行过这种训练。意外出现了!

共振是以曲线形式变化的,痛苦的感觉越来越强烈,五脏六腑似乎都要碎了,我几乎难以承受。心里就觉得自己快不行了,要承受不住了。

当时,我的脑子还是非常清醒的,以为飞船起飞时就是这样的。其实,起飞阶段发生的共振并非正常现象,不应当有这种情况出现。

共振持续了26秒后,慢慢减轻了。当我从那种难受的状态解脱出来之后,一切不适都不见了,我感觉到从没有过的轻松和舒服,如释千钧重负,如同一次重生,我甚至觉得这个过程很耐人寻味。但在痛苦的极点,就在刚才短短一刹那,我真的以为自己要牺牲了。飞行回来后我详细描述了这个难受的过程。经过研究,我们的工作人员了解到,飞船的共振主要来自火箭的振动。之后改进了技术工艺,成功解决了这个问题。在神舟六号飞行时,得到了很大的改善,在神七飞行中再没出现过这种情况。聂海胜说:"我们乘坐的火箭、飞船都非常舒适,几乎感觉不到振动。"

在空中度过那难以承受的26秒时,不仅我当时感觉特别漫长,地面的工作人员也陷入了空前的紧张。

回到地面后,我看到了升空时传到地面大厅的录像。当时大家安静得不得了,谁也不敢吱声,因为通过大屏幕,飞船传回来的画面是定格的,我一动不动,大家都担心我是不是出了什么事故,怎么一点儿都不动呢?甚至连眼睛也不眨。

后来,3分20秒,在整流罩打开后,外面的光线透过舷窗一下子照进来,阳光很刺眼,我的眼睛忍不住眨了一下。

就这一下,指挥大厅有人大声喊道:"快看啊,他眨眼了!杨利伟还活着!"所有的人都鼓掌欢呼起来。

这时我第一次向地面报告飞船状态:"神舟五号报告,整流罩打开正常!"

当看到这段录像的时候,我感动得说不出任何话。

我看到有些白发苍苍的老专家,盯着大屏幕掉眼泪,哭得像个孩子。

我看到我的大队长申行运哭了,一米八的大个子在那里捂着脸哭。我看到我的教练也在流眼泪,朝夕相处的航天员战友们,我的领导们,还有工程技术人员,那一刻大家都在流眼泪。

有这么多人在关心我、牵挂我!那种真诚,那种真情流露,现在想起来,我心里都有种很酸楚的感觉。

这一刻,突然看见太空奇景

飞船此后的飞行非常顺利。在将近 10 分钟时,飞船仿佛一下子跳进了轨道。我突然有了失重的感觉。

失重的确是突然来到的。因为一直有火箭推着飞船,一直在加速,加速就有过载,有相对重力作用。近 10 分钟时,最后一级火箭跟飞船分离,突然一分离,飞船没有推力了,身体感觉猛地往上一提,我意识到已经处在微重力环境了。

这时,我被束缚带固定在座椅上,人肯定飘不起来,但是我突然感觉离开了座椅,不贴着它了。我注意到飞船里的灰尘"噗"的一下,全起来了。

灰尘肯定是有,再洁净也会有灰尘。正好 9 点多钟的阳光从两个舷窗外边照下来,因为没有大气的原因,没什么遮挡,光线非常明亮,就跟早上把窗帘一打开差不多,细微的灰尘在光线里一下"升"起来。跟我一样,所有的物体在失重时都会"升"起来。好像舱里的万物一下有了生命和翅膀,会自由飞翔了。我的眼睛几乎不够用。

我低头往下看,只见所有的束缚带,在飞船里用来固定物体的绳子,全都竖了起来,微微摇动,挺有韵律感,特别好看。就像湖水中的水草一样,在水中蓬勃生长,舞动着生命的活力。

我太惊奇了,尽管读过关于失重的描述,也曾有过体验,但在地面不可能见过这种现象,也无论如何想不到这种奇特情形。

我明确地知道,自己已经真正进入茫茫太空了!

测控数据显示,飞船正确入轨,此时它的速度接近第一宇宙速度,是每秒7.83公里;轨道近地点为200公里,远地点是400公里。

入轨之后两分钟,飞船按指令调整姿势,我的工作是操作太阳能帆板,让它像两只翅膀一样展开。之后我按程序向地面报告:"飞船工作正常!""我的身体感觉良好。"

在克服了初到太空的不适之后,除了要做的工作和与地面

从飞船上向外看美丽的地球

光学仪器里的地球景象

的配合,我就迫切地想赶快看看太空是什么情形。但这需要等地面的指令。

10时31分,舱内环境监测正常,地面指挥人员下达指令,允许我摘手套、解束缚带。我内心早就迫不及待了,我以最快的速度摘下手套,解开系在膝盖下方的束缚带,第一时间先往起一飘,然后拽着座椅很轻松地就过去了,飘到了舷窗边上。

哈,太空和地球一下子出现在我的眼前。

在选择先细看太空还是先细看地球这一点上,我内心涌动着对家园深深的眷恋,我贪婪地向下张望。

地球真的太漂亮了,漂亮得无可比拟!

以前不理解文学描写中"美得让人窒息"是什么情形,而此时我真的是屏住呼吸,久久看着眼前的景象,心里激动得不得了。

在太空的黑幕上,地球就像站在宇宙舞台中央那位最美的大明星,浑身散发出夺人心魄的彩色的、明亮的光芒,她披着浅蓝色的纱裙和白色的飘带,如同天上的仙女缓缓飞行。

我无法形容内心的喜悦和倾慕,啊,养育我们的地球母亲,您太完美了。

我仔细端详这美丽的星球,生怕错过一处风景,我深知这是亿万中华儿女梦寐以求的美景,而唯一的机会幸运地降临到我身上,我一定要替所有的中国人好好看看她,我一边看,一边不停地按动着相机的快门,我要留下所有我见到的奇异景色。

随着飞船的飞行,地球在我面前呈现着不同的景观,我动用了脑海里所有的地理知识观察她。上学时,我们经常看地图,平时我们会转动家里的地球仪给孩子讲述地形地势的概念,而现在,我眼前的地球却以无与伦比的维度伸展着她的壮丽身躯,她的形象使所有的地图苍白简单,也使所有的地球仪呆板无趣,她真实地在宇宙中自如地永不停歇地运转着,以她的宏大、美妙向我阐述着生命之星的往事今生。

仿佛在告诉我,孩子,你一定要知道地球母亲在这广阔无垠的宇宙中是怎样运行生存的,你要仔细看看你赖以生存的这颗星球,她是宇宙的宠儿,而你们人类是她的宠儿。

地理知识告诉我,地球上大部分地区覆盖着海洋,我果然看到了大片蔚蓝色的海水,浩瀚的海洋骄傲地披露着广阔壮观的全貌,我还看到了黄绿相间的陆地,连绵的山脉纵横其间,我看到我们平时所说的天空,大气层中飘浮着片片雪白的云彩,那么轻柔,那么曼妙,在阳光普照下,仿佛贴在地面上一样。海洋、陆地、白云,它们呈现在飞船下面,缓缓驶来,又缓缓离去。

当飞行员的时候,我曾飞到内蒙古或新疆上空,看到下边绿油油的草原,洁白的羊群。现在我看见云彩就像草原上的羊群,蓝色的海面和多彩的陆地,披着淡淡的白云,美轮美奂。我就随着这美轮美奂的星球一起转,乐此不疲。

在地球蓝色的弧形地平线之外,是深远黝黑的宇宙。

我以敬慕的心情凝望宇宙的远处,在太空看到的宇宙是黑色的,是那种纯净的墨一般的黑,宇宙是真空的,没有空气折射光线,所以它是黑色的,不像我们在地面看到的是蓝色天空。去过西藏的人都看到过透亮的、满天星斗的星空,而此时在太空中观看星空,是更透彻、更明亮的。没有物质的遮拦,没有大气产生的折射,星星眨眼睛的现象看不到,所有的星星就那么远远地耀眼地亮着,一颗一颗,像色调不一的晶莹宝石,悬在黑色天鹅绒的背景上。

我知道自己还是在轨道上飞行,并没有完全脱离地球的怀抱,冲向宇宙的深处,然而这也足以让我震撼了,我并不能看清宇宙中众多的星球,因为实际上它们与我们的距离非常遥远,很多都以光年计算。正因为如此,我觉得宇宙的广袤真实地摆在我的眼前,即便作为中华民族第一个飞天的人我已经跑到离地球表面400公里的空间,可以称为"太空人"了,但是实际上在浩瀚的宇宙面前,我仅像一粒尘埃。

我不是一个很容易对外界事物激动的人,但当看到这些壮美奇丽的景观时,我的心情非常激动。原本非常镇定的我,脑子里一会儿想想这个,一会儿想想那个。

我为人类的伟大感到骄傲,为我们国家的科技发展感到自豪。中国人能把这个八吨重的金属飞船,弄到好几百公里以外的太空飞行,多么不容易。飞行原理虽然我十分清楚,但在太空飞行的过程中,我在神舟五号上围着地球一圈圈绕行时,我仍然觉得不可思议。我惊叹人类的能力,我深深为国家的强盛、民族的伟大而自豪。

虽然独自在太空飞行,但我想到了此刻亿万中国人翘首以待,我不是一个人在飞,我是代表所有中国人,甚至代表人类来到了太空。我看到的一切证明了中国航天技术的成功,我认为我的心情一定要表达一下,就拿出太空笔,在工作日志背面写了一句话——"为了人类的和平与进步,中国人来到太空了",以此来表达一个中国人的骄傲和自豪。

写这句话,事前并没有设计的,因为我太激动了,而且是在真空中用特殊的笔写的,字就写得很潦草,写完之后,我立刻拿到摄像镜头前让大家看。我想把自己的骄傲和喜悦表达出来,和全国人民一起分享激动的心情。

返回地面后在香港接受访问,曾有人问我:你在太空的时候有没有看到上帝?我就说,我看到了——全国人民就是我的上帝。这是我的真实想法。

是祖国和人民送我上天,祖国和人民是赋予我使命的"上帝",也是给我力量和勇气的"上帝"。在太空飞翔最喜悦的时候、最激动的时候,我想到的,就是祖国和全国人民。

我并不是在喊口号,也许只有身临其境才会有这样的感受。在广袤无垠的空间中,看看无边无际的星空,看看地球,看看黑色的宇宙,我觉得自己很渺小,实在是太微不足道了。我不过是地球上的高级动物人类中的一个个体,没有国家、民族的合力,我不可能飞到如此高远的天空。我自然而然地理解了人类、祖国、民族意味着什么。

后来,我特意就此感受与其他国家的航天员交流,大家都有相似的感受。

在此后的飞行时间里,除了工作,我抓紧一切时机反复观看太空景象,体会奇妙的失重状态。

飞船与地球之吻

只有到了太空,才能理解为什么有人不惜支付昂贵的费用,做一次太空旅游,这绝对可以称为梦幻之旅。

我乘坐的飞船每90分钟左右,就可以目睹一次日出和日落的循环。我的整个飞行是将近一天的时间,飞船一共环绕地球飞行了14周,我看了14次日出与日落。由于飞船的速度比较快,太阳的出现和落下,就如火球一般飞跃而出、飞跃而下。

尤其是日出,气势磅礴、撼人心魄。我曾在新疆的天山上看过日出,也曾站在家乡的大海边看过几次日出,每次都会欢呼雀跃,但那些日出都无法与太空中的日出相比。因为,在太空中,日出的参照物不是远远的地平线或海岸,日出也不是在大气散射折射的光线下出现。在太空中,日出前的地球边缘呈现一片亮丽的白色,好像在地球的边缘镶嵌了一条美丽的金边。随着飞船的高速飞行,这条金边逐渐扩散开来,迅速地照亮整个大地,光明的一天就这样来到了。而从白天向黑夜过渡的时候,大地是逐渐变暗的,它一部分、一部分地黑去,直到我看到的这一面地球完全融入宇宙的一片漆黑之中。

月亮也极为有趣,白天看到的月亮呈浅蓝色,很漂亮;夜里看,却只能看到月亮的局部,但是非常明亮。

飞船里的失重状态与地面人工制造的失重大有不同,它不是让你在仓促中去体验二十几秒,而真是"一张柔软的床"。我可以真正地飘起来,在飞船的一边,只要手稍微一点舱壁,就会飘向另外一边;所有的东西,即使是比较重的东西,轻触一下就飞了起来,任何东西都可以悬在空中。如果不小心有水珠在饮水时跑出来,它也不会洒落,而是在空中飘浮。你可以把液体做成长条、圆环等各种形状,如果不给它外力,它会在自身张力作用下形成一个个非常圆的球。人可以连续不停地翻跟头,玩各种形状的水。

我更多时间仔细地看着地球。海岸线和高山的轮廓、弯曲的河流都显得非常清晰。

从这样的维度审视我们的家园,思维方式会有所不同。随着身体的失重,许多东西似乎也会随之变轻、变淡,比如名和利。但另一些东西则会在心里变得更加清晰和珍贵,比如祖国和亲人。

每当飞临祖国的上空,不管白天或黑夜,我总是不由自主地往下遥望。太空浩渺无边,却只有地球上的家园最让人牵肠挂肚。

我还看到了什么

我说"看到地球的弧面",因为从载人飞船上看到的地球,的确不会呈现球状,而是一段弧。因为地球的半径有6000多公里,而飞船飞行的轨道离地高度是343公里左右。我们平常在地理书上看到的球形地球照片,是由飞行轨道更高的同步卫星拍摄而来。

在太空中,我可以准确判断各大洲和各个国家的方位。因为飞船有预定的飞行轨迹,有"星下点"实时标注飞船走到哪个位置,投影到地球上是哪一点,有图可依,就跟电脑程序一样,打开来看一目了然。

不借助仪器和地图,以我们航天课程中所学的知识,从山脉的轮廓、海岸线的走向与河流的形状,我也基本可以判断出飞船正经过哪个洲的上空,正在经过哪个国家。

经过亚洲,特别是飞到中国上空时,我就仔细辨别大概到哪个省了,正从哪个地区的头顶飞过。

飞船绕地飞行14圈,前13圈飞的是不同的轨迹,是不重复的,只有第14圈又回到第一圈的位置上,以备返回。在离地

飞行中

300多公里的高度上,向下看时有着很广阔的视野,所以,祖国的所有省份我基本都看到了。

飞船飞行的速度比较快,在某省某地乃至中国上空的时间都很短,每一次飞过后,我的内心都期待着下一次。

我曾遥望我们的首都北京,白天它是燕山山脉边的一片灰白色,分辨不清,夜晚则呈现一片红晕,那里有我的战友和亲人。

我看到中国东部优美的海岸线、长白山脉,那里是辽宁,我的家乡;我看到甘肃、新疆,披着积雪的昆仑山脉和大片沙漠,我曾在那里驾机飞行,也从那里乘火箭升空;我看到了曲折的黄河横穿陕西、山西、山东数省;我看到了西藏和青藏高原,我看到了四川、安徽、江苏、上海,蜿蜒的长江奔向大海;我看到了东南方向的台湾岛,看上去它与大陆几乎没有间隔;我看到了宽广的内蒙古一片平阔,而我将在那里降落……

但是,我没有看到长城。

曾经有个流传甚广的说法,航天员在太空唯一能看到的人工建筑就是长城。我和大家的心情一样,想验证这个说法。我几次努力寻找长城,但没有结果。神舟五号返回后我接受白岩松现场采访,他的第一个问题就是:"你在太空看到长城了吗?"神舟六号和神舟七号飞行时,我曾嘱咐航天员们仔细看看,但他们也没看到长城。

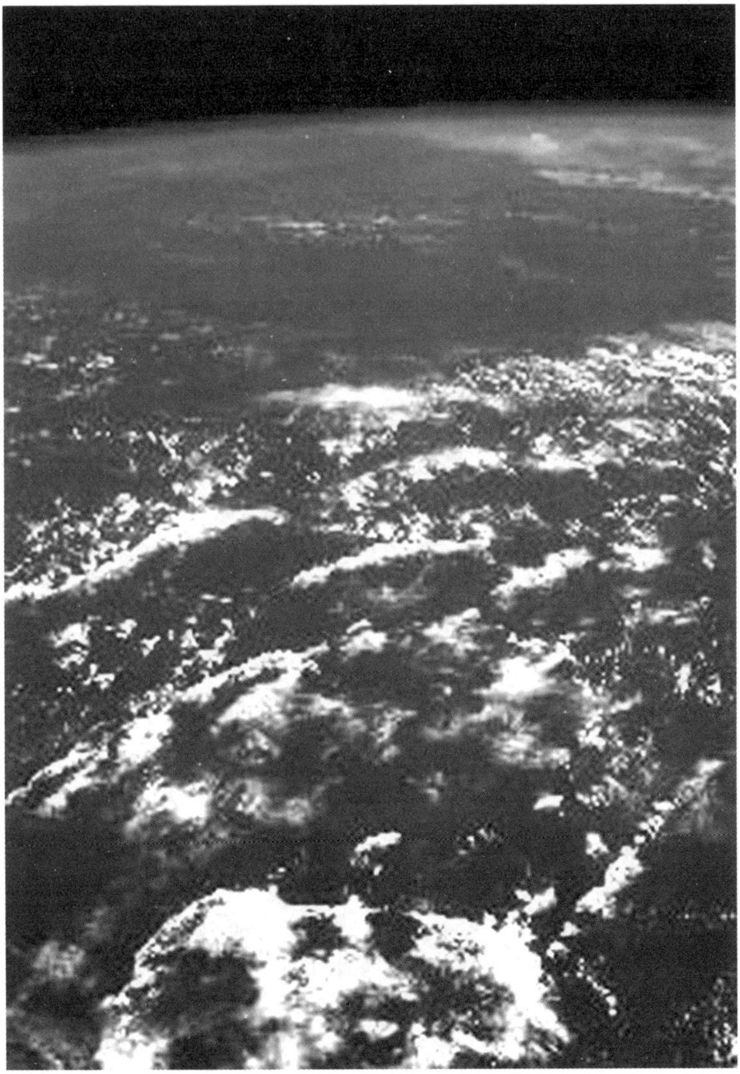

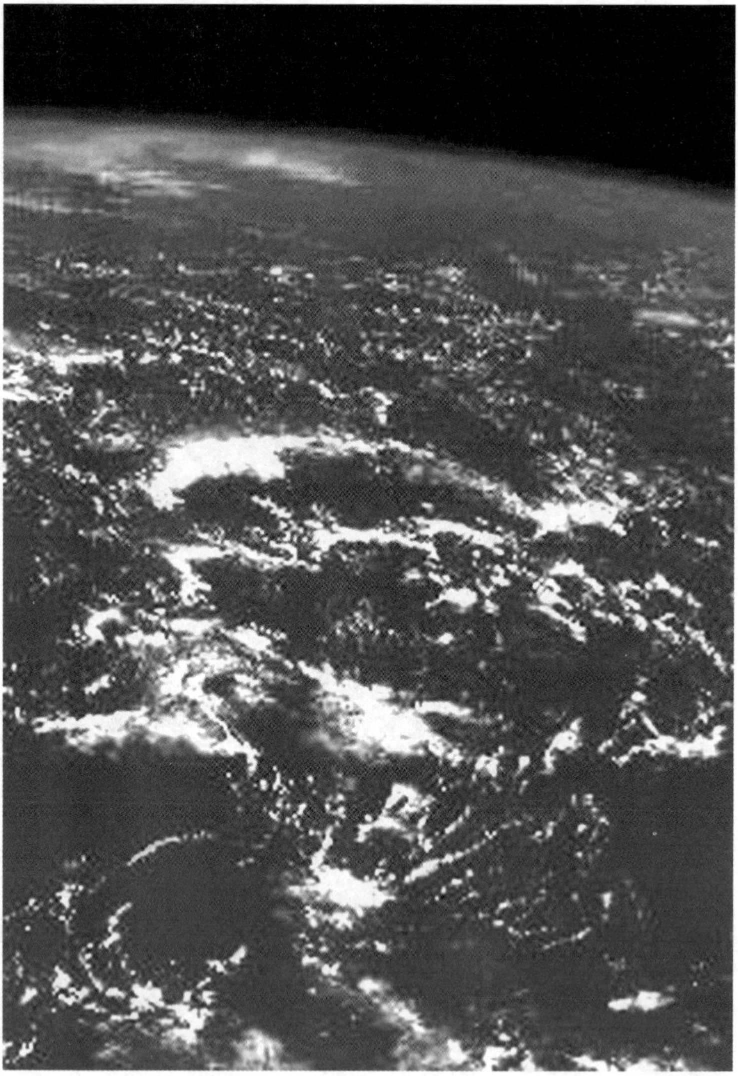

在太空,实际上看不到任何单体的人工建筑。我接触过国际上的很多航天员,没有谁拿出确凿的证据说看到了什么。即使是巨大的城市,也只能在夜晚看到淡淡的红色。

我也没见到外星人!

上天之前就有人问过我:"如果遇到外星人,你会对他说点儿什么?"返回地面后,有许多朋友,大多是青少年朋友,也多次问:"你见到外星人了吗?"每次谈到这个问题,在场的所有人都会很感兴趣地笑。其实外星人至今还属于科学幻想的范畴,我想象不出,会有一个像电影上那样的、长着三角形大脑袋的外星人,趴在舷窗外向里张望,实在不知道那会是怎样的情形;或者是外星人站在他的飞船外跟我打招呼,我想这种情景大概不会发生。

也有人问我,是否看到了卫星或其他航天器。我没有看见,也不可能看见,因为在设计轨道时要避开其他的航天器。

但在太空中,我的确看到了类似小尘埃的东西。我看到不时有棉絮状的物体从舷窗外飘过,小的如米粒,大的像指甲盖,听不到什么声音,也感觉不到这些东西的任何撞击。

不知道那是些什么,我认为那些也许是灰尘,高空可能不那么纯净,有一些杂质,也有可能是太空垃圾。那些物体在飞船外面,我无法捕捉回来,至今还没弄清到底是什么。

我把在太空所能看到的,都尽最大努力拍了回来。

我在天上的任务之一是拍 8 分钟的录像,我分两次把拍摄到的地球景象实时传回地面,每次图像传到地面时,在我的耳机里都会传来指挥大厅里人们的掌声和欢呼声。后来,从我带回来的很多录像中,提取了 5 分钟,给中央电视台播放,其余的片段全部由我们单位保留，至今一直没有公开。

在太空，我拍了很多照片，带回来100多张照片。实际上我拍的不止这个数，有些效果不太满意，又担心存储不够使，在太空时我就删掉了。出于控制携带总重的考虑，我飞行时只带了一个卡片相机，500万像素，器材有些简陋。许多壮丽的景色无法拍下来，比如日出和日落。

其实，我一个人在上面拍照和录像费了很大周折。拍摄外面或舱内情形时相对简单，我只需要把自己在窗边固定好就行。但我想拍自己生活和工作的情形，就不那么容易了。

开始时我把胳膊伸出去，把镜头对准自己，自拍，但这样只能拍到我的脸或者身体的局部。后来想把摄像机放在什么地方，但失重会让机器飘浮，无法稳定拍摄。试了几次都不成，我很着急。

后来终于在工具包里找到一个胶带，我把摄像机用胶带粘到前仪表板上，对着自己拍摄。拍工作场景，也拍自己吃饭喝水，我希望把这些拍下来后给其他航天员看，这样，下次再执行任务的时候，就知道在飞船里究竟是怎样的状态了。

因为是首次载人飞行，有些情况是地面的确想不到的，什么设备，如何使用，并不完全配套，事先并没有设定应对的方法，这让我需要面对一些饶有趣味的小问题。尝试过程也是积累的过程，我的尝试，给后来的载人飞行积累了经验。

错觉、闪光与神秘的敲击声

作为首飞航天员,除了一些小难题,别的突发的、没有预案的、原因不明的情况还有许多。这些问题的应对方法,没有人告诉过我,和国外航天员交流的时候,人家也不会把各种细节都说给你听。就像小时候读过的那个寓言故事——"小马过河",只有自己亲身体会了才知道深浅。

比如,当飞船刚刚入轨,进入失重状态时,这个阶段,百分之八九十的航天员都会产生一种"本末倒置"的错觉。这种错觉很难受,我明明是正着坐的,却感觉脑袋冲下。如果不克服这种倒悬的错觉,就会觉得自己一直在倒着飞,很难受,而且还可能诱发空间运动病,影响任务的完成。

在地面没人提到过这种情况,而且即使知道,训练也无法模拟。相信在我之前遨游太空的国外航天员有过类似体会,但他们从没有跟我交流过。

在这个情况下,没别的办法,只有完全靠意志力克服这种错觉。想象自己在地面训练的情景,眼睛闭着猛想,不停地想,给身体一个适应过程。几十分钟后,我终于调整过来了。

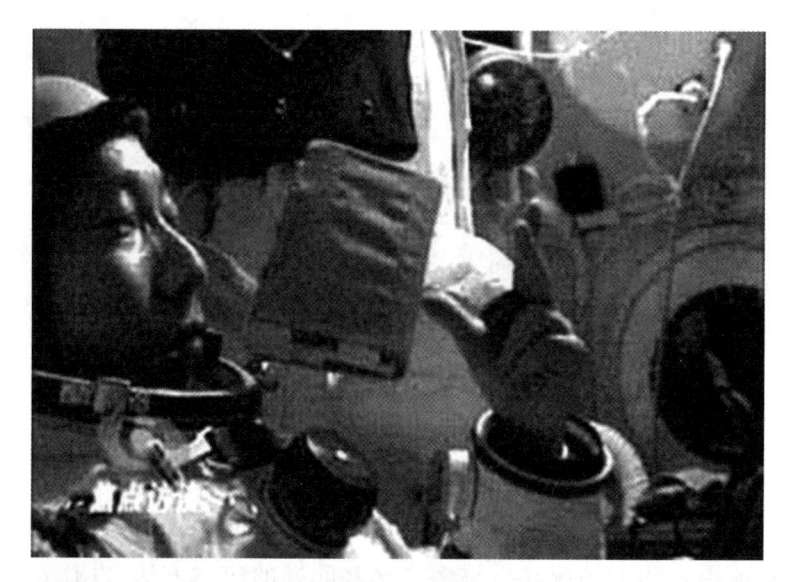

失重状态下笔记本飞了起来

神舟六号和神舟七号升空后,航天员都产生了这种错觉,但他们心里已经有数,因为我跟他们仔细讲过。而且,飞船舱体经过了改进,上下刷着不同的颜色,类似于家庭房屋的简单装修,天花板是白色的,地板是褐色的,这样能帮助航天员迅速调整错觉。

在飞船飞行过程中,外面强烈的闪光考验了我的神经。

飞船出了测控区,进入短暂的夜晚。我坐在座椅上,突然发现窗外特别亮,而且一闪而过。我当时吃了一惊,想:哟,这是什么啊?怎么会这么亮呢?

我顺着舷窗向外寻找,闪光却消失了,看不到了。我揣摩,是不是飞船有什么问题?我迅速返回到仪表板前,翻看各种数据,检查飞船的各个系统,并没发现任何异常。

因此,当飞船再次进入阴影区(相当于黑夜)的时候,我早

飞船的翅膀在炫光下闪闪发光

早就在舷窗边上等着,想看看会不会还有类似的情况发生,但闪光并没有出现。

在太空中一旦遇到突发情况,感觉到不正常,心里肯定会紧张,少不了要胡思乱想。但我知道,不管怎么样,得先找到原因!于是就又一次拼命去翻数据,在飞船仪表板上一篇一篇地查,看看是不是哪里有不对的地方,又趴到舷窗边仔细看能观察到的飞船表面,连铆钉都检查了一遍。使劲想,是什么会带来亮光呢?

在第三次进黑天之前,我早早就趴在窗户那里等待,后来一闪,贴着地面有一个光柱一闪,将太空瞬间照亮,又消失在黑暗中,我马上就知道了:这是地面上空的雷电在打闪嘛!

那耀眼的亮光不是别的,而是地球上的闪电,是很简单的一个自然现象,因为闪电是个很快的过程,也是个相对随机的过程,所以不是时时可以看到。

找到了原因,我不由得松了口气,刚才还紧张得出汗,这时却可以饶有兴味地观赏闪电的奇诡景象了——闪电能量巨大,闪耀着,从地球表面一直照彻太空。在太空俯瞰,一阵阵的雷电像是盛开的丝状花朵,而接连出现时则犹如一片火海。

我在太空碰到另外一个仍然原因不明的情况,就是时不时出现的敲击声。

这个声音也是突然出现的,并不一直响,而是一阵一阵的,不管白天还是黑夜,毫无规律,不知什么时候就响几声。不是外面传进来的声音,也不是飞船里面的声音,而仿佛是谁在外面敲飞船的船体。无法准确描述它,不是叮叮的,也不是当当的,而更像是拿一个木头槌子敲铁桶,咚……咚咚……咚……

因为飞船的运行一直很正常,我并没有向地面报告这个情况。但自己还是很紧张,因为第一次飞行,生怕哪里出了问题。每当响声来的时候,我就趴在舷窗那里,边听边看,试图找出响声所在,却没能发现什么。

太阳能帆板有一部分能看到,我也一小段一小段地看,是不是哪里崩开了,但它们都完好无损。回到船舱内,我一边看着飞船的某个部分,一边翻到手册对应的一页对照数据,但同样也没有收获。

既然什么问题都没有,没事它响什么呢?

飞行时,我对声音变化是很敏感的。飞船哪个地方稍稍有点儿什么动静,心里都会紧一下——嗯?怎么会有这个动静?嗯?风机的噪声好像比刚才大了呀?

敲击声一直不时出现,飞船也一直正常。我想,虽然总响,也没怎么样啊！后来就不太当回事，不担心它了。

回到地面后，人们对这个神秘的声音有许多猜测。技术人员想弄清它到底来自哪里，就用各种办法模拟它，拿着录音让我一次又一次听，我却总是听着不像。对航天员的最基本要求是严谨，不是当时的声音，我就不能签字，所以就让我反复听，听了一年多。但是直到现在也没有确认，那个声音再没有在我耳边完全准确地再现过。

在神舟六号和神舟七号飞行时，这个声音也出现了，但我告诉他们：

"出了这个声儿别害怕，是正常现象。"

由于从来没有人体验过，所以我在飞行过程中经历的好多心惊肉跳的瞬间，等回到地球后分析，发觉其实并不复杂。虽说航天员的心理素质高于常人，但说实话，那时还是会本能地紧张。

当然，这种紧张不会从根本上影响我们执行任务。既然做了航天员，危险意识就早已树立了，早就想明白了——作为军人，随时可以为祖国捐躯。生死既已置之度外，说是冒险也好，牺牲也罢，没有什么能让我们退缩。

让天地对一下焦

因为每次从地面上看到镜头里的我,都是在座椅上报告或操作,于是好多人说:你在太空 20 多个小时躺坐在那里,多累呀,就凭这就挺不容易的!其实,这是一个误解。我绝大部分时间都在舱内自由活动着。

神舟五号绕地球一周用时 90 分钟左右,因为测控点数量的原因,累计只有 15 至 20 分钟能够跟地面联系,地面才能看到我。其余的 70 多分钟,地面看不到我。

我们在陆地上有西安、青岛、厦门等测控站,海上有远望 1 号、远望 2 号、远望 3 号测控船,另外在国外设了几个站。在每个站的上空,一个像喇叭口一样的区域,地面和我可以联系上,在某个站有 5 分钟,在某个站只有 2 分钟、3 分钟。每次过站时我需要安坐在座椅上,向地面报告,并接受地面指令。声音是交互的,能彼此听见,图像却不能,地面上可以看到我,但我看不见地面。

在监测盲区,我和任何人都无法联系。到了神舟六号,我们在飞船上加了一个海事电话,在盲区时遇到问题可以打电话。

当我单独飞行时，看似孤寂无依，但我没感到紧张，反而觉得挺好，我可以自由支配时间，体验各种动作，包括摄像、拍照的许多工作也都是在那时候做的。

现在，我们可以把地面记录和我在太空的活动对照一下，两个方面的"对焦"或

我在飞船内展示联合国旗帜和中国国旗

许可以让我们了解更全面的情况。地面记录节选自新华社当天发布的报道。

……9时10分，船箭分离，飞船进入预定轨道。浩瀚太空迎来了从火箭故乡飞来的第一位访客——杨利伟。3分钟后，太空中首次传来中国人的声音。杨利伟报告："飞行正常。"指控大厅一片沸腾。人类第241次太空飞行属于中国！

此时飞船跃进轨道，突然失重，我正为新奇的感受而惊讶，接下来，上下颠倒的错觉袭来了。

9时31分：停泊在南太平洋的远望2号捕获飞船信息，神舟五号飞船的舱内图像清晰地显示在北京指控中心的大屏幕上，杨利伟的声音在大厅中响起。与医学监督医生通话时，他显得相当沉稳："我感觉良好！"

实际上，我此时正在经受上下颠倒错觉的折磨，正在用意志力和想象来调整感觉。当然，除了这个痛苦的错觉，其他一切

飞船上用的多功能包

都好。

　　9时42分：中国载人航天工程总指挥李继耐宣布：神舟五号载人飞船发射成功。

　　这时我已经处于测控盲区，听不到地面上宣布成功的声音，听不到人们的掌声和欢呼。但我的错觉已经被克服，真的是"感觉良好"。

　　10时许：飞船正进行环绕地球的第一圈飞行。地面指挥人员报告舱内环境正常后，航天员杨利伟得到指令，打开面罩。记者从航天指控中心的大屏幕上看到，杨利伟手中拿着书和笔，当他松开手时，笔在太空失重环境下立即飘浮起来。

　　我第一次打开面罩，已经从最初登上太空的异样中恢复镇定，此时数据表明飞船一切正常。我身心轻松。此刻我还固定在座椅上，书和笔飘浮的时候，需要小心地不让它们飘得离我太远。

10时31分:神舟五号飞船进入喀什测控站监测区域……

这时我终于收到一直等待的指令——可以从座椅上放开自己,我急切地飘到舷窗边,去看地球和宇宙。我看到了一生难忘的壮丽奇景。

10时50分:北京航天指控中心指挥大厅正前方大屏幕上显示的是神舟五号飞船的飞行轨迹图,右前方大屏幕上显示的是神舟五号在太空中飞行的画面:在茫茫太空中,神舟飞船在一颗颗星斗的映衬下,显得格外美丽迷人。飞船已经是环绕地球的第二圈飞行。北京航天指控中心指挥大厅大屏幕显示,航天员杨利伟已经由卧姿改为坐姿,并通过圆形舷窗向外观测。

我一直在舱内飘荡,看景色,也观测那个让我不安的闪光,但对原因仍一无所知。当过观测站时,便自觉回到座椅上,没有躺下,就坐在那里,紧张地一边翻手册,一边找原因。

11时08分:北京航天指控中心指挥大厅大屏幕显示,杨利伟开始在太空中进餐。杨利伟一边看书,一边用捏挤包装袋的方式享用这顿不寻常的午餐。

飞行程序安排在这时我要吃午饭,其实我此刻一点也没有感到饥饿,可能因为失重,胃里没感觉,还因为我仍有些紧张,我还不知道闪光就是地面上的闪电。另外,这时候,神秘的敲击声出现了。我急于弄明白原因,所以就一边吃东西，一边看手册。飞船上没有带别的书，就是一本"操作手册"。

11时12分至14时15分：杨利伟进行太空飞行中的首次休息。画面显示，仰面躺卧的杨利伟表情沉静，在环绕地球飞行的飞船中，他的这次酣眠持续了约3个小时。

程序这里安排有3个小时的休息。我应当在这时酣眠。在这个时间段，地面不主动跟我说话了，怕吵我。实际上我没舍得睡，到测控区我就安静地躺在那儿，出了测控区就干自己的事去了。休息的安排有两段：一段3个小时，另一段还有3个小时，总共6个小时的时间，我只在后来睡了半个多小时。

这个时间我弄明白了强烈的闪光就是闪电。而敲击声尽管还有，但没出现任何异常情况。我开始拍照片、摄像、体验失重，体验在失重的情况下怎么样移动自己，怎么去操作，怎么控制物体。在地面上不可能有这个条件，坐失重飞机训练时，一个抛物线才二十几秒。

13时39分：神舟飞船进入绕地飞行第四圈。北京航天指控中心指挥大厅大屏幕上显示，航天员杨利伟呈仰卧姿态，正在记录飞行日志。

当然，我们可以注意到新闻记录在这里出现了时间矛盾，如果从11时12分我睡了3个小时，便不会在这时候写日志。

我这时在记录飞船和自己的状态，比如说心率、血压、体温。我当时记录的内容相当全面。我记得心率、血压都比在地面低，体温也是，比在地面正常的时候要低一点。还记录了我都做了

飞船内处于失重状态，笔记本飘起来了

哪些工作，进行了哪些操作，飞船的运行怎么样。这个"工作日志"，我们后来只留了复制件，原件现在放在中国历史博物馆里。

　　15时28分：神舟五号飞船进入第五圈飞行。杨利伟的画面再次出现在北京航天指控中心指挥大厅左前方大屏幕上。

　　15时52分：杨利伟向地面报告：工作正常。

　　15时54分：启动神舟五号轨控发动机，对飞船实施变轨控制。整个过程中，杨利伟始终神情镇定。

　　15时57分：杨利伟的报告和地面监测表明，神舟五号载人飞船变轨成功。

飞船变轨是飞行过程中的重要程序。开始进太空时，飞船飞的是椭圆轨道，近地点200公里，远地点400公里。火箭把飞船送到200公里，然后脱离，这是近地点，飞船绕到另一面离地面400公里，是远地点。前四圈就按这个轨道飞。

第五圈要变轨，到高点的时候，轨控火箭一点火，推着飞船加速，这样在近地点的时候变成343公里。从第五圈之后飞船就沿圆轨道飞行,离地343公里。变轨的程序都是预先制订好的,地面会实时修正数据。轨控发动机点火时我感觉有推力。这时候对航天员有很多要求,如果进了轨道舱得回来,回到返回舱里。我没进轨道舱,就停下手里的事情,整理好航天服,坐到座椅上,把自己固定好。变轨完成之后才可以把束缚带解开继续工作。

17时许:飞船进入第六圈飞行。

17时05分:北京航天指控中心指挥大厅的大屏幕上显示出杨利伟从飞船舷窗向外拍摄到的地球画面,画面非常清晰。

至此一切都很顺利,我已经解决了拍摄和自拍的技术问题,在直播拍摄时,驾轻就熟,游刃有余。

17时26分:中共中央政治局委员、中央军委副主席、国务委员兼国防部部长曹刚川在北京航天指控中心与正在太空飞行的航天员杨利伟进行实时通话。

18时40分:神舟五号飞船运行到第七圈,杨利伟在太空中展示中国国旗和联合国旗帜。他在距地面343公里的太空中说:"向世界各国人民问好,向在太空中工作的同行们问好,向祖国人民包括港澳同胞、台湾同胞问好,向海外侨胞问好,感谢全国人民的关怀。"大屏幕上清晰地显示出,杨利伟精神状态良好,舱内工作状况正常。

现在我们的载人飞行大部分是体验性的,而这种体验本身就带有丰富的科学内容,也带有重要的人文意义。

这时的一个细节我一直记得。当我对着摄像头展示中国国旗和联合国旗帜的时候,我的眼睛始终都看着屏幕,我得把两个旗帜的边放在同一横线上——中国国旗弄低了不合适,联合国旗帜弄低了也不合适。而在失重条件下,要做到这一点挺费劲儿的。这个动作我事先练了练。

……

天地之间思念的味道

17时26分,飞船飞行第六圈,中共中央政治局委员、中央军委副主席、国务委员兼国防部长曹刚川和我通话。尽管这个对话已有实时报道,我还是要写在这里,因为它是神舟五号飞行的一个标志性时刻。对我来说,这时,我已经基本解决了在太空中遇到的所有问题。

在医监医生确认了我情况良好后,曹副主席问候道:"杨利伟同志,你好。"

"首长好。"我说。

"你辛苦了,你现在感觉怎么样?""我感觉良好!谢谢首长关心!"

曹副主席说:"我在北京航天指挥控制中心与你通话。目前,各个系统工作正常,着陆场准备工作已经就绪,飞船将按计划实施返回。在此,我代表党中央、国务院和中央军委,代表军委江主席,向你表示诚挚的问候!对你为我国航天事业做出的巨大贡献,表示衷心的感谢!希望你再接再厉,精心操作,把预定的各项工作完成好,祖国和人民期盼着你凯旋。"

我回答:"感谢首长对我的关心和鼓励。请首长放心,我一定努力工作,把后续工作完成好,向祖国和人民交上一份满意的答卷。"

我又一次听到热烈的掌声。此刻,正是地球上的黄昏时分,这个时间应当是人各种生理指标最协调的时候。我的确感到情绪稳定,精神状态极好,直觉告诉我,接下来应当很顺利。

飞船飞行到第八圈的时候,大约20时,地面指挥员通知我,说马上要进下一个站,有5分钟时间,会安排你跟家人通话。这不是既定程序中的内容,是李继耐总指挥临时决定加的。这个通知让我又意外又激动,惊喜得只想说"谢谢"。

因为是第一次载人飞行,所有工作的目标就是保证完成任务,后来看到一切都很顺利,我在飞船上状态挺好,没什么问题,也恰恰有一个5分钟的空闲时间,首长就安排我跟家人通话,这个人性化的安排让我一直非常感动。

我脑子里一直想,能在太空和家人通话,多不一样,多好啊!但感动和高兴之余,我没想到要和亲人说些什么,不知道说什么好——那么多人在现场,亿万人都看着你,该说些什么呢?

况且我也不知道家里人会说些什么,因为上天之前根本没想过能通话,家里人也不知道。不像后来,神六、神七时我们都把"和家人对话"写到程序

我在太空向全国人民问好

天地对话的那一刻

里边了,上天之前都得商量商量,设计一下到时说点儿什么。

在我执行首飞任务时,我的父母、妻子和儿子都被特意接到了航天指挥大厅,看我飞行。他们一直在那里紧张地看着,所以临时决定说话,我的亲人当时也不知道说什么好,正紧张着呢。

通话时间到了。我先听到了熟悉的声音,是妻子玉梅:"利伟!"我说:"是我。"

她问:"你感觉怎么样?"

我高兴地回答:"感觉非常好,这里景色非常美。"

玉梅又说:"真为你自豪,我和爸爸、妈妈、儿子都在这里看你。明天我们去机场接你,迎接你凯旋。"

"谢谢你们的支持和鼓励!我一定会圆满完成任务,请等待我的好消息。"我回答得很正式。

但是当儿子的声音传过来时,我忍不住笑了。

"爸爸,祝你一切顺利。"儿子上来就来了这一句。

"谢谢好儿子!"我脸上笑着,心里在想着孩子的模样。

回来后我们政委告诉我:"让你儿子说话,你儿子不说。"我儿子当时才上小学三年级,8岁,不太知道说什么。当时政委告诉他:快说,问你爸在上边好不好,吃什么呢,好不好玩,都看到什么了。

儿子就顺嘴在那里问我:"爸爸,你吃饭了没有?"我说:"吃过了,吃的是航天食品。"

"爸爸,你看到了什么?"儿子又问。

"这里景色非常好,我看到了美丽的家。"

"爸爸,天上感觉怎么样?"

"感觉非常好,舱里的环境也非常好。"

估计儿子想起来的问题就这么多,没什么可问了,最后就说:"爸爸,再见。"

我认真地对儿子说:"明天见。"我想,我明天一定可以看见他。

对话时,我的父母也在,可是他们没有开口,把时间都给了妻子和儿子。

亲人们可以听到我的声音,可以看到我的图像,但我看不到他们。

非常生活　非常感受

太空飞行 21 个小时 23 分钟，我乘飞船绕地球 14 圈。按照航天专家的说法，14 圈就是 14 天，因为飞船有规律地经过地球的阳照区和阴影区，每经过一圈，就相当于度过了一天一夜。

这"14 天"，除了工作，还要生活，基本的生活内容就是吃饭、如厕、睡觉。哦，我得说，这是一种不同寻常的体验。

我在太空吃了三顿饭，说实话，按程序吃饭的时候我并不饿，而且一直没有地面上的那种饥饿感，没有胃里面空的感觉，所以，吃饭就更接近于一种单纯的任务体验。

吃饭喝水在地面上是一种最平常不过的事了，但在太空失重条件下，就变得相当复杂和奇特。吃东西都得闭着嘴，因为失重，所有东西都飘，嘴里的食物也随时可能飘出来。"煮熟的鸭子飞了"和"送到嘴边的肉吃不着"，在太空一点儿都不稀奇。

为了适应太空条件，航天食品是特制的，而且一直在改进。太空食品发展到现在，技术已经非常发达了。40 多年前加加林在太空进食，还只能像挤牙膏一样，吃单一的、味道复杂的、纯粹为了补充营养的糨糊一样的混合物，现在则已经有了丰富的品类、多种口味。中国航天食品更具特色，已经可以制定出一个长长的食谱，一天三顿，连吃一个星期不重样。还可以根据航天员个人口味搭配，比如我喜欢吃辣，爱吃水煮鱼，就会给我准备一些辣味的食品。

让大家看看飞船里的我

航天食品要求高热量、高维生素、低残渣、少产生气体、包装卫生，种类有复水食品、冻干水果、复水饮料、罐头、饼干，另外有调味品。还有蔬菜，它通过一种特殊技术风干，然后装到真空包装里，到了太空，我们通过包装袋的注水口向里面注水，风干的蔬菜会马上变成新鲜蔬菜。也就是说，几乎所有在地球上吃的东西都可以做成航天食品带上去。我们这些食品的包装袋上都印有"飞天"标志，无一例外。

目前最受中国航天员欢迎的食品不是别的，而是榨菜，为此还搞过问卷调查，榨菜得分稳居榜首。

当时我带上太空的航天食品挺多，够我放开量吃几天，而且都不错，有月饼、饼干、烤麸、红烧肉、八宝饭、榨菜等。因为神舟五号飞行时临近中秋，我带上去的月饼比较多，而且有多种的馅；另一方面，与饼干相比，月饼不容易掉渣。

我午餐吃的主要是月饼、饼干，素菜吃的是榨菜。如果在地面，红烧肉更对我胃口，但那东西在太空不加热不好吃，八宝饭不加热吃起来会觉得反生。

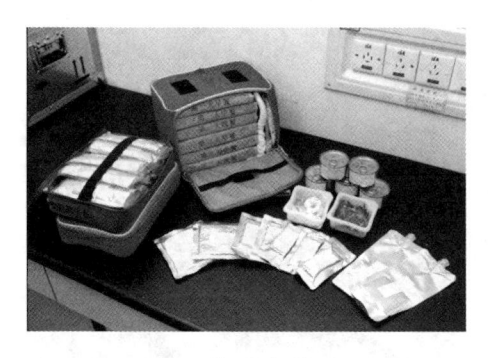

航天食品

航天食品味道不错

我吃的月饼和饼干都做成了小块,可以一口一块。在上面吃饭有很多乐趣:我把小月饼扔起来,让它飘浮着,然后过去一口吞掉;我把饼干一个个排列起来,之后按顺序逐个吃掉。

在太空我一共进餐三次,尽可能地体会那种特别的感受,玩玩食品包,控制着自己的身体往这飘飘,往那飘飘,在空中转体、翻身,其实我也尝试着翻跟头,在测控盲区地面看不到的时候。

当然,每次吃完饭要将食品包装和剩的东西放进废物收集袋里,防止食品碎屑、水滴或别的垃圾在舱内四处乱飘,难以收拾。

虽然程序设定我有6个小时的休息时间,但我只睡了半个多小时,基本上没怎么休息。

睡那半个多小时确实是因为太疲劳了。本来发射前睡觉的时间就不长,而在发射升空后又出现了几个意想不到的小情况,整个人都处在比较紧张和兴奋的状态,不容易入睡。

其实另一方面,我也确实舍不得睡。体验太空生活,不仅对我而言，对任何航天员而言都是非常宝贵的经历，能多点儿清醒的时间就坚持住，反正回到地面可以补觉。

我是在飞行的第 11 圈睡着的，大约是地球上的深夜 24 时。我的生物钟似乎还在正常状态。

地面上睡觉一般要躺在床上，而在太空失重条件下的睡眠，不受姿势限制，可以躺着、坐着，也可以站着，甚至可以倒立着睡。但睡前一定要固定住自己，否则睡着后，会在舱内飘来飘去。还要注意把自己的双手束在胸前，以免无意中碰到舱内的仪器。而且，在失重状态下，人睡觉时偶尔会产生头和四肢与躯干分离的错觉，要避免吓着自己。有资料说，国外曾有航天员在睡意蒙眬间，把自己的手臂当成是向自己飘来的怪物，吓出一身汗来。

我就在座椅上睡的，用束缚带把自己固定好，很快就睡着了。这 30 分钟的一觉，睡得还比较香。根据地面监测，那时我的心率降到 40 下，他们说我们知道你肯定是睡着了，要不然数据不会下来的。

很多人有睡醒后的片刻犯迷糊的情形，不明白自己在哪儿。但我醒来后很清楚是在太空飞船里。虽说睡着了，潜意识里一直在飞，睡着不久就醒了，也说明心里面一直有事。

我并不知道睡了多长时间，醒来后就赶紧看时间，看飞行程序走到哪儿了。

训练有素的航天员，即使睡得比较久，也不会醒来后不知身在何处。神舟六号和神舟七号飞行回来后，我的几位战友证实了这一点。航天飞行既让人兴奋又让人紧张，心里还有压力，时刻准备着，一旦有问题必须马上处理，所以即使睡着，意识里也还亮着一点儿光。

我在法国国际空间大学讲课的时候,有位心理医生问我,在飞船上睡着的时候有没有做梦。我说:"非常遗憾,我没来得及做梦。我把做梦的时间也用在工作上了。"我说完,在座的很多人都笑了。

包括后来我们的神舟六号和神舟七号的航天员,也没听说他们谁在上面做了梦。这算是一个奇特的现象吗?是不是宇航员在太空中精神高度紧张,而且不会像地面上保证你七八个小时的睡眠,来不及做梦?还是另有别的原因?

除了吃饭、睡觉,人们比较好奇在太空如何上厕所。让航天员在太空解决好个人卫生问题,安全地、合理地上厕所,是一个系统技术。

刷牙、洗脸比较好办:漱口就用一口一块的消毒口香糖,塞嘴里嚼5分钟就行了;洗脸使用脸巾包,就是用一块浸有清洁护理液的湿毛巾擦脸。但上厕所就比较麻烦。

现在我们已经有了一套复杂的除臭、供水、易于消毒的收集系统。其中对抽水马桶的要求最精密,如果设计不好或者是使用不当,大小便就会飘出来,在太空舱里四处飞舞,就像"天女散花"一般,将会带来一场灾难。神舟六号和神舟七号飞行时上了这种设备,使用情况良好。

但在神舟五号时,因为这些收集设备都安装在轨道舱,而第一次飞行是我一个人,无法分身去轨道舱,所以没有用上这些设备。上天前采取灌肠、吃低残渣食品等措施,我两三天内都不会有"大事"。但小便还是会有的。解决方案有两个,一个是类似于"尿不湿"的东西,还有一个是类似医院的导尿系统。但这两

在模拟舱内

个东西当时没有完全派上用场。由于我是中国第一个飞天的人,所以规定我不能脱掉航天服,即使小便也需要穿着。

我尽量减少饮水,而且多做活动,让自己出点儿汗,以减少这方面的需要。

事实证明,我在太空所有的经历都有它的价值,不管是痛苦还是快乐,不管看上去是大事还是小事。返回地面后,有一年多时间,我回答了科研人员的几百个问题,涉及载人航天工程的各个方面,机械的、产品的、功效的、工作的、生活的、生理的、心理的,不一而足。

我要对产品做出评价,它们好不好用,顺不顺手;要回忆当时的情景和感受,对环境和事件细节做出准确描述。我要告诉人们,当时发射时振动如何出现,哪个时间哪个地方有异样的响声,哪个抽屉式工具箱拉开却推不回去,最后得用胶带和绳子塞住绑死,不然相机等物品会在返回时散落……

后来,神舟六号比神舟五号有了180多项改进,从火箭、飞船到航天员,各个系统都改了许多。比如说我落地时,麦克风把我的嘴磕了个口子,流血不止,后来一看就是因为它的造型有个棱,改进后它变小变平了,外面加一层海绵,就确保了下次不会再让航天员受伤。

再见,太空

北京时间 2003 年 10 月 16 日 4 时 31 分,我在飞船上接到了北京航天指挥控制中心的命令:"神舟五号,我是指挥员。飞船即将返回,出本测控区后,请将舱内物品固定好。注意,请调整好座椅束缚带,关闭好面窗,取出手持仪表板拿好,有问题及时报告。完毕!"

听到返航命令的那一刻,好像心里的某个开关被触动了,我一阵激动:要返航回家了!这是指挥中心的指令,也是来自地球的召唤信息,是人类故园对一个太空远游者的召唤。

此刻我的心情相当复杂。一方面盼着快些回来,我已经开始想念地球,想念家人,想念战友,如果按天数计算,14 天,已经够长了,而且这次飞行作为一个任务来讲,不回来不算完成任务,我盼望胜利完成任务。

另一方面,我非常留恋在太空的时光。作为一名航天员,既然来到了太空,就希望能停留得更久,这次只有 21 个小时,时间太短暂了,有很多训练内容还没来得及验证,很多想法没能实现。

仔细想想,的确有不少想做的事没有做,有些资料没能全面保留。像到了黄河或者长江,或者到了台湾上空,我想好好拍下来,但这时正做别的工作,就想着下一圈去做,但往往又错过了。独自一个人在太空挺忙的,过站、报告、操作、检测、记录……我要做的工作项目很多,没有多少可以利用的空余时间。我一丝不苟地完成规定的程序和操作,有些想法就没法实现,真到了下一圈往往不能把上一圈想好的事情实现,要么错过了,要么没有完美呈现上一圈遇到的美景。

从通知返回到执行返回,中间有一小时准备时间。按照命令,我把所有该检查的设备都仔细检查了一遍,将舱内物品安顿好,保证它们在任何冲击下都不会散落,然后把自己固定在座椅上,绑得特别紧。返回过程中的过载和落地时的冲击力会很大,如果不绑紧,身体与座椅有间隙,摔下来会把自己摔坏了。

完全做好返回准备,接下来,就是等待,等待那让人欣然又令人惆怅的归家时刻。我再一次望向舱窗外的太空,那一派饱满、深邃的黑色,群星寂寂,依然安详而宁静。

我扬手向外挥别:再见了,太空!

按照科学家的设计,只有神舟五号平安回到地面,我的这次太空任务才算真正圆满完成。而飞船返回,是一个特别的阶段——人类历次太空飞行证明,返回阶段是最容易出现事故的阶段。

我对此也非常清楚,从风险系数上讲,返回的风险远远高于起飞。人类自从开展载人航天活动以来,已有22名航天员献出了宝贵的生命,其中的11人就是在返回着陆过程中牺牲的。

会出现意外吗?我的脑子里也曾瞬间闪过这个问题,但我马上就否定了自己的这种闪念。从起飞到在太空中的所有过程都算顺利,这证明科研人员把所有关键环节都考虑到了,返回也应当同样不会有问题。

"没理由出现问题!"我对自己强调。

归途如此惊心动魄

5时35分,北京航天指挥中心向飞船发出"返回"指令。飞船开始在343公里高的轨道上制动,就像刹车一样。

飞船先是在轨道上进行180度调姿——返回时要让推进舱在前,这就需要180度"调头"。

调姿分两次进行,先是一个90度。在轨道舱与返回舱、推进舱之间有个电爆阀,装有爆炸螺栓,这时一通电全部打开,轨道舱弹出去,与返回舱和推进舱分离,轨道舱独自行进,留在轨道上继续工作,继续进行对地观测。

返回舱和推进舱再调姿90度,与原来的飞行方向相反。制动发动机点火、喷气,飞船就开始减速。速度一减小,飞船的高度就开始降低。

整个调姿、减速的过程都有实时显示,而我能清晰地感受到飞船的所有动作。我感到飞船持续减速,向地球的方向慢慢靠近。

"制动发动机关机!"5时58分,飞船的速度减到一定数值,开始脱离原来的轨道,进入无动力飞行状态。此后的飞船飞行并不是自由落体,而是使用升力控制技术,按照地面输入的数据,瞄准理论着陆点,依靠飞船上的小型发动机不断调整姿态,沿返回轨道向着陆场飞行。

所谓升力控制技术,就是当飞船进入大气层时,它的气动外形(与飞机外形设计是同样道理)在空气中产

在飞船返回舱里

生升力,让它沿着一个平缓的抛物线飞下来,它是可控的。如果出了故障,升力控制失效,飞船返回就会是弹道式的,不可控制。比如2008年4月19日,韩国的李素妍搭乘俄罗斯"联盟TMA11"飞船,与一名美国航天员和一名俄罗斯航天员一同返航时,飞船就是以弹道式着陆的,当时偏离预定地点420公里,航天员除了遭遇颠簸,还承受了最高10个G的过载,据称李素妍因此受伤。

就在我飞行的2003年,俄罗斯载人飞船返回时落地偏差400多公里,也是因为升力控制出了问题,它就按弹道式落下来了。

6时04分,飞船飞行至距地100公里,逐步进入稠密大气层。这时飞船的飞行速度很大,遇到空气阻力,它急剧减速,产生了近4G的过载,我的前胸和后背都承受着很大压力。这种情况我们平时已经训练过,身体上能应付自如,心理上也不会为之紧张。

让我紧张乃至惊慌的另有原因。

首先是快速飞行的飞船与大气摩擦,产生的高温把舷窗外面烧得一片通红,接着在通红的窗外,有红的白的碎片不停划过。飞船的外表面有防烧蚀层,它是耐高温的,随着温度逐渐升高,它就开始剥落,实际上这是一种技术,它剥落的过程中会带走一部分热量。我学习过这个,知道这个原理,看到这种情形,就知道是怎么回事儿了。

但接着看到的情况让我非常紧张。我看到右边的舷窗开始出现裂纹。外边烧得跟炼钢炉一样,玻璃窗却开始出现裂纹,那种纹路就跟强化玻璃被打碎之后那种小碎块一样,这种细细的碎纹,我眼看着它越来越多。说不恐惧那是假话,你想啊,外边可是1600℃至1800℃的超高温度。

我的汗出来了。这时候舱里的温度也是在升高的,但并没到让我瞬间出汗的程度,其实主要还是心里紧张。

我现在还能回想起当时的情形:飞船急速下降,跟空气摩擦产生的激波,不仅有极高的温度,还有尖锐的呼啸声,飞船带着不小的过载,还不停振动,里面咯咯吱吱乱响……外面高温,不怕!有碎片划过,不怕!过载也能承受!但是一看到窗玻璃开始裂缝,我紧张了,心想:完蛋了,这个舷窗不行了。

当时突然想到,美国的"哥伦比亚"号航天飞机就是这样出事的,一个防热板先出现一个裂缝,然后高热就让航天器解体了。现在,这么大的一个舷窗坏了,那还得了!

先是右边舷窗出现裂纹,等到它裂到一半的时候,我转头一看左边的舷窗,它也开始出现裂纹。这个时候我反而放心一点了:哦——可能没什么问题!因为这种故障重复出现的概率

成功降落后自主出舱

不高。

当时还没有明白到底怎么回事,就想是不是因为玻璃是两层的,是不是里边的这层不裂就没问题。回来之后才知道,飞船的舷窗外做了一层防烧涂层,是这个涂层烧裂了,而不是玻璃窗本身。为什么两边不一块儿出裂纹呢?因为两边用的不是同样的材料。

以前每次做飞船发射与返回的实验,返回的飞船舱体经过高温烧灼,舷窗被烧得黑漆漆的,工作人员看不到这些裂纹。而如果不是在飞船里面亲眼看到,谁都不会想到有这种情况。

此时,飞船正处在"黑障"区,离地大概40公里到80公里。之所以造成"黑障"现象,是因为飞船与大气剧烈摩擦,在飞船四周产生了一个等离子鞘,使飞船的无线通信中断,与外界隔绝。这时飞船无法和地面或其他方位的任何人联系。我那时真是有点紧张。

当飞行到距地面 40 公里时，飞船飞出"黑障"区，速度已经降下来了，上面说到的异常动静也已减弱。我检测飞船后，与指挥员联系，地面向我报情况，说着陆场温度多少、风速多少。与此同时，等待多时的直升机迅速捕捉到了飞船发出的讯号，并开始搜索或救援行动。

一个关键的操作——抛伞，即将开始。

这时舷窗已经烧得黑乎乎的，我坐在里面，怀抱着操作盒，屏息凝神地等着配合程序，到哪里该做什么，该发什么指令，判断和操作都必须准确无误。

6 时 14 分，飞船距地面 10 公里，飞船抛开降落伞盖，并迅速带出引导伞。

这是一个激烈的动作。伞外边有个盖，以爆炸开启的电爆阀连接，离地 10 公里时一下子炸开，它飞出去，同时把引导伞给带出来。

能听到"砰"的一声，非常响，164 分贝。我在里边感觉被狠狠地一拽，瞬间过载很大，对身体的冲击也非常厉害。

接下来是一连串快速动作。引导伞出来后，它紧跟着把减速伞带出来，减速伞让飞船减速下落，16 秒之后再把主伞带出来。

主伞有 1200 平方米，这时它不完全打开，一下子打开突然减速太厉害，人受不了，材料也受不了。它有一个巧妙的收口设计，这时它收着口，只打开一个相对较小的面积，在收口处有绳连着，进一步减速之后统一动作，一个刀一样的东西把绳同时切断了,主伞才会完全打开。

这是一个 20 多秒的连续过程,人在里边是什么感受呢?

其实最折磨人的就是这段了。随着一声巨响你会感到突然一减速,引导伞一开,使劲一提,这个劲儿很大,会把人吓一跳;减速伞一开,又往那边一拽;主伞开时又把你拉到另一边了……每次都相当重,飞船晃荡很厉害,让人不知道怎么回事。

我后来问过俄罗斯的航天员,他们不给新航天员讲这个过程,就怕他们害怕。我回来讲了,给"神舟六号"和"神舟七号"的战友每一步都讲了,让他们有思想准备,告诉他们不用紧张,很正常。

我们航天员心里是很重视这一段的:伞开得好等于安全有保障了,至少保证生命无虞。所以把我七七八八地拽了一顿,平稳之后我心里却真是踏实——数据出来了,这个时候速度控制在规定范围内。我知道,这伞肯定是开好了!

后来,神舟六号和神舟七号都有红外,能看着开伞,这比较让人放心。我那会儿还没红外,地面人员也看不到,完全靠我凭感觉报告。我实时告诉地面:我听到什么声音,感受到减速,感受到开伞,我判断伞开得正常,因为速度多少多少……

在主伞完全开好之后,飞船以 10 米/秒匀速下落。这时没有过载了,唯一的感觉就是晃荡,斜着晃荡——主伞开了之后,只有一根绳子吊着飞船的一边,晃晃悠悠的。但这时候真是无法形容心里那个舒坦,特别放心:伞很大,1200 平方米,落地再怎么重,最多也就受点儿伤。

安全了!成功了!生命肯定没问题了!肯定可以完成任务了!

离地面5公里的时候,飞船抛掉防热大底,露出缓冲发动机。同时主伞也有一个动作,它这时变成双吊,飞船正了。被摆正的飞船在风中晃悠着落向地面。

随即,座椅自动提升起来,打开减震装置。

我打开电台,再一次检查舱内物品,扎好束缚带,固定好自己,之后盯着仪器,同时像起飞时那样用力收紧肌肉,等着飞船接地的瞬间。

接地时,我第一个要做的是判断是否落在实地,第二个要做的是切伞。在确认落地之后,要及时地把伞切掉,伞不切的话,它会乘风带着飞船跑。以前做实验的时候,这个1200平方米的大伞带着像球一样的返回舱,顺风跑起来汽车都追不上,而且它还边跑边颠簸,人在里边会被颠坏。

飞船离地面1.2米,缓冲发动机点火。接着飞船"嗵"的一下落地了。我感觉落地很重,飞船弹了起来,在它第二次落地时,我迅速按了切伞开关。

飞船停住了。此时是2003年10月16日6时23分。在内蒙古四子王旗阿木古郎草原腹地,距理论着陆点4.8公里。而这一时刻,正是当天天安门升国旗的时刻,这是一个无法设计的巧合。

后来证实,当时的风比较大,另外伞有很多地方破了,所以落地力量很大,但我切伞非常及时,只蹦了一下,跑离第一次落地地点大概十几米。

飞船落地时我感到嘴上一麻,心想坏了,肯定磕破了。我把面窗打开,伸手一摸,血流了下来。手边没有别的东西,我就开始用里面的布手套在那里擦,擦了半天也没能止住。

但我顾不得它了,我得把舱内的一些操作完成,打开信号发

神舟六号返回地面

神舟七号着陆时的情景

射器,尽快和指挥部联系。

我向指挥部报告:"我是神舟五号,我已安全着陆!"这时嘴里有血的咸味。

落地后飞船倾倒了,我是头冲下,脚朝上,身体被座椅压着,刚落地时连动也动不了。总不能就这样等着来人吧?等报告完后,我稳定了一下,之后把束缚带解开,一用力翻了下来。

那一刻四周寂静无声,舷窗一片漆黑,看不到外面任何景象。

过了几分钟,我隐约听见外面有人喊叫的声音,手电的光从舷窗上模糊地照过来。我知道他们找到飞船了,外边来人了!

手电在烧黑的窗玻璃上晃啊晃,外面的人在一声声地叫着,正叮叮当当地拿工具。我马上打开飞船舱门的平衡阀,从里面解锁,我听到外面插上钥匙,舱门动弹了……

我心里那叫一个高兴啊!

又见到亲人了

看到外边动了,正在开锁呢,我就在里边一起扳,我们里外一起用力,把舱门给打开了。

开舱门的是个年轻士兵,第一眼看到他,我第一个念头就是:可算是见着亲人了!

那小伙子叫李涛,当时我还不认识他。但我当时的心情的确就是见到亲人了,毕竟我一个人在太空中飞了"14天"。当然,我最希望看到我的航天员战友、最亲近的人,在经历了非凡的太空行程后,我觉得有许多话要向他们倾诉。

舱门打开之后,外面的人拿手电筒朝我照来照去,我也看着外面,都高兴坏了。

我听到着陆场指挥长着急地在那儿喊:"杨利伟,身体感觉怎么样?"

我说:"感觉良好。"

我们的医生跑过来,钻到舱里,一看我的嘴在流血,就赶快拿东西擦,但仍止不住,后来拿了药抹了抹,不知道拿什么糊上了。医生问我怎么样,我说没问题,他不太放心:"你伸伸手,动动腿,让我看看。"

我说:"你看,没问题,我能自己出舱!"

但这时还不能出舱,要等电视转播车。按照航天系统的严谨做法,一定要等电视画面传过去,实时看到我,才能宣布成功,这个做法直到现在也没有变。

在等转播车的时候,我和总指挥李继耐和副总指挥胡世祥先后通话。稍后,外面的工作人员又一次把电话给我,说这个电话是温总理打来的。

我听到温总理的声音:"杨利伟同志,祝贺你胜利返航。你完成了一次重大的历史任务,祖国和人民感谢你!"

接到总理的电话我很意外,听到总理这样关心我、鼓励我,又很感动,一时不知道说什么,就回答:"我感觉很好!"

后来我听说通话是临时安排的,总理正在航天指挥中心观看飞船回收实况,他很激动,从座位上起身,几乎是小跑到电话旁。在场的同志说,当总理和我说话时,双眼含着热泪。

电视转播车到了,镜头对着舱门,我准备出舱。我们的医生总担心我碰着磕着,想扶我出来,我就往后扒拉他,告诉他我没事,自己能行——健康地自主出舱,就是我要自己出来,不能有人帮忙。

关于出舱,神六和神七情况比较好,有了我第一次出舱的经验之后,他们出舱前会在舱里准备一下,吃点儿东西,喝点儿水,出来时显得比较精神。我第一次出舱,没有考虑过这些,因所有人急着看到我出舱。

我一出舱门,就想着挥手向迎接我的首长和战友致意,但看到外面的情形,突然愣了,脑子有点儿空白。

在里面时看不到外面是什么样子，出来才知道，有那么多人，黑压压的哪儿哪儿都是人。人们汇成了一片欢乐的海洋。许多人手里拿着相机，拍完照还喊两嗓子。有一个小个子记者，一边拍照一边喊："中国万岁！"

用黄线拉的隔离区没了，欢迎的群众、工作人员和记者们混成一片，武警和警察也都不维持秩序了，所有人都往前拥。我被惊呆了，没想到会是这样，也从来没见过这种场面。

当时我们总装的朱增泉副政委在场，他一看现场太乱了，想维持一下秩序，走一下出舱的程序，边喊边推向前拥的人。他是一位中将，在平时肯定是军令如山，但这会儿大家太激动了。

这时，我听到有人喊道："献哈达的呢？"但献哈达的人找不着了，献花的人也找不着了。所有的人都在欢呼雀跃。

高兴，真是高兴，我觉得那种场面挺真实的。我自己当时也顺其自然，很受大家的感染，心里很高兴也很激动，没觉得他们

在北京机场见到妻子和儿子

我还是被抛起来了

是冲着我才这样。在被大家围在中间时,旁边有一个记者说:"杨利伟你说句话。"我脱口而出:"我为祖国感到骄傲!"

现在让我回头再去说,也是这句话。在这个时候,不可能有别的话可以说。就一个民族来说,确实是千年飞天梦想实现了,这是国家的事业,是全体中国人的成功。因为祖国的强大,才有我们今天的成功。

看场面太乱,领导说赶快先上护理车,他们把椅子搬过来,让我坐到椅子上,椅子被直接抬起来,到车上换服装、上厕所、采样、抽血、检查身体。当然,特别让我放松的是上了卫生间,护理车上有卫生间。我当时就由衷地夸那车设计得好,想得全面、周到。

车上的工作做完之后,现场安定了,献花的、献哈达的也找着了,重新安排欢迎仪式,重新献花和哈达。我是穿着蓝色航天员服装参加的欢迎仪式,后来的神舟六号、神舟七号都是从舱里一出来就进行的,他们穿着航天服。

接着,我和陪同人员乘直升机离开着陆场,在登机时,我面对热烈的人群,迎着电视镜头,说了那三句流传甚广的话:"飞船运行正常,我自我感觉良好,我为祖国感到骄傲。"这其实也是我对整个飞行任务的自我总结。

上飞机飞了几分钟,我忽然感觉虚弱无力,特别疲劳。从飞行准备到现在,已经30多个小时了,中间经历了那么多的紧张、失重,饮食不太足,睡眠又很少,等兴奋劲儿一过,那些积累的疲劳一下子涌了上来。

我说:"不行,我需要躺会儿。"直升机上边备有简易床,医生赶快安排我在那儿躺下。我没有入睡,只是平躺着休息,时间并不长,几分钟就感觉精神和体力都回来了。

直升机送我们到空军一个机场,然后换乘专机飞向北京。在机场有一个场面,就是我被抛了起来。为了这个动作,现场还特意开了个小会商量了一下。抛还是不抛?不抛心情表达不出来,抛又担心我身体受不了。最后决定要抛,但是只抛一下。我从直升机下来后,五六个空军战友就抬起我,欢呼着让我又一次"升空"……

在去北京的飞机上他们告诉我,曹刚川副主席会去北京西郊机场迎接,你要给曹副主席报告;李部长、迟政委都到现场,载人航天工程各个系统的老总都到现场;我的妻子和儿子也会到现场。

我的父亲、母亲,我的战友,他们都在航天城里。

第七章　头顶星空

我在故宫午门下开始跑第一棒,当初我要跑的是 200 米,后来全国各地全都缩短了距离,成了 50 米。我们那一组里除了我之外,还有姚明、白岩松、韩美林、常昊等人。他们后来开玩笑对我说:你占便宜了,前边是红地毯,后边是 50 米,比我们跑得长了不少。

如果问我心中有没有什么诱惑,当然有,而且很大——再有机会去太空飞行,争取再参加飞行就是对我最大的诱惑,没有任何东西能够与之相比。

从没想到自己这么"出名"

回到航天城时,我坐的车从大门口到航天员公寓,1000多米远,却走了40多分钟。人们把车围起来,全在鼓掌、欢呼,车子根本走不动。那时不像神舟六号、神舟七号回来时,航天员乘坐敞篷车让大家都能看到。

我是坐着面包车进航天城的,大家想看却看不到,就都堵在那里。后来领导看场面热烈就同意把窗户打开,向大家挥手。但是窗户一打开不得了,手全伸进来,拉着不放。没办法,我们赶紧又把窗户关了,隔着车窗跟大家摆手。

终于到了航天员公寓的铁栅栏附近,外边人就不让进了。但能够进去的人依然往里拥,把记者的摄像机都挤掉了。

我一眼看到父亲和母亲站在那里等着我。我顾不得别的,几步走到他们跟前。母亲抱住我,说:"儿子,回来啦?身体还好吧,冷不冷啊?"

我这时真的想哭,但旁边很多人在看着,相机响成一片,终于忍住没让眼泪流出来。我对母亲说:"我挺好的。"

在公寓门口,我的战友们排列在那里,我上去跟每个人拥

又回到熟悉的办公室

抱,眼泪终于还是流出来了。

出舱时的场面和航天城的场面,至今想起来还让我感叹不已。我当时并不清楚,我将面对的热烈场面,这才是开始。

神舟五号飞行结束后,我从一个不太被人关注的、和外界接触比较少的人,一下子变成了公众人物,被无数的人称赞,被人群围绕,许多活动被媒体报道。在人们眼中,我成了一个"了不起"的人,成了"名人"。

在此之前,训练和准备那么紧张,心里从没考虑过这些,没想到回来之后会受到这么多人的关注,自己会这么"出名"。

飞天前后几十个小时的那些人与事,直到今天想起来我还会感到激动和自豪,激动的根源在于我强烈意识到:我是中国航天员大队的一员,我是所有中国航天人的代表。我代表祖国去完成首次太空飞行任务,是我的责任。祖国选中我去实现民族的千年梦想,是我的光荣。

"为航天事业努力的,绝不是我个人,而是一个集体,一个国家。"报刊记载着我说过的这句话。实际上这并不是空话和官方语言,这种意识,从成为一个航天员开始,就已经有、必须有了。

又回到熟悉的办公室。

在神舟五号发射当天,在飞船升空之前,我向全场行了一个庄严的军礼,很自然地。面对着为了载人航天付出毕生心血的人们,这种敬意发自内心。在太空中的时候,在感叹地球和太空的大美和人类的伟大时,我同时也想到,为了这次发射成功,国家调动了方方面面的支持力量。是无数中国人的努力才有了这一次的太空征程!

从理性的角度看,我去执行任务真是很平常,既然干了航天员这个行业,我就是去执行任务,和在部队飞行一样。后来,我跟参加新航天员选拔的飞行员开座谈会,他们问收入怎么样这些问题,我跟他们讲,实际上当航天员更多的是一种责任,国家的责任。我对他们说起当年的自己:我当飞行员的时候,县里头敲锣打鼓送我,县志上还有一笔,但你不会仅仅为这种荣耀去当飞行员或者当航天员吧?这是一种职业,是你的事业,不会想那么多其他的。

怎么说　怎么做

从太空回来以后,我要参加的活动有很多。新闻发布会、公益活动,高层的活动也参加,怎么说、怎么做,没有预先准备,没有设计。应对媒体和公众成为我很长一段时间每天都要面临的难题。

尤其在香港接受访问,提问的范围比较广,如何回答问题全靠我自己掌握分寸。而且,香港地方不大,在一个地方说过的话不能在另外一个地方原样再说,因为大家都已经从电视上看见了,所以要经常说点儿不一样的东西。

有记者问我对此有什么特别的感受,我说就觉得压力太大,真的是压力大。压力大到什么程度?在香港、澳门参加完活动后又到内地的几个直辖市,回来称体重,掉了将近十公斤。

我后来在清华大学读管理学博士,知道在美国等西方发达国家,他们所有面对媒体和公众的重要活动都有一个班子做策划。

但当时我们还没这个概念,没专门去考虑这些。我是首飞回来的,前面没有这方面的经验可循,也没有专家来做支持,这是我当时最困惑的。我着急,就跟领导说,能不能给我找俩人做做支持。现在我们归口到政治部、宣传部,那时候还没归口管理,很多时候我不知道下一步要面对哪些情况。

还有,我们只是对航天某些专业领域了解,当面对社会的时候,人们问的远远不止这些。没有人支持,就得完全靠自己应对,靠平时积累的知识和社会经验。但这种积累对航天员来讲恰恰不是强项,因为这么多年搞的是封闭式训练。面对各种各样的提问,又不能不回答,我有时就想一句说一句,特别怕说错了话。

说错话不单单是自己出丑的问题,而是让大家觉得作为航天员,你知道得太少了,在人们眼里,你现在就应当是既强大又博学的。但对航天这么大的系统,我们不可能全了解。另外作为军人,还涉及保密问题,哪些你能说,哪些你不能说。

在上海科技馆参加活动

带着这些无形的压力,我们依然要配合各种宣传活动,更好地弘扬"载人航天精神",从而让更多的人了解中国航天事业。我后来就想,这是我作为首飞航天员的一项工作、一种责任。其中的困难和问题,都是我要体验并想办法去解决的。

在接受采访的时候,记者也在问,这些活动会不会影响你的训练,影响你的工作?我首先说,回来之后参加的这些活动,我把它作为执行任务的一部分。我们参加的每次活动都是上级批示的,是要我们执行任务的,是我们工作的一部分。

为了做好这个工作,有空我就拼命地学习,读书、看资料,最大范围了解人们可能要问的东西。现在回过头来看,我有大量的知识是这个时候学习和积累的。

后来我一直在呼吁,要给航天员增加一些支持,去参加一些培训,学会如何参加公共活动和面对媒体,从正面来做一些引导。在神舟六号飞行前,我在做选拔训练工作时,就给航天员增加了很多这方面的课程,包括艺术欣赏、书画、音乐、如何应对媒体等。后来神舟六号、神舟七号吸取了很多经验,做得相当好。

平时的一言一行都备受瞩目,到哪里都享受明星待遇,这些对于我,需要一个较长的适应过程。我执行任务回来,在内地没参加几次大型活动,到了香港和澳门后,这种感受最强烈,那种场面让我既激动又紧张——每天有好几个不同场合的活动,每天晚上都要在成百上千份物品上签名。

随着时间的推移,各种荣誉接踵而来。

我告诉家人和自己,这些光荣并不是我个人的,而是冲着整个载人航天工程,里面虽有我的一份,但也仅仅是一小份。我希望家人少接受采访,少参加各种活动。事实是,他们比我想象的要冷静。

我特别在儿子的书桌上写了一行字:"对你来说,荣誉是爸爸的;对爸爸来说,荣誉是部队的、国家的。"

对儿子,我似乎过虑了,当时正上小学的儿子会反过来"教育"我:"爸爸你可不要骄傲哟!"而他本人也很少在同伴们面前说起这些事儿。

在神舟五号返回后的一年时间里,我和我们航天员大队就收到来信几万封,是全国各阶层的人自发写来的,大多是中小学生。很多人把我称为"飞天第一人""太空超人"。

我理解孩子们和大家的感情,但我不会把自己当偶像或超人来看,也不太在意自己是不是名人。

作为军人,我的工作仍一如既往,仍然低调,自身也没有什么变化。完成任务,做出成绩,这些赞誉算是对我的一个肯定,仅此而已。学习英雄,弘扬精神,完全不是指哪一个人的,不是哪一个个体的,它是一个群体的,"载人航天精神"所代表的,至少是一个工程或者一个系统。

但是因为被更多的人认识、熟悉,必定会带来很多的影响,这是实实在在的,而且给我带来了不少压力。因为大家会把我想象得多么了不起,无所不能,什么都知道,什么都优秀。把一个群体的能力、光环都投放到我身上,对我的期望值也很高。这种压力激励我要不断地充实自己,更好地去工作,回报大家的认可。这也让我表现得更坦诚更虚心,和小朋友在一起交流的时候我就会讲,你们可以随便提问,我可以回答的就直接回答,回答不了的我回去学习之后告诉你们。

我对自己的言行要求更高了。二十几年潜移默化的军旅生

进行射击训练

活，让我的一切行为都在规范之内，不会有什么出格的事情。扑面而来的荣誉只是给我增加了更多的"规矩"，我更加谨言慎行。

可是太多的人从电视上认识了我，我的日常生活明显不太方便了，后来神舟六号、神舟七号的几个战友和我一样感觉。大家都认识你，去做什么都会有人认出你，议论你，要求签名、合影。所以除了上级批准的，其他活动我们一般不去，大部分时间都在航天城里。

没有预案的香港、澳门之行

去香港的时间是2003年10月31日,走的时候"心连心"艺术团正在我们航天城演出,有一个环节是我讲话,我一讲完话,就上车去了机场。

因为我对香港的基本情况了解不多,人口是多少,什么样的风土人情,需要注意什么,我全都不清楚。我一再跟他们交代,一定要给我资料。到了飞机上我才拿到资料,只能抓紧坐飞机的时间看。

我们这次到香港,是特首长官董建华发出的邀请,也是神舟五号返回后的第一次大型公众活动。到了香港,可以说是陷入了"热情的海洋",在机场大厅里所有人都在鼓掌,学生们高喊着我的名字,市民们挥着五星红旗和紫荆花旗帜,不少孩子脸上涂着飞船图案。之后所到之处都是人山人海的,人们排着队,挥着手中的旗欢呼。

集会是在香港的大球场举行的,我去了环顾四周,真不得了,环形的大球场4万多人座无虚席,听他们讲,不久前皇家马德里队来踢球都没那么爆满,我还从没有在这么多人的直接注

特首董建华邀请我来到香港

视下干什么。活动安排有我和成龙一起唱歌的环节,开始时告诉我是唱《真心英雄》的,这首歌我比较熟悉,歌词也记得很清楚,没有问题。但在活动前又改成别的歌曲了,是《男儿当自强》,我对这首歌不太熟悉,歌词也记不住,没办法,中午给我拿来一张光盘,我自己在房间里边听边练。结果,第二天报纸就把我在房间练歌的事给登出来了,也不知道他们怎么知道的,我都没见有人来过。

集会是汪明荃主持,她我是知道的,成龙我也认得出来,看过他演的不少电影。参观市容和在维多利亚湾游览时,也是他做"导游",后来就比较熟了,还成了好朋友。还有几个据说在香港很出名的明星,那时候我都认不太全,我心想这都是谁呀,后来才知道都很有名,好多广告上都有她们。

当时主持人问我:听说飞船发射的时候,你的心率只有76次/分,那你现在的心率有多少?看到那么多热情的香港市民,当时我真的很激动,觉得心跳得很厉害,就说:我现在心率肯定超过100了。大球场上爆发了潮水般的掌声。主持人又问,这是为什么?我说,被香港市民的热情所感染。确实也是这样,我真的没有想过会面对这么多人,又是那么热情。

因为是第一次参加那么大的活动,事先没有什么准备,我们单位也不是不想准备,确实是没有经验,不知道该如何操作,我就按当时的情况跟着感觉走了,免不了有些忙乱。

尤其在每个场合,与各界人士见面,每次吃饭都要讲话,特别不习惯。交流完全是开放式的、对答式的。当时我都急坏了,直跟工作人员"急眼",我说:这不行,真不行!

为什么说不行呢?不是我谦虚,是因为当时我对要参加的活动一无所知,没人事先跟我提醒各界人士会说些什么、问些什么,让我有个心理准备或者有针对性地准备一些材料或者想想怎样回答更好,我对每个活动都处于茫然的状态,心里没有准备,真有些不知所措。这种压力让我晚上有时睡不着觉。后来到了神舟六号、神舟七号时,把我们前边的录像拿出来看,我又跟着他们和工作人员在一起商量了两天,大概哪些场合、做什么、说什么,这就好多了。

我感觉香港市民的素质很高,他们的反应一直很热烈。没有觉得哪些场合有尴尬,或者有什么场面很难应付。我没有遇到为难的事,压力是压力,但是欣然地接受,和大家一

在香港受到热烈欢迎

和驻港部队官兵在一起

起感受这种欢乐。

到清马大桥那里去参观,有个香港市民问我:是香港的大桥好还是内地的大桥好?我就说,香港的大桥和内地的大桥是同样的好。因为你不合适去评价,但是又不能不回答,你不能犹豫半天不说。我说完了这些香港市民也挺高兴,说一样好,一样好。

与香港中小学生的对话令我印象深刻。在现场,他们提了几百个问题,有的我就现场解答了,后来有好多没有问完的,搜集回来我又给他们答了一下。那天,有学生问:作为中国的首飞航天员,你认为这次成功的意义在于国家科技水平还是民族?还有一名小学生问:您有没有计划将来演一出"太空父子兵",和您的儿子一道乘飞船上天?全场的人听了都笑了起来。

就是在这个时候,有一个人突然问道:"你在太空飞行见到上帝了吗?"这个问题比较难回答,我稍一思考,说:"我见到'上帝'了,'上帝'就是全国人民。在我飞行时全国人民都在给我支持……"说完大家都笑了,不停地鼓掌。

我和代表团从香港到了澳门,在金莲花广场举行了活动。人们的感情也是一样的热烈,我能感到人们的那种真诚。

在香港大球场"大型歌舞欢迎会"上,活动结束时全场四万名同胞一起高唱国歌,那声势,那热烈,让我现在想起来还很激动,我再次感觉到所有中国人的胸膛中都跳动着一颗爱国之心。

还有一件事我印象很深刻,当时我们住在某个酒店,连着好几天,我每天回去都能看到一家人带着小孩天天等在那里,因为保安很负责,拦得很严格,他们一直没办法和我们接近,于是就在外边站着一直等。我说这个一定要见一见,一家人等了好几天,我一定要见。跟他们见了面,照了张相,那家人都特别高兴。

在香港和澳门,我们受到了最高规格的欢迎。当时的一位记者告诉我,很久都没有看到人们这样热烈欢迎的场面了。对我们代表团的到来,没有任何异样的不和谐声音。我想人们的这种高度一致的激动和快乐不是针对我的,只不过我是一个载体,代表的是所有航天人和国家的航天发展,它展示着民族凝聚力的提升。

英雄当如何

有人说,神舟五号的成功,表示我作为"中国航天第一人",实现了中华民族的梦想,我无法承当这样的评价。无论是谁去做这件事情,圆的都是中华民族的梦想,在这里你并不是单独的个人。同时,它也是一个民族逐步走向强大的标志,国家的综合实力达到了一定程度,才让你有机会代表自己的国家和民族去实现自己的梦想。而我们当时的14个人都做好了去执行任务的充分准备,都能够去执行任务。

我在很多采访中都说到,我赶上了国家航天科技大发展的好时代,我们这一代航天员是幸运的。

2003年11月7日,位于北京天安门的人民大会堂举行了隆重的"庆祝神舟五号载人航天任务圆满成功大会",我被授予"航天英雄"称号,我们大队被授予"英雄航天员大队"称号。

事实上,无论有没有"英雄"称号,都不会改变我对英雄和英雄主义的理解。我认为,中华民族是崇尚英雄的民族,中华儿女心中都澎湃着英雄的气概和精神,但是在平常的社会发展和日常生活中不容易体现出这种英雄精神。英雄精神往往是在大的背景下产生,一个特殊时期或者一个大的事件背后,会产生一种气魄、一种精神,凝结起来就是英雄主义。汶川大地震,那么多不顾安危奔赴一线救援的解放军、武警官兵、白衣天使、志愿者,甚至当地很多自救的老百姓,他们在那一刻都表现出一种英雄的品质。我认为英雄的品质就是不畏艰险、无私奉献、勇往直前、不怕流血牺牲。

我们搞载人航天工程,七大系统成千上万的工作人员,经过十几年、几十年的努力,好几代人的心血浇灌,成功了,这项大工程所孕育的"载人航天精神",就是对英雄主义的一种注解。我想,无论是和平时期也罢,战争年代也好,军队或者社会都需要这种精神的激励。

基于这种认识,我在任何场合都说,"航天英雄"称号不仅仅是授予我个人的,它代表了一个群体,代表了一个大事件,更

跟喜爱航天的孩子们在一起

是代表了中华民族的一种精神。我本人只是一个象征符号。

航天员作为一项工作,亲历国家的大事件,成功后受到褒奖是正常的,但并不是给你一个英雄的称号你就怎么样了,理应保持清醒的头脑。确切地说,是时代造就了我,组织造就了我,加上我自己的刻苦勤奋训练和坚韧不拔的意志。首先载人航天体现了改革开放30年的成就,国家的发展给了我们机遇,离开这个一切都不可能;其次是组织对我的选拔、培养,从一个青年学生到一名飞行员,从一名飞行员成为一名航天员,当然不能缺少个人的努力,但更多的是靠一级级组织长期的教育和帮助。是在这些大前提下,我才能去成功执行任务。

有的人比较关心我们现在的待遇和获得多少金钱、财富,实话实说,现在航天员的待遇比执行任务之前有了很大的提升,不仅仅是我,所有航天员作为一个特殊集体,待遇是相近的。

执行任务国家对我们有一些奖励。作为军人,作为航天员,现在我们待遇还是相当好的,无论是政治待遇,还是经济待遇,我们都很满足。航天员目前的经济收入,除了和所有军官一样拿工资,还享有岗位补贴,加起来在军队里应该算高的。

当然,跟地方比差得还较远,我的战友、同学转业了在民航当飞行员、机长,他们的年薪比我们要高得多。

但许多东西是不能用钱来衡量的,钱毕竟属于物质范畴,人是要有精神上的追求才会满足的。比如社会上曾流行一句话"穷得只剩下钱了",我认为就是形容精神上的缺失。

航天员这个职业还是属于军人范畴,军人主要还是强调奉献牺牲。我们在选择这个职业的时候,就选择了奉献牺牲。承担着执行飞天任务的风险与责任,我们第一批航天员有些因为任务机会不很多的原因一直没能去飞,但是他们一样奉献了很多。

我认为没有执行飞行任务的航天员实际上很伟大,并不是因为个人执行任务的能力不行没有去飞。航天员的年龄逐渐都过了40岁,这种岁数,身体素质和体能不比30多岁,但大家还是每周严格参加航天员训练。我前面描述过我们的航天员训练,其中很多项目是挑战生理极限的,一般人一辈子也不会去做这种挑战生理极限的训练,而我们所有的航天员长年累月地在做,这些训练往往会危及身体的健康,常年做下来对身体的伤害到底怎样,直到现在都还是未知数,因为没有前人这样训练过。所以,有时我想,航天员退役后也许身体会出现各种病症。就像很多优秀运动员都有很严重的伤。

但这不就是牺牲奉献吗?我们航天员都明白,但谁都认为很正常,因为这是你的职业,是你的选择,人的价值更多的是体现在对事业的追求和获得的成功,航天员都理解职业的风险,但没有人退缩,更没有人去衡量金钱和物质上的得失。大家实际上追求的是对国家航天事业做出贡献。

我跟很多青年朋友说,任何一件事情你一定要先理解,你选择这个职业,要先理解它,之后你再看值不值得为之付出,如果值得,就义无反顾。你付出的东西是不能用金钱来衡量的。

有人问我,当我被选拔去执行任务时,有没有想过万一牺牲了值不值?我说,第一,当时我非常信任国家的航天科技,我就没想过回不来;第二,作为军人,面临危险是正常的,我当飞行员也会面临很多危险,军人是不怕牺牲的。如果问万一牺牲了值不值,我认为值。

航天事业本身就是个高风险的行业,俄罗斯、美国比我们航天科技更发达一些,在前期,他们也是冒着极大的风险进行空间探索的。中国的航天事业同样有风险,那就需要有人不怕风险,我们航天员早就将危险置之度外了,否则就不做这个职业了。

从这个角度考虑,多高的待遇能衡量生命的价值呢?这不是一个层次上的问题。当然,国家的经济越来越发达,生活越来越富有肯定是一件好事,我们也希望自己越来越富有,在这点上也跟大家一样。

"英雄"这个称号从精神上给我带来的与其说是压力,不如说是动力。正像我儿子对我说的"你不要骄傲",我不敢懈怠,让自己保持一种不断向前的状态。

随着接触的人越来越多,我认识了不少在各行各业做出了杰出成绩的人,包括在我们航天系统,有许多了不起的科学家和学者,我愈加感到自己所做的事情算不上什么,我无非完成了我的工作,经历了一个过程。那些优秀的人,让我认识到自己的不足,并激励我要学习更多的东西,不断地学习才能让我保持良好的状态,才会始终自信。而且这也让我更为客观地看待荣誉,清醒地对待自己以后的工作和生活。

我记得当年从飞行学院毕业时,我和同学们说过的豪言壮语:宁可死在路上,也不待在家里等死!这句话可以归结为人的进取精神,也可以看作是军人英雄气概的通俗表达,是对自己成为英雄的期望。

我觉得评价一个人或看待自己,不要太多地横向比较,与他人攀比,而是要纵向看,现在的自己跟过去的自己比较。一个人成功与否,要看你超越自己多少。

部分国家首飞航天员合影

如果是一个农民,珍爱土地,精于耕作,收成年年超过往年;如果是一个学生,成绩不断提高,学业越来越出色:这就是成功。我认为这和我是一样的。你首先要超越自我,成为自己的英雄。

我成为航天员之后,经过几年的训练,能够成为首飞航天员就是我的目标,这个目标达到了,在某种程度上,就意味着我取得了本职工作上的成功,这是我自我超越的结果。那么以后,我还要超越过去,不但要继续正常的训练,还要完成职业身份的转变,出色地履行新岗位的其他职责。

作为主管航天员训练的副所长,前一段时间我给航天员做故障修复训练讲评,讲完后有人说,杨所长你是不是亲自示范一下?我当时思想里突然一闪:你行不行?那么多人看着你,其他航天员看着你,教员看着你,还有外面观摩的人看着你。

因为其他事务较多,我平时比别人训练时间要少。如果没把握最好是不做,修不好是个问题。虽然我不能保证自己一定能修复，但因为这项以前做过多次，训练成绩没落后，感觉把握很大，而且自信心告诉我，没有问题！我就上去做了一遍，很快就修复了。大家马上很信服。

我不仅身为航天员，而且成为负责航天员的训练和选拔的副所长，面临以前从未做过的工作，我一边摸索经验，一边提出很多自己的想法，并落实在工作中。神舟六号、神舟七号的成功飞行让我看到了自己的超越，任务的圆满完成中有我的一份辛勤汗水。

很多人认为我既然"英雄"都当上了，那么各方面一定很完美。其实，每个人都有缺点和弱点。我也有很多弱项，比如我是学理工科的，更擅长逻辑思考，虽然我喜欢文学艺术，但却一知半解。比如我虽然自认为歌唱得还不错，但是却不能拿到乐谱就可以哼唱起来。这些弱项让我认识到"山外有山，人外有人"这句话一点儿不假。术业有专攻，很多人都有强项，比我优秀，尽管他们不一定很出名。

我平时不太爱与别人交流，不主动跟人联系，属于"双重性格"，有朋友说我谦和有礼，另一些朋友却说我冷静孤僻。我平时比较内向，不喜欢热闹，但到了训练场、活动场，我又变得非常外向，所以很多人说看不透我。这种不愿主动交际的性格，有时会带来一些制约，与人很好地沟通交流其实是一种能力。

我非常清楚自己的缺点，也设法改善，过去的战友、同学或老家的朋友来找我，我都热情接待。新认识的朋友有些小事相求，我也在自己能做到的范围内热情相助。后来，我的朋友也越来越多。真挚的友情围绕在我身边，让我感觉到生活的美好和丰富多彩。

荣誉的事和名人的事

继续用功、继续学习是我对自己提出的要求,我现在拥有两个博士学位,其中一个是我后来学习的成果。一个是香港中文大学的荣誉理学博士学位,另一个是清华大学管理学博士学位。

我从清华毕业的博士论文题目是《中国航天员队伍管理》,论文答辩的时候,专家组评委们一丝不苟,提了许多问题,问的都是学术理论与实践经验相结合的、很关键的问题,回答起来需要特别严谨,好在我准备得非常充分,顺利通过了。我深深感佩专家们的学术深度,也非常珍惜这个刻苦学习得来的博士学位。

自从接受了香港中文大学的荣誉理学博士学位,有各种各样的院校想授予我荣誉学位,我感谢校方对我的厚爱,但再也没有接受过。

2004年12月,香港中文大学授予我荣誉理学博士学位

"神舟星"是在2005年3月16日命名的,同时命名了"杨利伟星"。小行星是太阳系中的重要天体,以个人名字为它命名是一种崇高的国际荣誉,国际天文学联合会专门成立了国际小行星命名委员会,负责审定此事。被命名"神舟星"的,是中国南京紫金山天文台1981年率先发现的太阳系小行星,国际永久编号为8256号。被命名为"杨利伟星"的,是西班牙天文学家艾斯特1991年6月6日在欧洲南方天文台发现的,国际永久编号为21064号,它距地球最远距离为6.86亿公里,最近距离为2.69亿公里。

小行星命名获得通过,按照国际惯例将成为永久星名,被全世界所公认,不是所有的航天员都会有此殊荣。得到用我的名字命名小行星的消息,我非常意外又非常兴奋,我知道事件本身是国际社会对中国载人航天工程成就的肯定,这种荣耀是祖国的,是航天集体的,是我们全体战友的。在命名仪式上我说:"我和我的战友们一定会珍惜这个荣誉,继续弘扬载人航天精神……为载人航天事业再立新功。"

我参与的离现在比较近的重要公共活动,要算2008年8月6日的奥运会火炬传递了。虽然我早就知道自己是火炬手,但在活动的头一

2008年8月6日,奥运火炬开始在北京市传递,我跑首棒

天,才告诉我可能要跑北京的第一棒。

后来记者问:为什么不是体育明星跑第一棒?组委会说:1908年我们第一次提出能不能办一届奥运会,现在百年梦想就将实现,而杨利伟飞上太空,中华民族千年的飞天梦得以实现。这两个梦想的实现,不仅仅是目标上的契合,也是我们民族精神与奥林匹克精神的契合……

我在故宫午门下开始跑第一棒,当初我要跑的是200米,后来全国各地全都缩短了距离,成了50米。我们那一组里除了我之外,还有姚明、白岩松、韩美林、常昊等人。他们后来开玩笑对我说:你占便宜了,前边是红地毯,后边是50米,比我们跑得长了不少。

我也参加了开幕式,心情比跑第一棒时还激动,体会到那种欢呼雀跃的心情,那样一种凝聚力!我记得升中国国旗的时候,我和全场的人一起高唱国歌,感觉很神圣,中国期盼这么多年,现在完成这么伟大的事情,那种感受,就像当年首飞出征的时

汶川地震后,在绵阳"八一帐篷学校"与孩子们一起过六一

候,不单是一种骄傲,还有一种幸福的感觉。

这一年,还有一件触动我心的事,就是奥运之前去地震灾区,和孩子们过六一儿童节。

我到了绵阳"八一帐篷学校",一进去,有好多孩子一见到我眼泪就流下来了。当时我也忍不住,眼泪差点流下来,又心疼又感动。

这些孩子真是很坚强,有两个小孩让我印象深刻。据他们讲,他们班基本上没剩下什么人,他俩是因为县委礼堂搞活动,当天被抽调去跳舞,才幸免于难了。

后来我从绵阳又到了成都,在成都的晚会上,主持人问我:你到这来最大的感触是什么?我当时说,首先一个是"温暖",来自中华民族大家庭的温暖,从总书记、总理到普通民众,全国各地都在一心支持灾区;第二个就是感动,灾区人民的坚强让我非常感动,尤其是我见到的孩子们。后来有个小朋友,就是在震后唱《两只老虎》的那个孩子,我问他最大的愿望是什么,他说他想加入少先队,当时在晚会上就为他举行了入队仪式,我给他戴上了红领巾。

在我去"八一帐篷学校"的时候,孩子们也给我献了红领巾,回北京后,我把它放在了神舟七号上进行搭载,并且在红领巾上签了名字。中央七台有记者跟踪采访,问我为什么搭载红领巾,我说:无论是

在中心庆祝晚会上,与德德玛同台

对国家还是灾区来说,孩子们都是我们的未来,我们放飞它就是放飞一种希望,是灾区的希望,也是中华民族的希望。当时还有两个灾区来的孩子在神舟七号发射现场,我带着他们去了发射塔架。

工作之外,我会抽时间与朋友们在一起聊聊天,坐一坐。

因为公益活动、晚会、会议参加得比较多,我有机会认识很多朋友,文体和传媒方面的名人明星,部队的和地方的都有。但平时大家都忙,大部分都只是认识,接触和联系得并不太多。

比如成龙,我去香港访问期间,他参与了其中的几项公众活动,并且为代表团游览当起了"导游",就这样认识了。此后我们一直保持着联系,他来北京办事,有时会打电话见一面,聊聊天,然后他忙他的演艺活动,我没法参加,就回来了。因为工作性质和生活环境不同,我们关系不错,但共同的话题和朋友却不多。

神舟五号任务结束回来的时候,各方面的活动特别多,各界的联欢会、演出、各种各样的晚会,都邀请我们去。接触过不少当红的明星,但我对此浑然不觉,我从来都不是"追星族"。除了打仗的英雄人物之外,我年轻的时候也没追过别的明星。我儿子现在好像也不追星,没有哪个演员他特别喜欢,但是他喜欢姚明和刘翔。平常我要带他去参加活动,根本带不出去。一旦我说姚明回国了,邀请我们,你去不去?他说一定要去,还让我帮他要签名。他就只要过姚明的签名。

姚明和我是同一届的"十大杰出青年",比较熟悉。姚明不仅仅是个子高,还很聪明,他的球技和语言表达能力都很出色,他这么多年练出来了。有时候他到了北京,打个招呼,几个人就

我在中心庆祝晚会上

凑在一起吃个饭,彼此感觉挺对路的。

我们2003年那一届的"十大杰出青年",会不定期地聚。十个人除了我、姚明、水均益外,还有率先推出防治"非典"新药的军事医学科学院研究员陈薇,防治"非典"的广州市第一人民医院护士长张积慧,致富不忘回报社会的北京双全天地科技发展有限公司董事长王伟斌,抗震救灾、重建家园的新疆维吾尔自治区巴楚县琼库尔恰克乡党委书记朱准平,云南丽江古城区残联的和志刚,中国空空导弹研究院院长荣毅超,哈尔滨圣泰制药有限公司董事长高翔。

我们选的秘书长是水均益,十个人各负其责,但他和大家联系比较多。2003年"非典",有几个人捐了很多钱。我们还捐建了四所小学。我们会不定期地聚一聚,但到现在十个人也没有聚齐过一次,除了外地的比较远,主要是姚明老不回来。

尽管联系不是特别多,但关系都挺好,大家在一起,有时聊聊天,遇到什么事有时也互相支持。

为地震灾区的人民做点事

我去过中国乒乓球队,奥运会之前去做些心理方面的交流。当时是八一队的主教练刘国梁邀请我们过去,跟队员聊一聊上场比赛的心理建设。我讲了讲我的经历,讲一讲我对他们的看法,另外从心理的角度,说说有什么方法可以集中你的注意力,减轻你的压力,在你很紧张的时候,怎么样把你的紧张给分散掉。

正面回答若干传言(摘录)

你参加了那么多活动,有出场费吧,你的出场费不会少吧?

我知道名人明星参加活动都有出场费,传说唱一首歌50万人民币,主持一个活动20万人民币,但我们航天员参加活动是没有出场费的,即便在晚会上也和他们一起唱歌。

我们参加的活动除了报告会,更多的是与公益事业有关的活动。但我们不论参加什么活动都没有任何报酬。

我们参加活动,所有活动的程序都是有规定的。凡是对外的、有媒体参加的、要公开报道的、面对公众的活动,必须通过总装政治部宣传部批准。

我们航天员出去参加任何活动,全是这个程序。到了我们航医所,就是一纸命令下来,领导们都画了钩,你就去参加。有时会征求一下我们个人的意见,你看什么时间有个活动,你能不能参加?更多时候是不征求意见的,按程序指示下来了,我们则服从命令,听从指挥。和我们参加会议是一样的程序。

航天员不是明星,不是老百姓,是军人,是国家科技人员,所以,我们的行为原则跟其他名人有本质的区别,没有任何商业因素和物质利益,我们参加活动就是做贡献。比如一些大型的义演,像抗震救灾、抗洪抢险、抗冰雪赈灾义演,在这些纯公益活动中,我们会代表航天领域捐款,起到倡导作用。

有一次我们还支持了一下拍卖,中国残联来要几个神舟飞船的模型,我签上名字,他们拿去拍卖。但我知道这是义拍。

面对这么多的诱惑,你作为一个正常人动不动心?

我也是普通人,而且就这样一路走过来的,按理说,凡是正常人都不免会面对许多诱惑。但我认为这些并没有对我造成困扰。这么多年的思想道德教育、纪律的严格约束、对社会和家庭的责任感、作为军人干部和一个公众人物对自己名誉的珍惜,使我能始终把握自己,不可能做出格的事情。

我们希望国家富有、社会富有,同时大家都安居乐业,包括我自己。古语就说:"君子爱财,取之有道。"这个"道"对我们个人来讲就是规矩和规定。我们可能比普通人在这方面遇到的诱惑多,这是实实在在的,因为你有更多的机会。

我驾驶神舟五号飞船刚回来,找我去做代言、拍广告的太多了,而且开价都是想都没想过的数字,但我想都不用想这里边有什么诱惑的问题,因为根本不可能。第一,我们军人不允许拍广告,这个事找我没有用;其次,我们组织也不会干这种事情。在国外可能可以,因为外国的航天员有军人,也有的是老百姓。

有时候熟人开玩笑,说给你高出现在收入十来倍的跳槽待遇,你出来吧。因为我认识好多人,他们有的人说,赶紧到我们这儿来,你英雄也当了,将军也调了,好多人要你这个效应,你拍广告、做代言人,给你很高的报酬。我说,开玩笑,我根本不会去想这些事情!

如果问我心中有没有什么诱惑,当然有,而且很大——再有机会去太空飞行,争取再参加飞行就是对我最大的诱惑,没有任何东西能够与之相比。如果说除了飞行之外还有什么想法,那就是如何在新的领域不断地完善自己,超越自我。

你的签名和肖像都注册了商标,现在的收入很高吧,是不是发了财?

除了部队发的薪水和补贴,我没有另外的经济来源。

我的肖像和我的签名都注册过,而且是按商标注册的。使用权归我和我们单位所有,我要用,得单位同意,单位要用,得我同意,是联合起来注册的。

但实际上这个资源不是我个人的,而且也没有应用于商业目的,主要是为了从法律上防止社会上滥用。我曾开玩笑说,我的签名和肖像不但不挣钱,反而要自己贴钱进去。

比如在发行神舟五号的纪念邮票和首日封时,许多人问我要签名版,我说没有,他们说你不可能没有啊。没办法,我就自己掏钱买了1000套,当时好像七块多钱一套,用了当时来看的一大笔钱,签了名送给来索要的人。许多礼品也是,要的人多,我又没有,就得自己掏钱买。

2003年飞行回来后,好长时间我们家每个月的钱都坚持不到月底,因为来找我的人突然多起来,来要东西的人也很多。除了上述买纪念品的情况,家乡政府来了人,亲戚朋友来,或者战友同学来,我起码得请他们吃顿饭,基本是由我个人承担,一来二去我和爱人的工资就花光了,而这个月还有一半时间呢。

我们现在航天员的薪金是按行政级别拿,补贴的部分按航天员等级拿,就是正师多少钱,副军多少钱,你是几级航天员,特殊岗位补贴多少。后者只有航天员才有,退出训练就没有。我们还是很知足的,虽然和地方某些行业有相当大的差距。

当军人主要讲奉献,同是飞行员,我们空军飞战斗机的,肯定比飞民航机要辛苦,风险要大,航天员就更是这样。现在的民航系统,像我们这种资历,如果当了个机长或者教员,年薪都很高,我们远远比不上。当然,作为军人,我们从来不比这个。

你现在算是名利双收了吧,如何看待名利和成功?

在网络访谈时有一个男孩问,您是不是觉得拥有一定的名利才是个成功的男人,一个男人没有名利是不是没法承担社会和家庭的责任?我觉得他的理解有点儿偏差。一个人没有成为公众眼中的英雄是正常的,但你可以成为自己生活中的英雄,任何人都可以。

作为男人,它有很多的含义在里边。从普遍意义上讲,作为一个男人你要有责任感,你要承担社会的和家庭的那些责任,不一定要有公认的成就才算是成功。你能承担起你的责任,并为之努力,过得很有自尊,就是成功。

不单是男人,女人也是一样的,所有的人都是一样的。我们不断地努力工作,那么在你身上就会体现一种价值的实现。具体到军人,就是我们提的核心价值观问题。

名利可以说是一个标准,但并不是衡量价值最主要的标准,更不是唯一的标准。

这里就有一个对名利正确的理解,不能说我们不去争名、不去争利,完全不去争取是不对的。社会上有各种比赛,部队里也常常进行评比,这就是在名利前提下的竞争。但是正确追求名利的方式和急功近利的方式是不同的,它应当是一种合理合法的、正大光明的、符合道德准则和行为准则的方式,而这个追求的过程,反过来也体现你自己存在的价值。它本身可以看作是一个人成功的地方。

你怎么看自己的性格和爱好?

我从小玩心就比较重,所以有不少业余爱好,但许多爱好不能坚持下来,学习工作一忙就放下了。在航校的时候我学弹吉他,攒了好几个月津贴费买的吉他,然后邮购教材和磁带,特别用心地去学习,练得手上都起了茧子,后来我弹吉他的水平还不错,经常在学员集体活动中上台演出。近来这些年我玩得很少,现在好多手法都忘了。

我认为一个人要有业余爱好,喜欢就多玩,没时间或不喜欢了就可以放下,那个过程本身就是好的,形成你生命中丰富的内容。

我好奇心比较强,好多新鲜事物出来,我都能很快接受,然后去玩。刚时兴电子游戏时,我曾经有过整宿不睡打游戏的事。刚刚兴起卡拉 OK 机时,我还在空军部队,把家里给的结婚的钱倾囊而出,买了一套音响,平时自己练着唱,周末战友都跑我那里去开"演唱会"。当时大部分比较流行的歌我都会唱。

最近几年我跟好多大腕儿合唱过歌曲,当然我是属于那种沾人家光的,这些大腕有成龙、孙楠、殷秀梅等。我不但喜欢唱歌,我还喜欢听音乐,我家最大的投入可能就在这上边。现在我家里两个音箱花了几万块钱,我比较注重音质。

听音乐我也不太专业,可能有人说这个音乐表现的是某个主题,我不太懂它真正表达的主题,我属于盲听那一类的,会自己联想到很多事情或感受。我喜欢听独奏,钢琴、小提琴是我比较喜欢的,但是一些激烈的音乐,比如摇滚我也听,听的时候会放松,有减压的效果。

人没有各个方面都很强大的。我有时候不太喜欢热闹,有时又跟大家自来熟,所以,有很多人都说看不透我。一个人安静时,我就看看书,主要是小说、传记类、科普和反映社会现象和社会生活类的书。我基本不打牌,但是平时集体生活,实在三缺一,没招儿了,我也会去打几下。不是说这个活动不好,我就是不特别喜欢。但我到了训练场和活动场,又非常外向,打乒乓球、篮球我还是挺擅长的,平时队里不让踢足球,因为容易受伤。

我一直喜欢打篮球,在航校时得我的初教教练的真传,习惯打后卫的位置。现在我跟航天员打球,已经很少往三秒区里面突破,以前我喜欢往里跑,虽然我的个子不高,但爆发力和弹跳都还不错,经常盖高个子的帽儿,也经常碰撞别人。

有一次就因为在三秒区内争球,我把一个航天员给弹出去了,他稍微瘦了点儿,再加上我也重点儿,结果把他给撞飞了。后来这名航天员去医院又拍片子又做检查,弄得我心里非常过意不去。还好没有什么影响,可万一把战友给弄伤了怎么办?我已经飞过了,可人家还没飞过呢。所以现在,我打篮球时采取比较温和的打法,多在外围投球,现在我的三分球已经投得相当准了。

第八章　我的高天厚土

说实话,我有很多朋友。有人问过我,我都有些什么样的朋友,这却让我无言以对。我没有特地去区分过谁谁是哪一类的朋友,从友情的角度说,我觉得至少要有共同语言,能够进行交流,起码在性格方面能够相互吸引,才能成为朋友,与他的职业、地位、名气没有什么关系。

归来与远去的父亲

我一直认为自己受母亲的影响更大些,但仔细思索一下,这对父亲来说似乎并不公平。

确切地说,在我成为一个男孩的父亲之后,我更深地理解了一个男人和自己父亲的关系。他对父亲既有崇敬,也有畏惧,既渴望亲近,又怀着某种抵抗的心理。父爱如山,是有重量、有高差、有难度的;母爱如水,更亲切、更日常、更平易。在一个正常的中国家庭里,一个男孩子通常就是在这样的环境和感受中长大成人。

我的父母是受过高等教育的知识分子,他们的思想观念十分传统,所以,父亲是理所当然的一家之主,也是家庭生活的核心,有着至高的威信。母亲在任何时候都维护着这一点。

记得我完成飞行任务回到航天城时,在热烈欢迎的场合,我第一时间见到了我的父母和家人。欢迎仪式结束后,有记者提议我们拍些照片,当时在场的有军委首长、总部的首长,他们也高兴地响应一起拍照的提议。按理说应当让首长们站在最中间,但他们以我是胜利归来的"英雄"为由,把我推到了人群的

我的父亲

正中间位置，两旁分列着首长，还有我的父母、妻子、儿子。在将要拍照的时候，我母亲把我轻轻拉出来，推着父亲站到中间的位置上……

那天的照片就是那样拍的。首长们都笑呵呵的，当场就有同志开玩笑说："杨利伟的父亲心理素质真好。"我也忍不住笑了。我明白，这是父亲在我们家的位置，而母亲认为理当如此。

父亲在许多方面深刻地影响了我，比如对未知事物强烈的好奇心，比如最强的行动能力。父亲后来还经常说起我小时候锻炼胆量的故事，尽管我对此事一直印象很浅，将信将疑我是否真的那么胆小过。

他说我小时候不敢登高,8岁时母亲让我到木棚上拿地瓜,我试了再试,紧张得一身汗却仍然不敢登上离地面4米高的棚顶。他和母亲认为我这么胆小不是好事,"如果不改变,怕是长大后一事无成",于是,他就找机会练我的胆量,每个假期和星期天,他就有意识地带我去爬山、去六股河游泳,或者去大山里爬树采摘果实。父亲说,他印象最深的是那年秋天,在绥中镇北的山脚下,在他的示范和鼓励下,我第一次爬上了一棵30多米高的古老的塔松。当我再次从树上下到地面的时候,浑身已经被汗水浸透了,但父子两人都很兴奋。

后来有报道对此事这样描述:"杨利伟张开双臂紧紧地抱住爸爸的脖子高声喊道:'爸爸,我成功了!'孩子少有这样激动的高喊声,似乎击落并摔碎了他性格上的怯懦,杨利伟的高喊声,震撼并回荡在幽暗的山谷。看见孩子第一次勇敢地战胜自己,父亲竟喜极而泣……"

我记得小时候父亲常会带我出去玩儿,但对此事没有印象,当我对事情的真实性产生疑问时,父亲说:"你那时还没上学,年纪还小,后来胆子大了,那么多调皮捣蛋的事,哪儿还会记得?"

但有一件事我记忆深刻。

绥中县城一面向海,其他方向则是由一望无边的逶迤山峦围绕。在绥中县城西南的远处,极目可见有一个异样山尖,和别的山头大大不同。我一直在想那是什么,那尖尖的到底是什么。这个像谜一样的问题困惑了我挺长时间,终于在一个寒假,我邀约上几个同学,顶着深冬的寒风出发了。

俗话说"望山跑死马",真是没有说错,我们用了大半天时间,走了大约20多公里才到那里。待登到山顶,才知道那是一段古长城的一个烽火台遗址,因为长期的风化而成了一个尖尖的圆堆。我们在那里登高四望,看远处的海面,议论另一些山头,心满意足。玩了好一会儿,等汗水和热情一齐下去了,寒冷、疲劳和饥饿也一齐袭来。

看着太阳将要落下去,我们想到了回家,急忙下山。但是怎么算也无法在天黑前回去了,如果按原路返回,到家恐怕已经是半夜。几个人都觉得路途遥遥,便商量着抄近路。我们必须经过一条河流,来时从桥上走绕了不少道,我们能不能从河面上走过去?冬天的河面已经结冰,但由于河水是流动的,生怕冰面没有冻实,平时没人敢于一试。我们却不得不冒这个险。

我们又冷又饿又怕,想着天就要黑了,想着回到家少不了挨一顿揍,心中惶恐不安,脚下一步一踉跄。河面果真没冻实,有人踏进了冰窟窿里,我们伸手去拉,忙乱中也掉了下去。后来费了好大的劲儿才爬上来,挣扎着上岸,衣服湿了大半截,一路冻得瑟瑟发抖,半夜才回到家。

因为我失踪了一整天,全家人从中午找到晚上,把绥中县城的每个角落都找遍了。我心知罪过不轻,一顿打指定是少不了,便惶恐地站在原地,等着父亲母亲发落。

可我没想到,父亲盯着我看了看,没发怒也没动手,只是平静地说:"暖暖身子,吃了饭赶紧睡觉。"母亲也没说什么,给我换了衣服,又把热好的饭菜端给我吃。

后来父母提起这件事,叹着气说,你那天又冷又饿又怕的样子真让人心疼。你是犯了错,但是你已经知道自己错了。

和一般的家庭一样,父亲对作为长子的我,要求更严厉些,既要求我功课出色,还要求我英勇顽强,既要求我听话懂事,又要求我聪明灵活,另外还应当有爱心有孝心,既阳光又正直,这样才能成为栋梁之材。其实,父亲对儿子的要求基本上都差不多,现在仔细数数,我对我儿子杨宁康的希望也就是这么多了。但理想与现实总是会有差距,于是总是会发生一个失望的父亲对犯了错误的儿子进行惩戒的情况,也会发生一个气急败坏的父亲对淘气惹事的儿子实行家教的情况。

说实话,在初中二年级之前,尽管父亲总说对我很好,带我玩、鼓励我很多,但我觉得父亲对我的惩罚也不少,我有过多次挨打的经历。父亲是按中国传统的方法来管教孩子的,后来他说:"男孩子嘛,少不了要挨打的。"那意思是孩子不打便不能成器。其实,孩子是不能老打的,他记得你的打,却未必记得你的教诲。而一个儿子对父亲的仁慈、亲切、和蔼,却会记忆深刻,历久弥新。

在初中二年级之后,父亲再也没有以动手的形式管教过我,我的沉默似乎让他感觉到我已经长大了。他更多的时间是在外面奔忙,很少有机会与我交谈。但我至今都记得他交代给我的一句话,一句关于行世立身的金玉良言:"踏踏实实办事,老老实实做人。"

父亲以前和母亲一样是老师,后来到了县里的土特产公司工作,担任经理职务。从那时起,父亲不再每天出现在我们面前,他总是需要出差,参加全国各地的展览会和交易会。

为了将县里的土特产品推广出去,父亲出差时会带很多样品,用很大的行李包装了,再去火车站。那时铁路托运还很慢,为了不耽误时间和工作方便,他向来都是自己手提肩背,来来去去。离家时是一大包;开会结束回到家来,东西一点不少,还是一大包;有时还要带些外地的样品,反而比离家时背的东西更多了。那些样品什么的,他还要一点儿不差地交给单位。

我奇怪他为什么非要把那个巨大的包带来带去的,这多辛苦。他说:"有规定嘛。受点儿苦不算什么,东西少了可不行。工作就是这样。"

父亲有几分知识分子的儒雅,却没有太重的书生气,工作严谨、负责、讲究实际。作为一个经营单位的主管,他诚实守信,做事认真,想来也一定不缺乏机智灵活,要不然,一个公司怎么能做得有声有色?当年在我们县城,能经常出差、走南闯北是非同一般的。很少有人像父亲那样经常去北京、广州和上海。

父亲每次出门回来,多多少少会给我们带些新鲜玩意儿。有一次,他从广州带了一件当时谁也没见过的衣服,他说这可是"港衫",其实现在看就是一件很普通的T恤,但当时我们那里可没有,这让我很高兴,也很珍惜,平时不舍得穿,出门或参加集体活动才穿上它,神气了好长时间。

除了对父亲带回的东西感兴趣,我更喜欢听父亲讲外面的故事。他到了哪里,见到了什么,遇到了什么,虽然仅是只言片语的讲述,却让我开始了解外面的世界,对远方充满向往。

我觉得一个男人小时候很难了解父亲,父亲的权威和强大让他崇敬、佩服、有安全感,却较少感到温情与亲和力;而当一个男人长大成人时,理解了父亲,却常常在父爱面前沉默不语。我小时候敬畏父亲,有些怕他,又愿意跟他在一起。

后来我离家远行,才更深地体会到父亲对我的关切和期望。

随着时间的推移,父亲老了,我也成了一个父亲,在我们相见的有限的时间里,我会陪他待着,却没说过太多话。

父亲退休前在土特产公司工作,退休后不愿意在家里闲着,就自己开了个小卖部,尽管也挣不了什么钱,但他一年到头忙里忙外,乐此不疲。

他说他身体和精神都还可以,不想给子女添任何负担。直到有一天,父亲去外地为小卖部补充货源,从北京转车,我送他去火车站。在父亲进站时,我在后面跟着,突然之间,我发现父亲脊背佝偻、步履蹒跚,而在我一直以来的印象里,父亲做事利索、腿脚有力。那一刻,我忍不住眼眶发热,视线模糊起来。

我把父亲拉到一边,红着眼睛对他说:"爸,咱不回去了。你那些货物,算我全买了行不行?把钱直接还给人家,那些货就给亲戚邻居们分一分……"我说得非常坚决,没容他再反驳,就直接把他手里的火车票给退了,带着父亲返回家里。

2005年母亲的突然去世,给父亲的打击是巨大的,父亲变得寡言少语,身体和精力也明显不如以前。

父亲在2006年被查出得了癌症,在经过数个月治疗后,2007年1月去世。在我少年时期的印象里,他总是经常离去,也经常归来,而我则经常处在期望中,遥盼着他熟悉的身影。而现在,他已经永远离去,再不能归来了。

怀 念 慈 母

母亲的突然去世,给我带来的悲伤和遗憾,一直无法平复。

2003年执行飞行任务之前,由于训练紧张,加之那时家里的经济条件和住房条件不够好,父亲母亲一直住在绥中县城,有几次来北京,还大多是因为要帮忙照顾我生病的妻子和幼小的儿子,而且都来去匆匆。执行任务回来后,我想,等忙过这段时间,稍稍安定下来,就把父亲母亲接到北京一起生活,一来北京的生活条件毕竟更好些,他们能得到更好的照顾;二来我能更多地尽尽孝心,让两位老人享享清福。

2005年3月,母亲因感到头晕来北京做检查。

母亲的身体一向很好,虽然年纪大了,但没什么病,所以很少去医院,也一直没做过正规系统的体检。我考虑干脆借机给母亲做个全面检查,就带她到了306医院。

我白天忙于训练和工作,晚上会到306医院陪母亲聊聊天。她对我说,这里的医护人员都对她特别好,什么事情都考虑得很周到,知道她是我的母亲,大家就来找她问我小时候的事……我的朋友也告诉我,体检的数据显示老人身体状况良好,很健康。

朋友感叹,老人身体好是儿女的福气呀,你真是有福之人哪。母亲在医院的前两天,一切都很好,预计第三天体检全部结束,我下午下班之后就可以接她回家。

但就在第三天下午,我突然接到306医院院长的电话:"杨利伟,你得来医院一趟,老人的身体出了点儿情况,在急救室。"

我不知发生了什么事,尽管我平时遇事十分冷静,这时也忍不住有些焦急:"我母亲怎么会在急救室,什么情况?"

他说:"不知什么原因引起的昏迷,正在抢救。"他又担心我路上的安全,加了一句,"你别着急,可能问题不大,你来一趟看看。千万别自己开车。"

我等不及司机把车开来,看到车正停在办公楼外,便直接发动汽车,疾驰出门。我想不出母亲发生了什么事,是不小心摔了一跤?是吃什么东西吃坏了?还是什么药物过敏……母亲一向身体很好,不会有大事,但为什么会进了急救室……从航天城拐上北清路,又上了八达岭高速,我脑子里闪着种种疑问,以最快速度赶到了306医院。

等我到了才发现,情况比院长说的严重,也比我想的严重。母亲已经陷入深度昏迷,所有救治措施全用上了,但情况并没有好转。

最终,母亲的心脏停止了跳动,再没有睁开眼睛,再没能说一句话。我握着母亲慢慢变凉的手,一声声叫着,心如刀割,忍不住大放悲声。我不相信母亲就这样离开我,没有和我见上最后一面,没有给我留下一句话。

母亲这样突然去世,在很长一段时间里,我无法接受这个事实。想念她的时候,觉得母亲还活着,就在远方的故乡,只不过

慈母

没有和我一起生活而已，似乎我还能像以前那样，给她打个电话，聊上一两个钟头。

  自从当兵离开父母，我一直保持着按时和家里联系的习惯，以前是写信，后来就是打电话。1998年成为航天员以来，平时无论学习训练如何紧张，自己在什么地方，我都会在每周的固定时间给父母打电话，既问他们平安，也报我的平安。父亲在电话里往往只说三言两语，大多数时间是我和母亲说话，常常一说就是一两个小时。那时收入不高，每个月电话费是挺大一笔开支，为了节省，也为了能和母亲多说说话，我特意买了一张收费便宜的 IP 电话卡。

母亲的性格恬淡,参加的社会活动不多,心里就是装着我们姐弟几个,我是最让她操心的一个。给她打电话,大部分是聊生活上的事,比如说对孩子的教育、我自己的训练和家庭生活。家里一些亲戚朋友的事情我也是从母亲那里得知的。

母亲是我最好的倾听者。训练上的一些困难和困惑,我都会在电话中向她悉数"汇报"。再坚强、再阳刚的汉子,在母亲面前都是一个稚气未脱的孩童;再沉重、再巨大的担子,在母亲面前都能轻松卸下。一个孩子对母亲的倾诉,是对生活压力的一种释放;母亲宽厚包容的倾听,是对孩子最大的支持。给母亲打电话,成了我的一种习惯,也成为我心中的精神依赖。

绥中老家的电话总是被母亲擦拭得很干净。我知道她在那边等待着电话的响起,等待着我在听筒里喊出一声"妈"。

有时候天南海北什么都聊,出去执行任务,或是疗养,见到什么、听到什么我都会第一时间告诉母亲。小时候,父母是保护我的翅膀,是教育我的第一任老师;长大后,我成了父母的耳朵和眼睛,儿女走多远,就把父母的心牵扯到多远。

很多事情我都会征求母亲的意见,比如孩子上学应该上哪个学校,孩子又顽皮不听话了怎么办。母亲是教师,经常会告诉我对孩子的教育方法要得当,不能管得太严,不能打孩子。

也许是母亲年纪大了以后脾气更加温和了,也许是对隔辈人会更加喜爱,母亲和我儿子杨宁康的关系特别亲密,总是疼不够,看着孙子就眉开眼笑,觉得他哪里都好。

因为训练的原因,我不经常在家,回去一趟,见着儿子哪里不好了就会说他,此时母亲就会教育起我来,说:"孩子就应该这样,你小时候比他还淘呢!宁康这样,至少他不惹祸。你小时候,还经常让大人着急呢!"

我就只能频频点头,说:"您教训得是。"其实心里偷着乐,看着祖孙两个其乐融融,享受天伦。

我妻子身体不好,我在外执行任务时,家里就由父母来照顾。往返绥中与北京的车票,家里攒了好多。在航天城的班车上,母亲是年纪最大的乘客。从我儿子上幼儿园开始,只要母亲在北京,就是她接送孩子,宁康上小学一、二年级时,许多时候也是母亲来接送,看着满头白发的母亲在班车上,我心里说不出的难受。但母亲说,放学时,看见宁康张开双臂像小燕一样向她奔来,她所有的劳累都能一扫而光。

每年国庆或中秋前后,是北京一年四季中气候最宜人的季节,我会让妻子把父母接到北京住一段时间。双休日,我能够回家,就带着父母到各个公园和诸多旅游景点去看看。记着到市场上买父母爱吃的东西,晚上炒几个可口的好菜,陪他们说说话,照顾他们休息。晚上只要在家,我会带着儿子给父母倒热水烫脚、揉背。

母亲知道我的训练任务重,学习紧张,不舍得让我太辛苦,见我在家待的时间长了,就会对我下"逐客令",让我赶快回去,生怕影响我的精神和体力。而且在北京住不了多长时间,他们就要回老家。后来她对媒体说:"我们每次去北京只住十天半月,因为利伟孝心重,我们在他总要陪着,这对他肯定有影响。为了支持儿子,我们每次就早些日子赶回老家。"

父亲母亲给我们生命,为我们操劳一生,其实,我们能为他们做的十分有限。如果论报答,父母的养育之恩是不可能报答得了的。所谓尽孝心,只是尽可能抽出时间多陪陪他们而已。纵是这样微不足道的付出,父母还在担心是否给我增加了负担,是否对我有不好的影响。

其实,即使是在最近这些年里,我并没有为他们做过什么,反而是年迈的父母对我帮助更多。就他们来北京的次数说,更多的不是接他们来玩,而是他们来为我操劳。尤其是玉梅因患肾病住院时,恰逢我进行封闭训练。母亲得知这个消息,和父亲一起星夜赶到北京。母亲每天守在玉梅的病床前,父亲就每天接送小宁康上学。我两周过后见到他们,父母两人都瘦了一圈。

在航天员训练期间,我们每四年有一次探亲假。2002年春节,我回到绥中老家住了十多天。父亲专门买来一双哑铃和一个拉力器,还问我能不能用普通转椅代替训练转椅,以便我在休假时也不耽误训练。而母亲专门买了一本介绍宇航员饮食知识的书籍,就按照上面的食谱,每天做符合要求的饭菜给我吃。

在首飞之前,家乡的人并不知道我是航天员,他们只知道我是一名战斗机飞行员,常年在部队,很少能够回家。父母平时很俭朴。只要看到母亲在菜市场买了很多菜,邻居就会问母亲:"杨利伟要回来探家了吧?您给儿子做什么好吃的啊?"母亲就会笑笑:"也没什么好吃的,做点儿小鱼小虾他就特别高兴,特别爱吃了。"家乡的人觉得飞行员待遇很好,身体好一定是吃得好,所以有很多人见到我母亲都会这样问。

我那会儿探家时也会陪我母亲去菜市场,买一些螃蟹、皮皮虾。大螃蟹贵,舍不得买,就买小的。因为家乡邻海,距离兴城和北戴河很近,做飞行员时的战友和同学只要在附近疗养都喜欢往我们家跑,一来就是十几二十个人。我母亲都会用一盆皮皮虾和螃蟹来款待大家,然后做鱼给大家吃,有时候还会喝点儿酒在家里面热闹热闹。那些战友和同学虽然母亲过去都没见过,但是每个人她都知道,因为在家信和电话中,她早已与他们熟识了。

每个母亲都知道自己的孩子最爱吃什么,却并不是每个孩子都了解母亲的口味和爱好。母亲做的鱼特别好吃,让我这个门外汉来形容的话,既不是炖的,也不是浇汁,而是用油煎一煎,又加些酱油酱一酱。妻子玉梅得了母亲手艺的真传,现在我家做的鱼永远有"妈妈的味道"。

我知道母亲喜欢或是盼望着我能陪她一起去买菜。当我搀扶着她走在路上时,我能感觉到她作为一个母亲的骄傲。母亲教了30多年的书,认识很多的人,有她的同事,更多的是她的学生。大部分时间,我们都会遇到熟人,大家见面都会跟我们很热情地打招呼,寒暄之后是对飞行员职业的羡慕和向往,更是对母亲的钦佩。

他们会说,母亲教育出了一个好孩子。这也是让我母亲引以为傲的。毕竟飞行员是一个特殊的行业,不单单说明自己儿子身体健康,而且是一名让人尊敬的军人。同时,飞行学院毕业当飞行员就等于上了大学,作为一个老师来讲,这是她心目当中很盼望的。

我不知道在母亲心里,我是不是一个完美的儿子,但我相信,在母亲的心里,我是优秀的,是她引以为傲的。所有的母亲都爱自己的孩子,但实际上,在首飞之后,当我面对更多的荣誉与鲜花时,母亲却从没有炫耀过自己的儿子。

我依然记得儿时母亲给我讲过的《三个儿子》的故事:

三个妈妈在井边打水,因为水太重,三个妈妈就在歇息时谈起了自己的儿子。一个妈妈说:"我那儿子灵巧,又有力气,谁都比不过他。"

第二个妈妈说:"我那儿子唱起歌来赛过黄莺,谁都没他嗓子好。"

第三个妈妈呢,什么也没说。两位妈妈问第三个妈妈怎么不评价自己的儿子,第三个妈妈说:"有什么可说的?他没什么出奇的地方。"

三个妈妈打了水,提着水桶回家。路上走走停停,累得直不起腰来。忽然,迎面跑来了三个孩子。

第一个孩子跑到妈妈跟前,妈妈说:"看看,这就是我的儿子,翻着跟头,像车轮子在转,真好看!"

第二个孩子跑到妈妈跟前,唱起歌来。妈妈说:"瞧,这就是我儿子,唱起歌就像黄莺一样,真好听!"

第三个孩子跑到妈妈跟前,接过妈妈手里沉甸甸的水桶,提走了。

我清楚,无论我有何成就,有何荣耀,在母亲面前,我都该是那个帮母亲提水的男孩。

我执行飞行任务回来后,各种荣誉接踵而来,父亲母亲也成了各界人士关注的焦点。在家乡,政府、企业和各个阶层的人上门看望他们的络绎不绝,除了大量的赞誉之词,也送来各种各样的慰问品和生活用品,除了食品,还有家具、电器等等。父亲母亲在热情招待各方人士的同时,对所有送来的东西一概拒收。半个多月后他们实在无力应付,就悄悄离开了绥中县城,躲到了农村老家。

在我小时候，因为父亲工作忙，又经常出差，家里主要靠母亲操持张罗，她带着姐姐、我和弟弟三人，安排我们的吃穿和学习，十分辛苦。

那时母亲在中学里教书，我就在那所学校就读，弟弟上幼儿园。因为学校离家很远，每天清早，母亲需要很早起来。她不会骑自行车，就让我和弟弟一个坐在前面，一个坐在后面，推着我们，走一个小时才能到学校。放学后，自行车上除了弟弟和我，还多了一个大大的袋子，里面是教科书和作业本。全家吃过晚饭后，一切收拾停当，母亲就开始在灯下批改作业，而我就在一旁看书。我脑中至今有个清晰的画面：在冬天，屋子里的火炉闪着光，母亲和我们就围在炉旁，一边取暖，一边写字看书。

母亲是个好老师，教学特别认真，希望自己的学生是最好的，也希望自己的孩子成绩优秀，为此把全部心血用在了学生和孩子身上。她告诉我，在学习方面，不能有半点儿虚假，要提高学习成绩，除了一门心思苦读，没有捷径可走。她告诉我，要多做事，少说话，要达到最好，光努力还不够，还要摒除杂念。

母亲在我心中有近乎完美的形象，她的衣着从来都是干净整洁的，整齐的短发，两侧用卡子别在耳后。举止严谨，眼底有种平淡和安静，好像一切都在掌握之中，而在做事情时，又聚精会神，不知疲倦。我从来没见母亲抱怨过什么。

熟悉我和母亲的人说，无论是从相貌上看，还是就气质与心性上说，我都比较像母亲。的确，母亲是我从小到大最敬爱、最珍视的人。从懂事起，我就下决心，一定要让母亲为我而骄傲，我一定要让母亲过上好的生活。

我想，作为她的儿子，成为首飞航天员，我做到了前者，但是后者却没能实现，而且今生再也没有机会了。这是我无法弥补的遗憾！

每当我现在拿起电话想给老家打电话时，我的心里就一阵阵酸楚，母亲已经不在，最懂我最爱我为我操劳了一生的那个人走了，我觉得心里沉甸甸的。

有一次，一群好朋友为我过生日，他们让我唱首歌。大家说，在你的生日应该唱一首送给母亲，因为每个人的生日都是母亲最辛苦的日子，我于是唱了一首送给母亲的歌《懂你》。我唱得非常投入，我想，远在天堂的母亲一定能听见，因为她不会忘记儿子的生日。

平静的婚恋

我妻子张玉梅是母亲的同事给我介绍的。

我探家时和玉梅见面相识。尽管我和玉梅是同学,但不在一个班级,上学时根本就不认识。

我当时是飞行员,驻地都比较偏僻,飞行部队女同志很少,我们飞行员基本上都是靠人介绍对象。我也曾经想过要找个什么样的,但当时并没有具体的标准。

不过,我打定主意要找个有学历的,职业好一些的,这样沟通起来比较有共同语言。

母亲跟我说要尽可能找个老家的,因为我父母在绥中没太多亲戚,母亲觉得如果是同一个县城的就成为亲戚了,互相之间有个照顾。

我从小就跟母亲的感情很好,她的意见我都会听。

当时我正在部队一门心思训练、飞行,对找对象的事其实并不着急。在这之前,也有人给我介绍过对象,我有的没去见,有的见一面就没下文了。但家里人比我要急得多。

母亲给我打电话,说我的老师给我找了一个,也是个教师,回来见见吧。

我和玉梅的见面既没去公园,也没去商场,就是在我家里。1989年年底,我休假回家,玉梅便来了我家。

玉梅和我母亲一样都是老师,而我们两家也相距不远。我家住在县城的北边,她家住在县城的南边。不论从地理上还是从心理感觉上,我们都有着一种天然的亲近感。

我和玉梅第一次见面,她给我留下的印象挺好的。玉梅后来说,她当时也觉得我这人不错,"第一面,觉得这个人很踏实,很可靠,还行"。

所谓的"好",所谓的"还行",谁能说得清到底是怎么回事。

我们不像现在的年轻人,也不像在大城市,认识之后就经常约会,经常在一起看看电影和演出什么的。

我们一家人

我回家探亲总共没几天,也不可能常见玉梅,毕竟刚认识,很快我就休完假赶回部队了,但这次相亲是成功的。

剩下的时间,我们基本上就靠邮寄信件来往,玉梅把她的生活、学习尽可能地跟我介绍。她寄给我看她以前的照片,上学时候同学们给她写的留言,她从高中到大学时的那些照片,哪一张是什么时间、在哪儿,里面有些什么同学,现在都在做什么。我在很短的时间里就了解了她的成长过程,似乎与她一起经历了她的少女和青春时代。

玉梅的家就在我小时候常去的机场外边,离得非常近,从她家穿过一条大道,一翻墙就能到机场。她对机场和飞机比较熟悉,对部队和飞行有着非常直观的了解,所以当我在信里谈起自己的工作和训练时,她很容易就能理解我所说的一切。

我曾跟她说:"我们部队一年就休假一次,每年我们只能等我休假才能见面……"她说:"我知道!"我说:"当飞行员是个有

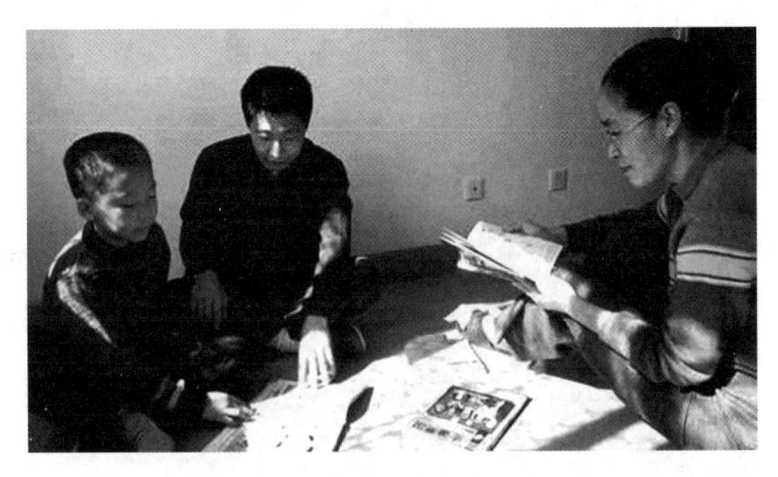

幸福的家庭

危险的职业……"她说:"我知道!"一句句的"我知道"让我感觉到她是一个能支持我飞行事业的好姑娘。这一点对我来说很重要,因为我经历了很多磨砺才成为飞行员,绝不会因为婚姻而放弃它。

在志同道合的基础上,我们开始交往。那时,打电话非常困难,一般家庭也没有电话,从部队驻地电话需要一站一站地转接,一个小时能通了就不错了,话费昂贵不说,还可能因为信号不好什么也听不清,别说谈恋爱,对着话筒喊也不一定能听到,有时就莫名其妙地断了。

恋爱只能以书信的形式进行,时间充裕时我几天写一封,训练工作紧张的时候,也有不回信的情况。

1990年年底,我又回家探亲了,父母催我们结婚。我当时已经25岁,算大龄了,在我们县城算结婚晚的了。我不在老家时,逢节日,母亲都会把玉梅叫到我们家来吃饭,她也每次都去,当时家里就认为她是我未来的媳妇,我们该结婚了。部队有规定,飞行员家属可以随军,结婚以后,玉梅就随军到了陕西,并且从此和我一起辗转四方。

她刚随军到陕西,我又去了新疆外训,又分开了一年的时间。这一年,也主要是靠书信联系,没有打电话。从新疆回来后,老部队撤编,我带她去了四川,之后虽然那种半月或一月见不到面的情况是常事,但至今基本上没有长期分开过。

在半真半假的玩笑中,很多三口之家的家庭地位排序是这样的:孩子第一,老婆第二,老公排第三。甚至有些男同胞戏称,老公就是"劳工",丈夫就是"付账"。然而在我们家,我却成了首位重要的人物。因为无论是当飞行员还是航天员,我每天都要训练、执行任务,面对的是风险很大的一种工作,所以,家里面都会尽可能不给我精神上、情绪上带来任何负面的影响。

在军人的爱情和婚姻中,工作和职业的性质决定了,不仅军人本身需要奉献和牺牲,他们的爱人也会牺牲很多。有许多军人与爱人两地分居,即使能在一起也要经常忍受长久或短暂的分别,平时的家庭生活担子基本全压在妻子身上。我们都知道那有多么辛苦!

除了这些艰辛,从个人事业上说,军人妻子也常常要适应部队的情况,无可奈何做出放弃的决定。尤其是做一个航天员的妻子,有时连自己的命运和生活都无法选择。比如玉梅在绥中县城是中学老师,随军后到陕西只能当小学老师,而到了四川,她很长时间都找不到工作,后来去做了成人教育,在一个教师进修学校工作。来到航天城后穿了军装,做资料、档案工作。每换一次工作,很多事情就要从头开始,实际上就放弃了自己的个人意愿和事业的系统发展。

玉梅对我的工作一向很支持,怕我分心,家里的很多事干脆就不告诉我。老人病了,她自己张罗着带他们去治疗;孩子病了,她半夜三更独自带着上医院;有时晚上加班,她就把孩子反锁在家里。孩子从小到大的成长和教育,有着无穷的麻烦,而我们双方的父母年龄都很大了,经常会有些无法预知的情况,这种上有老下有小的生活重担,几乎全压在她一个人身上,而她身体也并不好。我基本帮不上什么忙。不用说别的,当了航天员之后,就连最基本的陪她散步、逛街,我都做不到,出去旅游就更不可能了。

2001年,我在进行航天员紧张的封闭式训练,玉梅得了严重的肾病,我竟不能在她身边照顾。此后一年多时间里,她常常需要住院治疗,在我去外地训练或无法脱身时,她既要支撑着病体去数十公里外的医院,还要回家照顾孩子,她就一个人乘坐公共汽车去医院,打上点滴后举着瓶子回家。

玉梅是要强的女人。我们刚到航天城的时候,很多人对航天员的爱人进科研单位看法不太一致。玉梅觉得,不能因为她哪个地方做得不到位影响我。她觉得作为航天员的爱人,不应当比别人差,一定要把工作给做好。

那时候她管档案资料,工作量很大,既要工作,又要照顾我,孩子还得照顾。这种操劳积累下来,成为她后来患病的隐患。她大病初愈,单位说照顾航天员家属,可以让她上半天班,可她自己不同意,执意要上班。她说:"分配给我的工作我一定要做好。"

曾有记者问我,知不知道在她心里我是什么样的,她能给我打几分?说实话,玉梅把我的生活照顾得很好,除了她住院那段时间,我给儿子做过饭,剩下的时间,我没做过几顿饭。一来是我们被要求在航天公寓吃饭,我几乎不回家吃饭,二来就是玉梅从没要求我做饭。我清楚,这就是爱。

从工作的角度来讲,我觉得她还是蛮认可我的。她知道我做事很认真、很投入,又肯吃苦。而且她认为我不笨,又很不服输,有着男子汉的一股勇猛劲儿。但有时候我也很贪玩,对家庭的照顾少,这是肯定的。比如有时候周末回家很晚了我还在打游戏,她就会声讨我。

她不高兴的时候也会说,你看家里这些事你什么都不管。但是说过之后我还是很少管,她就继续任劳任怨地为家庭付出。

在玉梅心里,我只是她的丈夫,最多是一个工作责任重、风险大的丈夫。我飞行回来后,她从来没有说,我的老公干了一件很大的事,我有多么骄傲、自豪。她依然如故,像以前的风格一样恬淡。直到现在,我们也很少一起出去参加社会活动。

在神舟五号环绕地球第八周的时候,我曾有一次跟家人通话的机会。当时对家庭的思念特别强烈,很自然地想说对他们的歉疚和感谢。所有的工作都在紧张进行当中,很少会拿出时间去想想家里人,亢奋和紧张工作时,甚至把他们都忘掉了。当指挥中心说我可以和我的家人通话时,那种突如其来的思念弥漫在整个太空。我突然间感受到这种思念,想到家里人此刻在干什么,想到他们有多么替我担心。

"感谢你们的支持和鼓励",这种话在平时我是不会跟爱人说的。两个人在家里面对面时也说不出这种话来。那一刻,所有的情绪都被放大了,不仅是对亲人的一种亲情释放,也是对无私奉献的航天员家属的一种感激之情。

我想,不仅是玉梅,航天员的妻子为了丈夫的工作和事业,不论从身体上还是心理上,都要付出更多的艰辛。相比其他女人,她们更多一分牵挂和坚强,多一分担当和责任。我记得有一届双拥晚会,当时特地为航天员的妻子写了一首歌,名字叫《心儿和你一起飞》,歌中唱道:

> 心儿和你一起飞
> 飞过高山
> 飞过海洋
> 我愿意变成一轮明月
> 为你把寂静的夜空照亮……

偶尔我会表现一下

转眼之间,我和玉梅结婚已经十几个年头了,从相识到婚后,好像很少有花前月下、卿卿我我的浪漫,而且,当初仅仅见了一两面,就靠鸿雁传情,第二年再见面的时候就结婚了。这种军人的婚姻和现在年轻人的爱情相比缺少了很多浪漫和激情。但我却觉得,婚姻生活中,互相包容、互相关心,使我们的感情在一点一点加深。在我们的心里,浪漫不是轰轰烈烈,而是一种长相厮守的相知,爱情早已转化成亲情。

我心知自己不是个好丈夫,便用一切机会想尽办法去弥补。每次出差在外,不管在哪里,离得多远,工作再忙,都会每天打个电话回家,看看家里怎么样,和妻子聊一阵。我理解玉梅的辛苦,她的身体一直不太好,我现在更关心她,有机会回家,便会操起拖把,将家里拖得干干净净,其他能做的体力活也都给做了。

她过生日,我没送过鲜花或蛋糕什么的,我们不习惯那种浪漫的形式,但我肯定有礼物给她,不管这个礼物是便宜或者贵重,趁这个机会我一定会给她买个生日礼物。大都是一些穿的、戴的、用的。

平时都是她带儿子,我如果周末回家,就会带儿子去补课。

我知道,我们的婚姻是比较典型的军人婚姻——军人为国家人民奉献,妻子为家庭奉献。生活平静而充实。我想,婚姻是现实的,是在锅碗瓢盆中一点点垒起来的日子,是两个人互相陪伴,是看着孩子一年年成长。千千万万个幸福的家庭都是相似的。我们要做的就是维护它、珍惜它。

我能对儿子说些什么

头顶上阳光明亮,脚下广场平展开阔,四周鸽子成群,我和儿子杨宁康在喂鸽子……这是一张照片描绘的情形。不过我需要告诉你,这是我第一次也是唯一一次带儿子去广场上喂鸽子,并且是按照要求拍了一组照片。

实际上,虽然他从出生到现在都在我身边,我和儿子一起生活的时间却不多。在北京10年时间,带他出去玩的次数屈指可数,北京周边我带他去过一次颐和园,去居庸关爬过一次长城,每年一次带他去郊外采摘……而最近这些年,即使星期天我有时间回家见他,他却不一定能见我——很多时间他都在上课,或者参加辅导班。

他眼下正在人大附中上初三,个头长得已经比我高了,当我写这本书的时候,我想也许他会看到这些文字。在这里,我希望他能明白和理解,我作为父亲对他的歉意。

很惭愧我和他在一起的时间那么少。因为前四五年,我们一直在紧张训练,纪律严格,执行任务回来后又几乎没有空闲地忙于工作和各种活动。孩子从小学到现在,我从不知道他的班

难得和儿子一起喂鸽子

主任是谁,他有哪些老师和同学,家长会更没参加过。我有时周末回家,能做的和做得最多的,就是陪孩子去学校补课。他上小学时家里没有车,只能乘坐航天城门口唯一的一趟365路公交车,我和儿子一大早去,他在课堂上课,我在外面等着,晚上再和他坐车回家。

当然,我们也有相对集中在一起的时光,父子两人相依为命。那是2001年到2003年,儿子上小学二年级的时候。我妻子玉梅突然得了严重的肾病,每个月都要住院治疗,经过大队报请上级特批,在爱人住院期间我可以晚上住在家里,以便照顾我那7岁的儿子。

每天的训练结束后,我便骑自行车急急忙忙朝家里赶,这时候儿子大多已经坐班车回到了家里,他自己有家里的钥匙,和红领巾一起挂在脖子上。我一进门,他会"爸爸、爸爸"地叫着跑过来,在我身前身后转悠,给我说他在学校上了什么课、有什么作业,今天又被表扬了没有,然后就仰着头、咽着口水问:"爸爸,咱们今天吃什么？我饿了……"

说实话,我确实不太会做饭,直到现在也不会炒菜,最多可以用电饭锅把饭做熟,当然还会下方便面,会煮速冻饺子。我经常顺道从公共食堂买回饭菜,爷儿俩对付着吃顿晚饭。次数多了,儿子自然不高兴,但也不会"罢吃"或者明显地表达他的不快,只是吃起来很消极。

我心里实在过意不去,后来面对儿子对晚饭的期待时,便哄他:"今天爸爸给你做饭吃,怎么样？"之后大张旗鼓地生火做饭,煮面条或下速冻饺子。过了一段时间,儿子见我也就这两下子,当我再表示要给他做饭时,便兴致大减:"又吃这个呀……"

儿子正在长身体,营养得跟上,为了增加他吃饭的兴致,我仔细看了航天员灶上常做的荷包蛋和蒸鸡蛋,回家尝试着给他做。经过一两次"试制",我就可以把荷包蛋做得形状完整、口感适中了,尤其是蒸鸡蛋,香嫩可口,儿子吃得不亦乐乎。

见他爱吃,我后来基本每天都做一两个鸡蛋,拿小铁碗给他蒸,我的心得是火大了不行,时间长了也不行,要不然鸡蛋就会变老。一段时间下来,我觉得航天员灶上的蒸鸡蛋已经比不上我做的了。有一天跟人聊天,他们觉得蒸鸡蛋不好做,一蒸就蒸老了,我说不会呀,你在鸡蛋里加一点点水,把锅盖开点儿缝就不会老的。

我做的蒸鸡蛋成了儿子最喜欢吃的东西,后来,儿子放学回家见到我,就直接点菜,说:"爸爸,我饿了,咱们吃蒸鸡蛋吧。"

晚上,我和儿子吃完饭,他去做作业,我则收拾家里,洗洗涮涮,准备他第二天一早上学要穿的衣服、要带的东西,然后看看他的作业,给他辅导一下。10点钟让他睡觉,等他进入梦乡,我便回到灯下做自己的航天功课,直到12点之后。

早晨6点,我起床做饭,他起床后睡眼惺忪地吃,我鼓励他今天要好好上学,带好消息回来。之后骑上自行车送他到学生班车点,我则赶到航天员中心参加早操。

在那段时间,我体会到了做父母的辛苦,从而理解了玉梅操持家务和养育儿子的不易,也体会到了作为一个父亲和儿子之间的温情与亲密。我能感到,儿子多么希望我跟他在一起,陪他玩,给他讲故事,和他一起看课本、做作业,而我做的却如此之少!

出于当初我的工作、训练和真实身份须保密的原因,许多话是我不能对儿子讲的,所以很长时间以来,他只知道我是个飞行员,一见面就要求我讲驾驶飞机的故事,对我所有的活动都感到好奇。

他小时候常翻我们家的相册,非常喜欢我一张穿着飞行服、站在战斗机舷梯上的照片,一直认为我就是飞行员。在中关村一小读书时,老师要求学生们写一篇记述人物的作文,他就以我为题写了篇《爸爸的雄姿》。

文中写道:"一想起爸爸,我就感到特别亲切,我每天都为自己有这样的好爸爸而高兴……可是,爸爸的工作那么忙,我一个星期也很难见到他一面,好在我手中有爸爸的一张照片,看到照片上爸爸的雄姿,我还有什么困难不能克服呢?"

后来这篇作文发表在中关村小学的《作文导报》上,得了18元稿费。他回家用这些钱买了三个西瓜,说:"爸爸每天训练很辛苦,要流很多很多的汗,我买西瓜给他解渴。"

一个父亲知道自己的儿子对自己怀有这样的看法和关注,不可能不为此高兴和激动,尤其在交流比较少的情况下。每每想到这件事,我心中便有一股热流涌动,更感到对儿子欠缺的太多了。

父亲和母亲对一个孩子的影响肯定是不一样的,尤其是父亲对儿子在成长过程中所起的作用,应当更重要、更直接。在宁康逐渐长大的过程中,我们再没有像2002年前后那么长时间在一起,有时周六周日才能见一见,有限的交流都是通过电话进行。儿子从儿童到少年,在经历人生最重要的蜕变,我却似乎成了一个旁观者,直到现在我才知道,这对他思想、精神与个性的发展非常不利,而且也似乎影响到了我和他的感情。

小时候他特别喜欢和我在一起,一见面就问这问那,说他和伙伴们在一起的事,现在他即使见了面也不再有那么多的问题问,不再有那么多话。我明显地感到,他和母亲更亲近一些,对我则有些疏远。他已经是一个健壮的、骄傲的少年,我宁可理解为他正进入青春期,有着同龄孩子一样的叛逆倾向和沉默习惯,而不愿把这看作是因为我们疏于交流而造成的隔阂。

作为父亲,我也一样有"望子成龙"的强烈意愿,那么,我能对儿子说些什么呢?

当儿子小的时候,我可以有时严厉一些,按照自己的想法规范他的行为,现在,他已经慢慢懂事了,也越来越不好管了。十几岁的青春期,已经开始表现他的个性和独立,对我的严厉管束,他会在意地反抗。但我相信他不会做出什么出格的事。他从小在部队长大,性格安静,自制力强,心地纯洁,有很强的是非观念。

我想对儿子说,我和你的母亲并不担心你的人生道路是否会"跑偏",但我希望你能好好学习,并且发展自己的爱好,追求自己热爱和喜欢的东西,让你的生命内容更为生动和丰富。

儿子小时候我们曾带他学习电子琴、唱歌和跆拳道,他的接受能力很强,学起来游刃有余,在不到两年的时间里,各项考级都考过了好几级。但是,后来我的训练进入了白热化阶段,时间和精力有限,妻子又生病两年多,直到现在身体也不好,就没有人带他去上这些课,条件不允许他继续学下去,便把课外班全停了,琴也不弹了,歌也不唱了,拳也不练了。

虽然我们没有为儿子创造出很好的条件,但他自己能够在某些方面得到发展,并从中体会到快乐。他喜欢新鲜的事物,对高科技有着强烈的兴趣,对电脑的钻研程度已经超出了我的理解能力,玩电子竞技游戏的水平远远超过我。我想对儿子说:我一直就很喜欢玩游戏,而且自认为玩得非常好,有合适的机会,我们可以像我年轻时曾经做过的那样,打它个通宵。

在我作为首飞航天员成为众人瞩目的"英雄"和"名人"之后,经常参加一些活动,在各种媒体上露面,儿子就经常提醒和教育我"千万不要骄傲"。我得说,儿子在这方面做得相当好,他从来不会在别人面前特地提起我,也不会去炫耀自己的爸爸怎样怎样。我不愿意给孩子说太多有关荣

陪儿子去游乐场玩

誉和自己多么重要,我去执行任务都没有告诉他。执行完飞行任务后,除非特别需要,参加活动我尽量不带他,我觉得名目繁多的社会活动对他没什么好处,对培养和教育他没有正面的意义,反而可能

教儿子吹黑管

不利于他的成长。我一直认为,关于儿子的成长,让他远离功名利禄,一切顺其自然比较好。

我到过很多学校,感受得到孩子们的那种热情和崇拜,他们可能觉得我多么了不起。但儿子确实没有对我表现出这种崇拜,可能在他的潜意识里也有那种"爸爸是什么什么英雄"的想法,但他并不表现出来。我想对儿子说:你真的让我惊奇,为你的表现感到欣慰和高兴。你是如此平静、沉着,我相信你在未来仍然可以保持平常心态,保持谦虚、谨慎和踏实。

曾经有许多人以不同的方式问过我:"对自己的儿子你有什么样的期待?你希望他以后也当一个航天员吗?"我知道许多人把望子成龙理解为成名成家,但我认为,以我们的要求去苛求孩子的未来是不对的,孩子的成长自有他的轨迹。

当然,因为自己如此热爱、如此全身心地投入航天员这个职业,我的确希望自己的儿子能够也走上这条道路。但每个人都有自己的追求,每个人都有他热爱的事业、他适合的工作,找到并确认某个职业作为自己毕生的目标,是很不容易的事情。

我不会将我的想法强加给孩子。我想对儿子说:如果你以

后能认识到作为航天员的艰险与光荣,并且深深地热爱上了它,就朝这个方向努力吧!如果你热爱并选择了其他职业,我会同样不遗余力地支持你。我没有想过一定让你做什么,唯一的希望是我自己在人生过程中的刻苦努力,能够成为你的借鉴和榜样。

具体到要让儿子成为什么样的人,我并没有一个清晰的目标。孩子不一定要成为航天员,不一定要成为名人,不一定要上北大清华。我觉得,孩子适合学习什么,就让他学习什么,不要用一些固定的标准去衡量孩子。拿我们做航天员来讲,是有很多主客观因素促成你当航天员,不单单是你自己努力就行,还得有一定的外部条件和机遇。成名成家也好,仕途顺利也好,生意成功也好,不单单是个人努力的结果,还有好多是机遇、机会的促成,而这是国家和社会给予你的东西。我觉得对一个孩子来说,有两点非常重要:一是能够找到指导你生活和工作的老师,真正意义上的良师益友;二是能读几本好书。

我想对儿子说:不管你以后适合干什么,想要做什么,你都要有健康的身体、阳光的心灵、丰富的知识;如果非要说我到底想让你成为一个什么样的人,一个健康的、快乐的、对国家和社会有用的人——这就是我对你的希望。

现在我没有任务时,晚上在忙碌的工作和活动结束后,我会急着赶回家。儿子上初三了,我想尽量陪着他做功课,毕竟明年他要考高中了。我想,只要我有时间,我会尽量去弥补这些年难以做到的对儿子的关爱。

战友就是不一样

中国最重要的传统之一就是重视家庭亲情,以前逢年过节,父母总是会提醒我给各路亲戚打电话、送礼品,条件允许的还要登门看望。社会学上所说的"家族树"实际就是"亲情树",由血缘关系结成的情感是我们生活中最重要的内容。

我们家有不少亲戚,在当兵之前,许多亲戚家我都去过。在入伍以后的二十几年间,由于时间原因,也由于通信不便,我和他们联系很少,但还是会通过各种渠道得到关于他们的消息,我为他们的喜事而高兴,为他们遇到的坎坷而叹息。在我完成首飞任务后,几乎所有的亲戚都和我联系过,他们的祝贺、欣慰和自豪,让我感到温暖,并且从此联系得更多了。

说实话,我有很多朋友。有人问过我,我都有些什么样的朋友,这却让我无言以对。我没有特地去区分过谁谁是哪一类的朋友,从友情的角度说,我觉得至少要有共同语言,能够进行交流,起码在性格方面能够互相吸引,才能成为朋友,与他的职业、地位、名气没有什么关系。

执行完神舟五号的任务后,我非常注意自己的言行,尤其是在和朋友们的交往中,就是担心朋友觉得我出名了,是不是会变了。后来我发现,我的朋友不仅没有减少,反而更多了。许多以前一直没联系上的朋友,通过媒体知道了我在哪里、做什么,重新联系上了。我很高兴,真正的朋友是不容易失去的。

我没有按所谓的层次来区分朋友,我的一些小学同学至今还在农村种地,他们到我这里来,我一样好好接待,吃饭、聊天,高兴得不亦乐乎。我们会谈到小时候的那些事情,也会问到现在互相之间能够帮上什么忙。朋友之间是不用过多地讲究礼数和客套的,说什么说得不对,他们一着急,兴许骂我两句,他们是情之所至,我也不会在意。朋友之间,最重要的东西是信任,而友情的基础是真诚。

确实,很多人想象,现在的我几乎应该无所不能,别人办不到的事,我都应该可以办到。我理解大家的这种猜测,也有很多过去的老同学和老战友找我办事,在不违反纪律和违背原则的

与退伍老兵告别

前提下，我都会尽量帮忙。

比如一些老战友来北京看病，我会帮忙找医院，安排住宿，或者通过别的朋友找个好医生，这些我都会尽自己所能去做。没什么具体事要办的朋友来北京，有空联系上，我们会见见面、叙叙旧。如果违反原则和规定的事或超过我能力范围的事，我确实无法帮忙，就直接告诉他们我做不了。其实，真正的好朋友，不会向我提出那些不合情理的要求。

神舟六号发射前我与费俊龙、聂海胜聊天

在所有的情感中，我最珍视的是战友之间的感情，它深厚得无法用具体的语言来形容。军人们会用"战友，战友，亲如兄弟"这句话来概括。这种普遍存在的情感体验，具体到每个人身上又是不同的。

在连队或学员队中，它是一起饮食起居、摸爬滚打、共同成长、共同品尝青春的快乐与艰辛；而在执行作战或急难险重任务中，它是一同面对共同的敌人，面对鲜血、死亡和生命终极的考验，互相之间随时准备为对方牺牲；在我们航天员大队，是一种以共同的信仰、共同的目标、共同的使命和责任为基础的情感。在神五上天之前训练的那段很长的时间，我们整天吃住训练在一起，经受着同样的艰苦，思考着同样的问题，也面对着同样的危险。大家亲如兄弟，我们开玩笑时说，我们在一起的时间比跟家人还多得多。

　　这样的相处开始时,尽管我们都已经过了30岁的年纪,性格和思想都已经成熟,但十年里,我们在一起的时间超过了与最亲近的人在一起的时间的总和,俗话说水滴石穿,长时间形成的这种互相了解:这种亲密程度,堪比最亲的亲人。

　　在执行神舟五号首飞任务的前一天,战友们几乎每个人都来跟我交代一番,其实他们知道,那些技术问题以及各种情况的处置都没什么好说的,他们就是不放心,只是希望我能顺利完成任务,并能安全返航。翟志刚和聂海胜送我进舱时,我注意到他们的眼睛红红的。

　　就我自己来说,执行神舟五号飞行任务时心里很踏实,睡得很好,但神舟六号发射时,我前一晚一直睡不着觉,精神紧张,压力很大,脑子里想着他们能不能顺利,会不会遇到什么突发情况。送神舟七号的三位战友时,按规定我们不能送他们到塔台,而且不允许和执行任务的航天员握手。但当翟志刚走过我身边的时候,我们俩还是拥抱了一下。那个时刻我心里感到很复杂,虽然我知道应该没有问题,但毕竟面临着很高的风险,而且当了副所长之后,主管选拔航天员的工作,我觉得去执行任务的航天员几乎都是我选出来的,故而他们将面临的风险自然跟我有关。

　　所以,我们的命运是连在一起的,我们表现得有些依依不舍。现场的很多人后来也说,当时我的表情很严肃,眼睛也红了,看上去心情很沉重。

　　不仅是我,当过兵的人都能体会,战友之情,是我们一生中特别珍贵的情感。和一般部队一样,我们单位每年都有老兵复员,好多战士在这里做勤务或当司机,几年后要离开,送的人和走的人都会流泪,都恋恋不舍。到火车站送他们,好多战士哭得没有办法。我每年送老兵都会受这些煎熬。

这些战士离开军营了,到地方去工作,这是部队的规律,而他们可能会有更好的发展,这本身并非一件不好的事。但战友总归离开了部队这个集体,将来见面的机会越来越少。那种多年形成的兄弟一般的熟悉和亲近,那些互相之间的激励、关心、理解,因为距离而不得不生生断开。

特别的环境,特别的职业,特别的工作,特别的生活,造就了军人之间特别的感情。所以,这就不难理解,为什么"战友"这个词会有这么深厚的情感色彩。

我们航天员是最亲密的战友,另外还有工作上的联系,和部队里的所有单位一样,这里也存在着竞争,毕竟执行重要任务或获得机会的是少数人。但这种竞争是一种必要的良性竞争。

在神舟五号首飞选拔的时候,当时我们三个人进入了首飞梯队,找我们谈话时我就说:"执行任务毕竟是一个人去,选拔必然有一个竞争过程,这个竞争不是人与人之间的竞争,不是个人之间为了争名夺利,是任务的要求带来的竞争,这个竞争是良性的,让我们把自己的能力充分发挥出来。"

部队一直存在着"比、学、赶、帮、超"的传统,这就是提倡在竞争前提下的共同进步。一个不存在竞争的团队是不可能有战斗力的,所有人也不可能有机会变得更加优秀。所以,对我们来说,每个人都要去争取机会,而且当仁不让。这和互相之间的情感并不冲突,反而会促使我们彼此更为了解、更为信任。这种建立在信任基础上的竞争,让战友之间多了惺惺相惜,多了关切和

神舟七号成功飞行回来，与战友们合个影

鼓励。

我们的历次航天飞行对航天员都有一次选拔，竞争是自然的，在具体的标准下，在公平、公正、科学的前提下，看谁更符合要求，更能保证任务的顺利完成，我们对此都非常坦然，而且都会发挥自己的优势，努力参与。在训练和选拔的过程中，我们会交流哪儿做得好，哪儿做得不好，应当怎么办才行，没有互相防备、嫉妒这些现象，这在部队里根本就不存在。我们一直在说，我们全体航天员是一个整体，谁去执行任务都是全体战友在执行任务，这不是一句空话。

现在，我也参与了对航天员的选拔。曾有媒体问我，在选拔的过程中，是否掺杂了个人情感？首先我要说，任何一个人都不可能抛开情感去抉择，如果说我在工作中掺杂了我的情感，那么这种情感就出于我对航天员更了解，在同等的条件下，我知道谁更适合去执行任务。

人们有一个词评价航天员队伍,我觉得挺贴切,说这些人都很"整齐"。航天员这个队伍真是非常不错,从各方面来看,的确都很整齐。首先大家思想上都很积极,心态很阳光;第二个,这是一些纯真的人,这些人从飞行员到航天员,接触社会相对来讲比较少,一直生活在一个相对单纯的环境中,为人都很直爽,个人品质和修养上都非常出色。

当初就有一个选拔标准,航天员就是按这个统一标准选进来的,大家的背景、工作经历都差不太多,当然,每个具体的人会有一些个体差异——从技术上看,有的人接受快一点儿,有的人慢一点儿;从学习角度来讲,有的人学习能力强一点儿,有的人弱一点儿;有的人社会经历多一些,有的人少一点儿;有的人外向一点儿,有的人内向一点儿,有些人见面就能和大家打成一片,有的人平时话不多……但即使存在这种差异,也是非常小的,差距大了不可能进入这个队伍。

每个人都有自己的个性,都有自己的优缺点,但航天员综合素质都相当高,彼此真诚相待、坦荡以对,没有什么钩心斗角、虚头巴脑的情况。我和大家的相处都很好,与每个人都能找出这样那样的感情深厚的理由和渊源。

第九章　清醒的梦想者

作为一个人而言,在离开家的时候,面对的是一个人类社会,在背后给他做支撑的是一个家庭;而作为一名航天员,来到太空的时候,面对的是浩瀚无边的宇宙,背后支撑他的将是整个人类……

航天员上天是为了完成飞行任务,同时也将参与国际救援、维护和平及环保等多项工作,国际空间合作是我们航天事业发展的必然趋势,也是我们工作的题中应有之义。所以,中国的航天员理当胸怀世界,具有国际视野和合作意识。

中国的，世界的

2009年10月4日，参加完国庆60周年大典的第三天，中午时分，我和中国航天员代表团一行数人，在北京国际机场3号航站楼等待出发。办理完行李托运后，离预定登机时间还早，我们一边等待，一边谈论即将开始的行程。

我们即将前往捷克首都布拉格，参加太空探索者协会（ASE，Association of Space Explores）的第22届年会，会议时间是2009年10月5日至8日。自1985年协会的第一届年会召开以来，此次是中国航天员首次参加。

太空探索者协会（ASE）是国际航天界的重要组织，对会员资格有严格的限制，到现在为止，世界各国仅有几百名航天员有幸成为它的会员。本届年会将有来自14个国家的49名航天员代表出席，会议的主题是"太空——所有人的机会"，要对目前人类在太空探索方面的历史进程和科技成就进行广泛的交流和研讨。中国航天员的首次与会将是本届年会的一个焦点，而我将在会上做主题发言。

登机出发的时间到了，但机场广播中却传来消息：因为某些原因,我们将要搭乘的航班晚点一小时!这让我们不禁担忧起来。

从北京到布拉格没有直飞航班,我们的中转点是巴黎,转机的时间我们留出了两个小时。因为两个航班不在一个航站楼,且相隔较远,按正常速度需要 1 小时 45 分钟才能完成中转,理论上的富余时间只有 15 分钟。而现在航班推迟一小时,这意味着我们有可能错过下一程航班,还有可能无法参加第二天的开幕式。

经过北京与巴黎的紧急协调,首都机场的服务人员告诉我们:"可以放心了,已请巴黎方面安排人员在机场内接应。"

下午 2 时许,我们登机飞往巴黎,本希望飞行途中能补回点儿被延误的时间,可广播通知说,由于飞机逆风飞行,会晚于预

2009 年 10 月,在布拉格与世界首位出舱航天员列昂诺夫合影

2009年10月5日,在捷克首都布拉格举办的第22届太空探索者协会年会开幕式上航天员及家属们集体合影

定时间到达巴黎。补回耽误时间的期望就此落空。

11个小时后,巴黎时间晚上7点,飞机停在戴高乐机场一号航站楼,这时离下一班飞机预定起飞时间只剩下40分钟了。大家都有些着急。

一个早已等在出站口的金发碧眼的法国女孩走过来,她用流利的汉语问走在前面的玉梅:"请问你是张女士吗?"玉梅回答:"对,我是。"我们一行人都凑了过去,法国女孩向我们看了一眼,急切地说:"请问你们可以跑吗?"我们愣了一下,明白过来后笑着说:"当然,可以跑。"

在那个法国女孩的带领下,我们开始在来往的人群中小跑穿行,出关、盖章,然后接着跑。一阵"跑步前进"之后,一切都办妥了,我们搭乘开往另一个航站楼的"小火车",顺利到达了登机口。我们向法国女孩道别,感谢她为我们所做的一切,同时一边擦汗一边感叹："这可能是戴高乐机场用时最短的一次转机了!"我们只用了20分钟。

两个小时后,我们终于到达布拉格机场,但一等再等却没有拿到自己的行李,而我们的正装都在行李箱中,行李不到,就没有合适的衣服出席开幕式。在机场接我们的中国驻捷克大使笑着安慰我们:"没关系,转机时常碰到这样的事。时间还来得及,我们马上回去按你们的身材找衣服,直接送到宾馆去。"

我们是穿着大使馆送来的西装参加的太空探索者协会第22届年会开幕式。在开幕式上,协会主席、加拿大航天员克里斯·哈德菲尔德特别对中国航天员首次参加会议表示欢迎。而接下来的几天,无论在参加活动时,还是在我做会议发言介绍中国的载人航天计划和中国未来的近地轨道探索计划时,"中国航天"都是与会人员最为关注的焦点,也赢得了最热烈的掌声。

我们当然知道,中国航天近年取得的一系列成就,让世界对中国航天的迅速发展充满好奇。尽管如此,我们在此次大会期间受到的关注程度和人们表现出的热情,仍然让我和我的战友们始料不及。

我成了接受媒体采访最多的人,也成了社会公众追逐的目标。热情的"粉丝"们利用会议间隙请我签名,他们拿着各种尺寸和各种版本的照片,在会场门口和停车场附近专门等候我出现。有的人为了获得更多签名,来回折返好几次。还有人甚至委托宾馆服务生,在我休息的房间留下照片,请求签名。而在应当地华人华侨的强烈要求专门组织的报告会上,我讲述了中国航天的发展历程,讲述了我和我的航天员战友们鲜为人知的艰苦训练,讲述了我自己飞天过程中的所见所闻,再一次从人们的感叹中深切地感受到了兴奋、骄傲和自豪……

一次太空飞行,让全体中国人扬眉吐气,也让全世界的人们重新认识和打量中国。从2003年10月之后,我有更多的机会走出国门,参与国际活动,也到处感受到作为首次太空飞行的中国人所受到的欢迎和重视。

尤其2003年国际航天界事故频发,美国的载人航天活动暂停了两年,而中国却相当完美地实现了第一次载人航天活动,这在世界上引起了极大的反响,获得了国际航天界的钦佩和赞扬,因为它对世界载人航天都是一种鼓励。2005年"神舟星"和"杨利伟星"的命名就是国际航天界对中国载人航天成功的嘉奖。

2004年,我们载人航天代表团去美国纽约联合国总部参加当地华人华侨举办的欢迎酒会,他们流露出来的激动和幸福无法用言语来形容。我刚到场,就被人们围了起来,每个人都要求和我拍一张照片,不知道现场有多少个相机,无论和谁合影,所有相机都在拍,闪光灯刺得我睁不开眼。但我一直坚持站在那里满足每个人的心愿,酒会没开始,光拍照就用了两个小时。回到宾馆,我的眼睛出奇的疼,结果是眼角膜因相机的闪光灼伤了。

就是那次,一位白发苍苍的老华侨拉着我的手,一边流眼泪,一边哽咽着说:"我年轻时离开祖国,再没回去过。在我们海外华人的心目中,中国的飞船都可以上天了,祖国的国力强大了,我感到腰杆儿一下挺直了。你知道吗,对我们来说,你们飞船飞多高,我们海外的华人华侨的头就能抬多高!"

载人航天无疑是一个国家经济水平和科技水平的展示,是国家强盛的一个标志;而从更广泛的意义上说,它也是全人类的一项共同的事业。人类遨游太空,是大自然和人类相互征服、寻求和谐过程中迈出的一步。站在人类的角度看,这一步迈得很伟大、很了不起。

在太空飞行时,当我有闲暇去感受飞船的运动时,由衷感叹人类的智慧和能力——把飞船这个七八吨重的金属物体弄到几百公里以外去,远离地球,来到太空,按照人类的意志航行,真的是太不容易了。不仅是作为一个中国人,作为人类的一员,也令我深深为之自豪。

航天员上天是为了完成飞行任务,同时也将参与国际救援、维护和平及环保等多项工作,国际空间合作是我们航天事业发展的必然趋势,也是我们工作的题中应有之义。所以,中国的航天员理当胸怀世界,具有国际视野和合作意识。

我们的航天事业,既是中国的,也是世界的。

神舟五号飞行时搭载了联合国的旗帜,表达了中国人进行航天活动的宗旨是和平利用空间,表达了中国对全人类的祝福。

2004年5月,我们载人航天代表团去了位于美国曼哈顿的联合国秘书处大楼。先到了第23层,那里是联合国中文翻译组所在地。

我们中国载人航天代表团走出电梯,一下子就被鼓掌欢呼的人群包围了。在悬挂着的"欢迎中国航天英雄"的横幅和中国国旗、联合国旗帜下面,挤满了中国雇员和中外记者。我们被淹没在人群里。来自台湾的中国和平统一促进会会长花先生,拿着一张椅子挤过来,让我站在上面。

我向大家敬了一个礼,表达了我的兴奋和感谢,回答了大家的问题。

联合国副秘书长陈健在致辞中说:"中国首次载人航天飞行,不仅把中国国旗带到了外太空,还把联合国旗帜带到了外太空,这表明中国对联合国及其所代表的多边主义的重视和支持,也表明了中国把在航天事业中所取得的成就视为全人类事业的进步。"

之后在中国常驻联合国代表王光亚的陪同下,我们来到位于38层的联合国秘书长安南的会客室。我将那面曾和我一起环绕地球飞了14圈的联合国旗帜交给了安南,用英语说:"我很荣幸将这面联合国旗帜移交给您!"

安南则微笑着接过来,回答说:"谢谢!"他说的是中文。

我还将那面在太空展示过的小型联合国旗帜和一面同样大小的中国国旗送给了安南本人,我们的代表团团长胡世祥赠送了神舟五号飞船模型。

2004年5月19日,我向安南移交神舟五号搭载的联合国旗帜

自世界开展载人航天活动以来,中国并不是世界上第一个在飞船上搭载联合国旗帜的国家,但是首次载人航天飞行就搭载联合国旗帜的,中国却是第一个。

安南非常高兴,并在当时正在召开的联合国例会上提议全世界都要向中国学习,说:"这一举动体现了中国对联合国的支持和信赖,具有重要意义。神舟五号飞船的升空是全人类迈向太空的一步。"我们赠送的旗帜和神舟五号模型,被永久性地陈列在橱窗里。

离开联合国总部,代表团去了美国著名的肯尼迪航天中心,刚好航天飞机在那里做检测维修工作,我们被带到厂房里参观。

在进去的时候,我看到一个美国人,双手拿着一张展开的报纸,是国外的一张报纸,上面登着对我太空飞行的报道,还有我的照片。我当时并不清楚是怎么回事,就没有理会。等我们参观完了,出来的时候他还拿着报纸站在那里,我就让翻译去问问他,这是什么意思,是不是想让我们签个名。那个人说并不是为了索要签名,只是想表达对中国载人飞船发射成功的敬仰和祝贺,因为他是搞航天的,很高兴这个事业又有新的人加入了。他就是以这样的方式表达自己的感情。

在华盛顿,我见了美国参议员纳尔逊,他是我的同行,曾在1986年乘哥伦比亚号航天飞机到空间站工作。同一时间我也见到了航天员奥尔德林,就是跟阿姆斯特朗一起乘阿波罗11号完成人类第一次登月的奥尔德林,他第二个踏上了月球。当时他就对我说,得知我来到华盛顿就非常想和我见面,哪怕只有5分钟也可以。

在纳尔逊的办公室,我们首先互致作为航天员的祝贺,又讲了作为航天员的一些共同认识。他说,他办公室里的许多照片,都是他在太空拍摄的自己的家乡。我也谈了经过自己祖国上空、经过自己家乡上空的时候的所见所想。

我们合影时,参议员一定要让我站到中间,但我后来又把奥尔德林给拽到了中间。我说,中国有尊重老人和前辈的传统,纳尔逊先生是美国的参议员,是资深官员,也是一个老航天员,他可以站在中间,可是因为奥尔德林资格更老,他已经80多岁了,不论从年龄还是从别的各方面我觉得他应该站中间。我说:"这是出于中国的传统,你们两个人都比我年龄大,也是航天界的先行者,作为后来者,我很尊重、很佩服你们之前做的事情。"互相谦让半天才合完影。

晚上,奥尔德林先生又专程到我们住的酒店里来,一定要看看我们,和我们聊一聊。让我钦佩的是这些老航天员对事业的执着,他完全抛开了别的东西,和我谈的都是有关航天的专业内容。尽管不可能去飞行了,他想的依然是下一步人类航天的发展,他对我讲了类似航天器空中接力的设想。

后来,我就一直试图去理解他说的内容。到俄罗斯去访问时,我看到俄罗斯对载人航天远景的规划,恰恰印证了当时奥尔德林说的内容。比如说探月飞行,可以先把飞船发射上去,到达空间站,从那里再发射一个加速器,助推飞船,就像接力一样。

奥尔德林先生主动提出介绍我加入"太空探索者协会"(ASE),于是就有了本节开头时的那一幕。

站到国际合作的平台上

2006年我作为中国的首飞航天员,去西班牙参加国际宇航联大会,会议特别安排了一个"中国航天日",在会上我做了15分钟的演讲,并且回答提问。因为事先不知道有这样的安排,在这个临时发表的演讲中,我讲了自己对航天、对太空飞行的感受。我在演讲中说:

当我从太空归来,静下来思考问题的时候,首先感到的是人类的伟大……但当我透过飞船的舷窗注视广袤无垠的宇宙时,我又感到个人的渺小。正是在这种伟大和渺小的辩证中,让人类有了征服太空的勇气和力量。

作为一个人而言,在离开家的时候,面对的是一个人类社会,在背后给他做支撑的是一个家庭;而作为一名航天员,来到太空的时候,面对的是浩瀚无边的宇宙,背后支撑他的将是整个人类。所以,我们没有理由不热爱自己的家园。只有在和平、和谐的人类社会中,才能实现更多的探索外太空的梦想。

中国在世界载人航天的大家庭里,是个后来者。但是我们能上天了，代表着中国综合国力的提高，改革开放的丰硕成果，让我们在茫茫太空中有了自己的一席之地……

演讲结束后，接受大家提问，第一个问题由大会主持人提出，他说："你对中国的'嫦娥'探月计划怎么看？"当时，这个计划还在进行中，许多数据处在保密状态，而且很多事项还没有最后确定。

我不能拒绝回答，又不能直接回答，恰好那天是中国的中秋节，我就说："感谢主持人的问题。今天是中国的传统节日中秋节，就是一个有关月亮的节日，在这一天，人们在月亮下团聚，也自然会讲那个流传了几千年的嫦娥奔月的故事……自古中国人就对外太空充满向往，科技的发展让我们的梦想有可能变成现实，今天我邀请全世界的同行来一起分享这个节日的快乐，将来开展亲密合作，让所有的人都美梦成真……"我说完，反应很热

在俄罗斯，我获得了加加林勋章

烈，主持人也很高兴，把我拉到他的主持位置上坐下，继续回答问题。

在国际合作中，我们与多个国家有很好的关系，与俄罗斯的合作更多一些。2005年8月，我在俄罗斯访问期间，他们的宇航员克里卡廖夫刚刚打破了同胞阿夫杰耶夫六年前太空飞行747天14小时的纪录，成为飞行时间最长的人，同时也是太空飞行次数最多的人，这是他的第6次太空飞行。我在俄罗斯地面飞行控制中心与他对话，祝贺他的成就。

俄罗斯联邦航天局授予我一枚"加加林勋章"，佩尔米诺夫说："这枚勋章专门授予国际友好人士，希望您也能像克里卡廖夫一样，成为中国太空飞行时间最长和飞行次数最多的人。"他还赠我一块带有俄罗斯国徽的台表，带着幽默的表情对我说："我已经把它调成莫斯科时间了，希望您将它放到自己办公室里，将来参加中俄国际航天合作项目时，就可以随时知道莫斯科时间了。"

作为答谢，我也向佩尔米诺夫先生回赠了中国生产的航天员飞行专用表。当然，上面显示的是北京时间。

尽管我国的航天事业起步较晚，与美国和俄罗斯还有不小的差距，但我们将在接下来的时间里走得很快，争取早日与世界先进水平并驾齐驱。现在真正可以称为航天强国的只有三个国家，美国、俄罗斯和我们中国，我们的中长期目标是，将中国的航天事业推向世界，建成一流的、国际化的航天中心。

参与国际航天活动，对我有着巨大的吸引力，除了通过交流去提升和丰富自己的职业内涵，更重要的是，中国航天人应当尽快融入这个"俱乐部"，获得更新、更先进的观念与信息，为国家航天事业更好更快发展做出更大贡献。

参加活动时我最大的感受是,有关的技术交流和外太空活动的文件起草,有许多涉及国家利益,涉及中国在外太空和平利用方面的发言权。

我参加了三次国际宇航联大会,一些国家的宇航员问我想不想和他们一起飞行,我愉快地接受了他们的邀请,说我愿意和世界上各个国家的同行一起去执行航天任务。而我本身也的确有这方面的考虑。

我曾在国际会议上提出一个建议,国际航天界应制定共同标准,特别是在飞船和空间站设计方面,统一的标准将为我们共同执行任务、航天救援和航天合作方面带来更多便捷。

2009年6月初,我和景海鹏等中国航天员在维也纳参加了联合国外空委第52届会议,我在会议发言中表达了中国航天人的意愿:

> 和平、和谐是蕴涵在中华民族血脉中的文化传统,也是中国航天事业始终体现的主旨。中国政府一贯主张外层空间是全人类的共同财富,坚持为了和平目的探索和利用外层空间,使之造福于全人类。中华民族在人类发展史上创造过灿烂的古代文明,新中国成立后,依靠自己的力量,开始发展航天事业。如今,中国的航天事业正扎实稳健地前进。中国也将根据自己的国情和实际情况建太空站、登上月球并探索火星……

当然,中国的载人航天活动,也会在有些人心中引发关于"威胁"和挑战等等话题。在2009年新中国成立60周年大庆前夕,美国的CNN(美国有线电视新闻网)来中国航天中心探访,我向他们介绍了我国航天事业的发展情况及航天员的训练情况。在专访时,美国记者约翰·华斯问我:"中国的航天事业起步比美国晚40年,你承认吗?有人说,中国目前是美国航天事业最大的挑战,你同意吗?"

我当时已经想到他会以他的观点提出这样的问题,就回答说:"中国的确起步晚,跟美国、俄罗斯都有差距,但中国一直在努力前进。中国的航天事业在进步,中国也在寻求合作,最终将是一个共赢的局面,中国航天事业的发展不挑战任何国家。"

对于他"你认为中国经济的发展对航天事业的发展有影响吗"的问题,我的回答是:"经济是推动中国科技发展的因素之一。但航天事业不仅是科技,也是中国人民精神的体现。"我是

2007年5月,第十六届"人在太空"国际学术会议,我和费俊龙、聂海胜一起参加

有感而发。

其实,在航天员训练场,美国记者看着我们的训练器材,颇有些不以为然,说这些设备比美国的似乎落后了些。他说:"看起来很一般。"

我当时说:"你说很一般,我感到挺高兴。人类航天事业发展40多年,已经被人们熟悉和了解,不再显得神秘。我相信去美国航天员训练中心,大家也会有一样的观感。"

飞天探索,从未停止

按计划,首次载人飞行就是要突破载人飞行技术,去圆千年梦想,因此我在太空的每个细节,对载人飞船的完善、改进和后续的飞行,都具有某种意义。诸多的不确定因素要明确,诸多的不完备处需要找到解决的方法,诸多的问题需要找到应对的方案。就像我们学过的"小马过河"的故事,我通过亲身体会知道了河水的深浅、流动的快慢,而我的责任在飞行任务之后显得更加重大了。

在相当长的时间里,我的主要工作是与载人航天的七大系统不同项目组的科研人员座谈,整理太空之行的记录,回忆过程,补充数据,描述自己的生理感觉与心理变化,提出自己的看法与建议。有时为了一个细节,需要反复模拟比对,以提供尽可能接近真实的情况。比如为了探讨我在太空中听到的某种特别声音,我多次辨听科研人员按照所有可能性模拟出的声音样本。

大量的后续科研工作,这本书中不能详尽记述。只能告诉大家,通过研判神舟五号载人飞行中的情况,之后进行改变或改进的内容有 100 多项,并在后来的神六和神七飞行中得以实现。

在做这些工作的时候,我有时也会反观自己有没有什么变化。太空旅行对人的生理方面的影响,已经做过多年研究,许多问题已经有了定论,但还有许多仍属未知。而对人精神和思想的影响,则更难下定结论。

之前有个许多人相信的说法,称航天员太空飞行后,宗教感会增强,有些人甚至变成了神学家。而事实上,据资料显示,此前国外的某些航天员,完成太空任务后的确产生了很大的思想变化,有的人开始阅读哲学,也有的人开始对神学感兴趣。

还有另外一些航天员得了抑郁症——由于空间狭小,精神高度紧张,可能会导致人的抑郁,这属于心理问题的一种诱发情况。在太空的独特环境下,的确有可能让一个人产生对人类和事物的价值与意义进一步思索的动机,并寻找哲学上的思想工

我的博士毕业论文答辩

具。我觉得这是一种可以理解的现象。

我在太空的时间较短,此前的生理和心理训练,让我顺利应对了所出现的种种情况。如果说太空之行结束后,自己精神和思想上有什么变化,我觉得我的胸怀比以前更开阔了,看待问题更为透彻,在工作和生活中也变得更加大度、更加豁达。

我们航天人当中有一个说法,叫作"归零",除了它的本义"从头开始查找故障原因"外,这个词被引申出更普遍的意义,就是每一项训练或任务结束后,你就回到了起点,从零开始面对下一次训练和任务。

在我看来,"归零"是一种积极的对待人生和事业的态度,它让你在更高的起点上重新开始,开始踏上新的、更壮美的征程。

在执行神舟五号飞行任务后,我也迅速"归零"。在经过短暂的休息体检后,重新恢复了训练,即使有大量的活动和新的工作,也尽可能地保证训练时间和训练质量,让自己的体能和心理一直保持在良好状态。因为,在2003年11月,载人航天工程的领导就告诉我们,神舟六号载人航天任务即将展开。之后的训练从这时起也就烙上了选拔的痕迹。

说实话,我很想执行这次任务。虽然我已经有了"航天英雄"的称号,却并不意味着就此拥有再次飞行的资格,必须和其他战友在同一条件下参与选拔。在针对神舟六号的第一次离心机训练时,教员和医生考虑到我那一段时间工作和活动太辛苦,主动给我降了标准,说你就别做那么大了,有4个G就行了。我理解这种照顾,但我觉得既然训练就得按正常标准做,而且我对自己有把握,就和别的战友一样做到了8个G,仍然是优秀水平。

2004年6月,我与战友们一起备战神六任务时,获得了新的任命——航天医学工程研究所副所长、载人航天工程航天员系统副总指挥,明确的职责是负责航天员的选拔、训练与管理工作。此后,我一边接手新的工作,一边坚持训练,许多的会议、出差、活动和日常琐事,让我的训练时间大量减少,在训练场时也需要分出精力用在组织和考评上。

为了保质保量完成训练和学习,我不得不时常加班,很少在晚上12点前睡觉。这样大半年下来,我保持了很好的状态,每次考核的成绩都比较靠前,带来的后果就是缺觉,就想好好睡

神七发射前的艰苦训练

几天。

神舟五号的飞行经验是非常珍贵的,我拥有它,不可能消失,也不可能不起作用,但在选拔时这经验完全不被考虑在内。即便这样,从我的训练情况看,成绩仍名列前茅;初选时,我的综合成绩仍排名第一。

但我们载人航天任务间隔时间久、数量少,航天员上天的机会不多,有更多的人能上天,于各方面都有利。所以,当复选前组织上告诉我,让我退出神舟六号飞行任务选拔时,我并没有感到突然和吃惊。此后我仍和他们一起训练,但用更多的精力去指导和帮助战友们。

神舟六号的选拔和神舟五号一样堪称严酷,初选是从13个人中选10个人,复选后剩下6人,定选的这6人组成三个飞行组进行排序,定为第一、第二、第三梯队。我参加了考评全部过程。

实际执行任务的是费俊龙和聂海胜,他们的个人成绩排在前两位,而选择搭档时,彼此不约而同选择了对方,可谓是强强联手。复选和定选都是当场打分,他们一直排在第一,直到飞天前5个小时最后确定他们执行任务。在训练和任务执行过程中,两个人从操作技巧到心理相容性,都表现堪称完美。

神舟六号飞船于2005年10月12日发射升空,10月17日顺利返回,其间的过程和故事已经被充分报道过,至于在太空的那五天五夜的具体情况和感受,费俊龙和聂海胜一定讲得最准确、最生动。

10月11日,在问天阁,临睡前我把费俊龙和聂海胜叫到一起,再次把他们要做的工作和可能出现的情况细细梳理了一遍,根据我在太空的感受,告诉他们要注意的事项。我希望能为战友多尽一些力。

我自己在神五飞行的前夜睡得相当踏实,而这次战友出征,我却整夜失眠。看着夜色中巍然耸立的发射塔,看着苍茫的夜空,思绪万千。尽管我相信各大系统都能保证任务的顺利完成,但亲历过太空飞行,我知道迢迢天路毕竟有着极大的风险,因此对他们第二天的飞行,既渴望又担心,既期待又忧虑,久久不能释怀。

我们朝夕相处,这些年在一起的时间比家人还要多,可以说是情同手足。当年我去飞行时,聂海胜和翟志刚帮我穿航天服时眼睛一直是红的,在我升空时,我的领导和战友一直在流泪;而今,我体会到了这种牵肠挂肚的感觉。

因为要进行更高难度、更大风险的出舱活动,担负"太空行走"的特殊使命,与神舟五号和神舟六号相比,神舟七号的很多训练内容是全新的。主要是在出舱活动程序训练模拟器、模拟失重训练水槽、舱外航天服试验舱等设备中,进行超强度训练。在这几年,与国外航天员交流时,我问得最多的是:"当打开舱门时什么感觉?在舱外时累不累?"

除增加心理素质强化训练外,为了做好出舱训练,我国在北京航天城建造了亚洲最大的模拟失重训练水槽,把航天器放在深达10米的水中,模拟太空的失重环境。训练时,航天员身着200多公斤的设备,在水下反复进行出入舱和舱外操作。

虽然我和我的战友们已经完成了三次载人航天飞行任务,但我们都清楚,根据我国载人航天工程开展的计划,这只是我们工作的一小部分,在每次完成任务之后,我们都会迅速"归零",针对接下来的任务需要,开始新一轮的努力。

我们从来没有停歇,从来没有懈怠。

我的变化与责任

从工作目标这个角度说,角色转换了,我从受训者变成受训者和施训者兼而有之的身份。在保证自己训练的同时,我希望有更多的航天员达到很高的水准去执行任务,神六神七暂且不说,之后任务涉及的技术越来越尖端,我们要进行深空探测,将

发射塔架工作现场

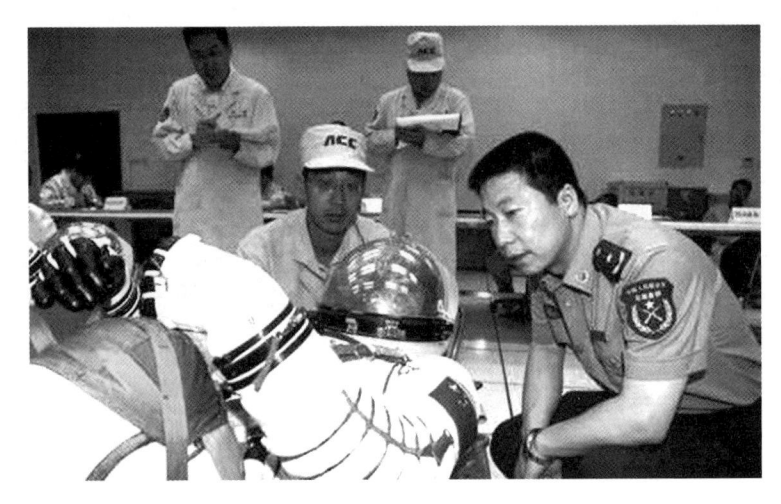

在航天服气密性检测现场

来可能还要登上火星,这和之前的飞行不可同日而语。我能不能完成相应的选拔与培养任务?

当年苏联的加加林和美国的阿姆斯特朗多么震撼世界,今天的我被视为时代英雄,而后来者必定要超越前者,这符合社会发展的规律,是永无止境的追求过程。既然我现在负责航天员队伍的选拔、训练和管理,能培养出更多的人才,希望他们比我更优秀、更出色,这是我最大的愿望,也是我职责所在和工作目标。

为了实现这样的目标,我从接受任命起就开始研究在最初培养航天员的探索中有哪些科学方法,又有哪些方面还有待完善,如何建立起一整套更科学、系统、严谨的制度并有效实行。从选拔、训练神舟六号航天员梯队开始,我们已经进行了各项改进。

神舟六号训练时,我就提出了航天员操作"零失误"的标准。航天任务不能因为有了人的参加而人为出错,影响任务的完成。

神舟六号飞行完成之后,在总结前两次任务经验的基础上,我们改进了方法,完善了标准,修改了教材,从而创建了具有中国特色的航天员训练体系,成为世界上第三个能够独立培养航天员的国家。

神舟七号选拔训练时,在"零失误"的基础上,我又提出"在没有外界支持的情况下,航天员能够独立完成任务"的要求。因为随着航天任务向前推进,需要航天员独立操作的程序越来越多,飞船升空后,许多操作全部依靠航天员。前者是对航天员的训练要求,后者是航天员的训练目标。

而这些标准和目标,在神舟六号、神舟七号的飞行中都得到了充分的验证。

俗话说"细节决定成败",我一直认为最强的执行力表现在细节的完美上,航天事业是个高风险的事业,细节不仅决定成败,而且决定生死。航天员训练中最重要的就是细节,航天员之间零点几分的差别也是表现在某个细节上。在神舟五号、神舟六号、神舟七号的航天员选拔中,其实大家都达到了执行任务的标准,谁都可以完成任务,但最后仍要按分数挑选成绩最高的人去飞,其实最高分与最低分相差极小,可能就是零点几分,甚至是零点零几分。这差的一点分数,可能就是在某句话、某个动作这些最小的细节处扣掉的。

在最初的选拔中,我胜出零点几分,我认为这很值得回味,其实细节的成功背后是大量的学习和研究。相当长的时间里,细节是我抓训练的重点。我对航天员讲,要想做得比别人好,第一要付出努力,第二要会学,要学到点子上。我们航天员谁不用功?大家都在竞争,你要做得更突出,除了用功以外,还要找到高效的学习方法。我号召大家,不能教员给你讲多少,你就吸收多少。就是说,航天员要在教员指导的基础上,广泛学习,结合自己的实操经验,善于自我总结和融会贯通。

我从不去想飞行阶段不可能出现什么问题,我觉得特殊情况随时都会出现,但我心里明白哪个阶段大概有哪几种特殊情况,这样,处置起来才不盲目,才不会慌张,从训练效果到心理承受能力都会有很大的进步。而这在细节上有可能让我减少零点几分的失误。

平时航天员训练时,我们要求每一句报告词、每一个指令都精确到秒,几分几秒你必须发出去,一丁点儿差错都不能有。就报告词来说,有的航天员会出现用自己的话来表达的现象。中国的语言很丰富,这么说可以,那么说也可以,只要意义相同,就能达到同样的目的,甚至你这么说可能比规范的报告词还简练。但是,只要有规范,你报告时就应当而且必须一字不差。报告词是否可以更好,先沟通、改善,使之更加科学、实用,但是一旦确定,写进手册,没有任何理由,你必须按照这个来说。这就是考核的绝对标准,差一点都要扣分。

在神舟七号发射时,我担任航天员系统副总指挥。飞行过程中,飞船在太空出现了个别情况,航天员报告后,需要地面支持,那时还没有"地面指挥员"机制,我当时就在大厅里,根据我的飞行经验以及从平时训练中总结出的技巧,及时地向他们发出指令,解决了问题。神舟七号发射成功之后,我明确提出要培养专门的地面指挥员,增设地面指挥制度,建立地面指挥体系,以适应越来越复杂的航天飞行任务。

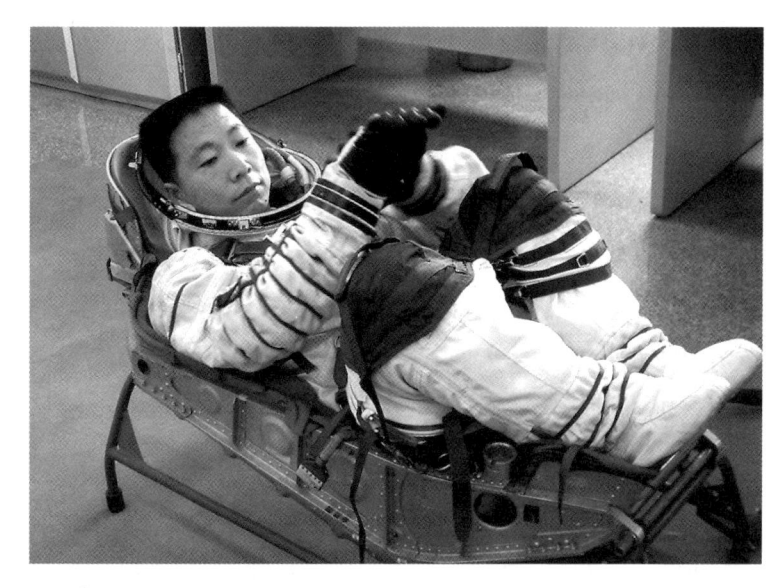

作为航天员,我仍然坚持训练

航天员的管理是我最日常的工作,除了继续按照《航天员管理条例》执行一日生活制度之外,我也在想,随着时代发展和工作任务的变化,在航天员管理上也应当有所发展和变化。要综合考虑管理方式的变革,形成较合理的奖励机制和各种待遇制度,使各个方面都更为科学、完善。这是需要我们深入思考的。

这几年,我们的航天员教员新老交替比较快,从我们进入航天城到现在,教员队伍已有了很大的变动。把航天员训练做好,教员是重要基础,我现在也负责教员的管理工作,已经着手搞正规的教员培训与资格认证。我们想出台一些新的管理制度。通过学习科学发展观,在论证、调研阶段,我总结了好多东西。

神舟五号之后,我们要求所有的航天员教员都持证上岗。我们一些教员非常年轻,从高等院校毕业分过来之后,学一学就当辅助教员了。我曾在航天模拟器上考过一名新来的教员,你知道这个操作吗?他不知道,没见过,他掌握的就是一些理论上的东西。

航天员队伍本身就是一支由精英组成的队伍,那么航天员教员背负的责任就应该更大。我提出,教员要学习,要考核。考核之后,中心给教员发证,必须持证上岗。我们分了很多档次,实习教员、辅助教员、教员、主教员。你有什么经历,参与过哪次任务,你这个教员能不能做示范,都有要求。这样一来,教员根据考核情况分级,颁发证书既是对教员的肯定,也是给教员的压力——督促教员学习,加强教员的责任感。

从神舟六号到神舟七号,我主持对航天员教员进行了两次规模较大、有针对性的系统培训和严格考核,在很大程度上提高了教员队伍的能力和水平,确保了航天员训练的质量,为两次载人航天飞行的成功做出了重要贡献。在我和同事们的努力下,上级管理部门专门派发了《航天员教员培训与考核大纲》。航天员教员队伍建设走上了科学发展的轨道。

迎接脱颖而出的新一代

在开国际会议的时候,国外的很多媒体问我:中国是否会选拔女航天员?国内的媒体和公众对此也非常关心。我一直以来的肯定回答是:"中国的女性去进行航天飞行肯定没有问题。"事实上,2008年,选拔女航天员的工作已经正式列入我们的工作日程。

早在2004年10月,我与法国科技部部长、法国前宇航员克洛迪·艾涅尔女士通电话。她曾于1996年8月搭乘俄罗斯"和平号"空间站进行过为期16天的飞行;2001年1月,又作为第一个搭乘国际空间站的法国女宇航员,以空间站首席工程师的

克洛迪·艾涅尔女士

身份,进行对地观测、电离层研究、生命科学和材料科学实验。

她首先对我成为中国第一位进入太空的航天员表示祝贺:"中国利用自己的航天技术成功发射载人飞船,您经历了这个伟大时刻,我非常高兴看到您的成功。"

我对克洛迪·艾涅尔女士表示感谢:"自从加加林进入太空以来,世界上已经有数百名航天员遨游太空,我只是一个后来者。但对于我的国家来说,完全依靠自己的力量实现飞天梦想,表明了中华民族的勇气和智慧,我为祖国感到骄傲。和平开发利用空间是人类的大事,我很高兴能与各国的同行们一起加入这项事业……"

在交谈中,克洛迪·艾涅尔女士特地提到了女航天员的情况,她说:"我曾经在巴黎接待过贵国的同行。我们很高兴与中国一起在航天领域分享经验。欧洲现在有女宇航员,相信中国也会有女宇航员飞上太空。"我对她说,我们将来一定会有女航天员飞上太空。

现在,这一目标已经变为现实。

在神六飞行任务完成之后,我就作为项目组负责人,开始策划和组织中国第二批航天员的选拔工作。这项高风险的事业,需要一批批智勇双全的后来者。

按载人航天工程计划,神七之后的下一次将发射无人目标飞行器,而接下来的载人航天主要任务,是飞船与目标飞行器的交会对接。这意味着第二批航天员面对的任务将更为复杂,对他们的综合素质要求更高。而在经历了10年的探索和实践之后,新的选拔标准更加完备,手段和程序更为科学。

第二批航天员的基本指标与首批相差不大,一些重要的基础项目是相对固定的。但随着航天事业的发展,航天员任务中越来越重的部分是参加空间科学实验,所以,新航天员在知识基础、文化层次上都比上一代有了提高,对他们学习能力和技能掌握能力要求更高,而相应地,一些被实践证明不必要的内容,则为新的项目所取代。

第二批航天员仍然从空军现役飞行员中选拔。在符合标准的500多名男性飞行员和20多名女性飞行员中,经过一年多的紧张工作,先是初选了30名男性、15名女性。2009年12月,完成了复选的全部工作后,进入最后审查阶段,最终确定,第二批加入航天员队伍的人数是:男性5人,女性2人。

女航天员的选拔我们自己没有经验,为了验证选拔标准的可行性与可靠性,需要先期积累经验和搜集数据,我们有关部门决定在航天中心范围内招募志愿者,以便进行女性预备航天员生理和心理水平实验。经过严格的筛选和综合测试,

2010年7月1日,第二批航天员在航天员中心举行宣誓仪式

有35名同志成为志愿者,为后来女航天员的选拔做出了重要贡献。

第二批航天员选拔结果于2010年正式公布。最后脱颖而出的五男两女,按照我国载人航天事业发展和后续任务要求,接下来圆满完成了为期数年的艰苦学习和训练。他们在完成航天员队伍新老交替的同时,也逐步承担起中国新一轮太空飞行的重任,刘洋、王亚平和陈冬分别搭乘神舟九号、神舟十号和神舟十一号飞船,飞上了太空。作为他们入队时的面试官,能够看着他们一步步地成长,我感到了一个国家的传承;作为这三次载人飞行任务乘组的选拔负责人,能够见证一个职业的从无到有、从稀有到辉煌,我感到万分自豪与骄傲。

任何一项伟大事业的不断发展,都是一代代人前赴后继的结果。我们首批航天员,在前人几十年奋斗的基础上实现了飞天梦想,而在新一代航天员正式进入岗位的时候,我们也将逐步退出这个舞台。工程初期,飞行频度约2至3年一次,飞行机会相对较少。实际上,我入选5年后才进行的首次飞行任务,张晓光成为首批航天员后15年,才实现了自己的飞天梦想。由于飞行机会少的原因,14名首批航天员中,有5名始终没能实现遨游太空的夙愿。2014年,因为年龄的原因,这些没有执行过飞行任务的人,可能再没有机会上天了。这是一件令人伤感和遗憾的事,但无论任何原因,都不能抹杀他们为中国载人航天事业做出的贡献。

中国第一代航天员们,从而立到不惑,他们把生命最宝贵的年华,在艰苦的训练和漫长的期待中,献给了中国的航天事业。正是通过他们的实践和探索,才把我们的事业一步步推向前进。

他们的所有付出与牺牲,都融入了神舟飞天的辉煌之中,写就了中华民族飞天历程上最厚重、最伟大的一页。

在历史的这一页,记录着 14 名航天员的名字……

每天保持良好的状态

2007年10月,我作为代表参加中国共产党第十七次全国代表大会,被选为第十七届中央委员会候补委员。

2008年7月12日,原总装备部举行将官晋衔仪式,我被授予少将军衔,成为中国航天员队伍里的第一位将军。

我心中非常明白,我代表着中国航天员这个英雄群体,代表着部队官兵。这与其说是对我个人的肯定,不如说是对我们这个航天员集体的褒奖。而我也时常告诉自己,你要做好这个代表,和其他战友一样,和过去的那些岁月一样,不论是精神还是身体,都要每天保持良好状态。

事实上,由于职务和工作性质的变化,许多繁杂的事务和多样化的工作内容,使我不太可能像过去一样仅仅完成训练任务,还要始终保持良好状态,这需要付出更多的努力。精神上始终保持一种向上的力量,行动中始终坚持严谨的作风,工作始终朝向最高的标准。

我曾经接触过许多英雄模范人物,阅读过不少描述先辈们英雄事迹的书籍,许多次被感动。但最大的激励和最好的行动榜样,则来自离我最近的人与事,来自我身边的同事和战友。

作为中国的首批航天员,我和我的战友们可以被看作是先行者,面对许多新的未知,学习、训练和管理上的许多内容,通过我们的探索和体会,逐渐地完善和改变,可以说我们走出了一条中国人自己的航天员成长之路。这其中,除了艰苦、困难,我们还要忍耐坎坷和似乎无望的等待。但是我们每个人都随时保持着很好的精神和身体状态。在航天员心中,国家和民族的利益高于一切,听从指挥,忠于职守,追求事业,哪怕为之牺牲一切,都是天经地义、不容置疑的。

这是来自精神的力量。这种精神的力量可以从每个航天员的所作所为中看到。

我们首批航天员一共有14人,12个是从全军飞行员中选拔出来的,在这之前,其实已经有两人先期加入了航天队伍,就是吴杰和李庆龙。他们都是具有工程学和军事学两个学士学位的空军飞行员,在经过8个月的俄语强化学习后,被派到俄罗斯加加林航天员训练中心接受培训。

他们刚去,就提出了一个要求:用一年时间学完全部课程。根据俄方计划,培养一名合格的航天员需要四年时间,怎么可能用一年完成训练?经他们反复请求,俄方同意了,但条件是:不会减少训练内容,更不会降低难度。对吴杰和李庆龙来说,其中艰难可想而知。

和他们一起学习的还有美国、日本、欧洲国家的航天员。美国人甚至还在莫斯科建有别墅,每到周末和假日,会开着车,带着家人去度假。而吴杰和李庆龙几乎每天都在学习,从来没有休息过,白天刻苦训练、观察,晚上用心钻研、记录,每门课都要用最短的时间,学到最全面的东西。

我们的航天员可爱可敬到什么程度?他们到北极圈和其他人一起做野外极限条件下的生存训练,一米多深的积雪,零下四五十摄氏度的严寒,每人三天三夜却只带一天的食物。就是在这种情况下,他们要保证自己生存下来,还把仅有的一点儿口粮留下了,一点儿都没有吃,为什么?他们要把它带回国,让咱们的工作人员看一看俄罗斯的航天食物是怎样的,方便我们的科研人员进行研究。当时,没有谁要求他们这样做,也不知道专家是否需要这些样品,但他们就这样做了。三天下来,他们每个人都瘦了几公斤。

就是这种精神,让他们在一年的时间里学完了别国的航天员四年的课程,并获得了加加林中心颁发的"国际航天员证书"。中心的克里穆中将宣布:中国航天员李庆龙、吴杰可以胜

水上训练

在天安门城楼观礼

任任何飞船的飞行任务。两人回到祖国后,在一次座谈会上,有人问他们当航天员最大的体会是什么,他们说了两个字:爱国!

人们反复说到信仰的内涵和意义,我认为在我们航天员身上,最基本的信仰就是爱国,忠诚于自己的国家和民族,为之忠于职守,完成党和人民交给我们的任务。

这是信仰的原点,也是我和我的战友们保持良好状态最根本的力量源泉。

当然,有理想但不沉浸于幻想,目标明确,脚踏实地,坚持而有效地奔着理想去努力,是航天员始终稳定保持良好状态的原因。

有人问我,当兵时想过要当将军吗?

虽然人们常说"不想当将军的士兵不是好士兵",但从当兵第一天起,我没明确地想过能够成为将军,没有计划得这么远。

我一直以来最迫切的想法是怎样搞好成绩,怎样才能很好地驾驶飞机,把训练完成得最好。

当我自己真的成了一名少将,心中的感动和责任带来的压力超过了我的喜悦。组织和国家培养了我这么多年,授予我少将军衔,是对我的工作的一个肯定,也是对我多年不断成长的认可。

20多年时间,从一名士兵成长为一名将军,每一步,都有必然和偶然两种因素。我赶上了一个伟大的时代,一个很好的航天事业发展期,才有了实现理想的机遇。在明确了自己的目标之后,还有为实现它而创造条件的人——好的领导、好的师长、好的朋友,没有他们,我的人生与事业不可能获得这么大的发展。而当具备了这些外在因素,艰苦的努力和辛勤工作,磨砺了我的身心,才让我能够不断超越自己,促成了自己的成长和进步。

仅仅就个人职级来看,这么多年的航天员训练,大家付出了很多的艰辛,假如留在部队继续当飞行员,有可能会有很好的"前程",也许已经到了师级或军职领导岗位上,毕竟这些人都是千里挑一被选拔上来的,都非常优秀。有不少航天员一直没有飞过,也许终生都没有飞行的机会。我们能说因为当了航天员耽误了自己的提升吗?

我们许多飞行员时期的战友,或者从军队转业了,或者停飞了,到民航后现在成了相当高级的领导,享有很高的年薪和优厚的待遇。那么,我们能说因为当了航天员耽误了自己发财吗?

我们不会这样想,因为我们追求的是另一种无可比拟的壮丽航程,我们做的是一项前无古人的伟大事业,这种光荣本身就是对我们的报偿。当然,机遇来临的时候,每个人都要尽力去抓住,去执行任务,去完成神圣的使命,同时成就自己的梦想。

因此,我们需要每天保持良好状态,随时等待责任的召唤,等待命运的敲门声。

新中国成立60周年大庆前,在"100位为新中国成立做出突出贡献的英雄模范人物和100位新中国成立以来感动中国人物"评选活动中,我荣幸地获选"感动中国人物"。我深深地感受到了党和人民对我的厚爱。

实际上,当我获知自己当选的消息,尤其10月1日那天,当我应邀站在天安门城楼上,观看气势磅礴的阅兵式和盛大庆典时,我更为伟大的中国而感动,为我们强大的军队而感动,为功绩卓著的中国航天而感动,而我是中华儿女中的一分子,是一名中国军人,是中国航天队伍中的一员。

来到工程总体

中国航天事业的不断发展,给更多的人提供了更大的舞台。近10年来,我们正朝着民族的航天梦想不断靠近,不论是航天员系统,还是航天工程系统都在不断发展,不断扩充其外延与内涵。

2010年,我的工作目标也随之再次发生了转变,从航天员系统到工程总体管理,除了负责航天员的训练与选拔,还要在工程总体管理方面承担组织、指挥的工作。我先后担任了载人航天办公室的副主任、主任,现在是中国载人航天工程副总设计师。

在刚刚接手工程总体管理方面工作的时候,我还觉得这些并非全新领域,正好可以将我在攻读博士学位时学到的知识进行实践与应用。然而,从管理一个系统到管理多个系统,里边有很多陌生的东西、很多陌生的领域,都需要去了解、去掌握,然后要想办法提高自己。工作时间无法完成的,就利用休息时间完成;一个人无法完成的,就去请教相关领域的专业人士。为了确保每一个工程万无一失,我必须时刻提醒自己勤学谦逊、严慎

2014年(北京)第27届ASE大会上杨利伟获列昂诺夫奖

细实。

随着航天工程的发展,我需要面对的方方面面也变得比想象的多得多:从单一的航天员系统,到飞船、火箭、发射场、着陆场、空间应用等多个系统,每一个任务都要思考怎样引领工程,做好预研、定好方向、把控发展,用更加广博的知识和更高的站位去解决其中的每一个问题。

最终,在领导、师长、朋友、家人们的帮助与鼓励下,我经过不断的摸索,终于适应了工作模式的转变。在这期间我亲历了神九、神十、神十一三次载人任务,神舟八号无人交会对接,以及天宫一号、天宫二号目标飞行器任务实施的全过程,还参与了长七、长五B等几个新型号火箭的试验任务。

2011年,我全程参与了中国空间站任务组织与实施的相关工作,还负责组织未来载人登月任务方案的论证与预研工作。

路漫漫其修远兮,吾将上下而求索。未来中国的载人航天将立足近地空间,展望深空探测。嫦娥工程的圆满完成,为载人登月创造了条件。我们的科研人员已经开始默默耕耘、精心准备,开启了方案论证和预先研究,进入关深阶段,即关键技术攻关和深化论证阶段。我想,不久的将来,广寒宫一定会迎来中国的"吴刚"和"嫦娥"!

奠基空间站　再创新辉煌

按照中国的载人航天计划，载人航天工程分为三步实施：第一步，发射无人和载人飞船，将航天员安全地送入近地轨道，进行适量的对地观测和科学实验，并使航天员安全返回地面。第二步，实现航天员出舱太空行走以及完成飞船与目标飞行器的交会对接，并发射长期自主飞行、短期有人照料的空间实验室，尽早建成完整配套的空间工程系统。第三步，建造大型的、长期有人照料的空间站。

工程前期，通过实施四次无人飞行任务，以及2003年的神舟五号、2005年的神舟六号载人飞行任务，我国突破和掌握了载人天地往返技术，使中国成为第三个具有独立开展载人航天活动能力的国家，实现了工程第一步任务目标。

神舟七号任务开启了工程第二步的新篇章。2008年9月，我的战友翟志刚、刘伯明、景海鹏出征太空，执行神舟七号载人航天飞行任务，任务主要目标是实施航天员空间出舱活动。任务中，翟志刚穿着我们自主研制的"飞天"舱外服，成功完成了中国的首次太空行走。当时刘伯明穿着从俄罗斯引进的海鹰舱

神七出征

外航天服进行协助,景海鹏在轨道舱进行值守。这次任务执行得非常辛苦,航天员体力消耗非常大,因为舱外航天服是拆解后打包带上太空的,航天员进入轨道后,首先要对服装进行组装、测试,然后才能实施出舱活动。微重力条件下进行组装,比在地面组装难度要大得多,因为所有东西都处于失重状态,飘来飘去,身体也不好用力,他们用了十几个小时才最终组装完成。因为任务只有三天时间,整个工作节奏非常紧张,对航天员是个巨大的考验。出舱过程中,还发生了舱门打不开、火灾报警等异常情况,我当时就在飞控中心的指挥大厅,好在我们各种预案做得非常充分,很快处置完这些异常情况。

2011年9月29日,我国首个试验性空间实验室——天宫一号目标飞行器发射成功,之后我国先后实施了天宫一号与神舟八号、神舟九号、神舟十号交会对接任务。至此,我国成功突破和掌握了航天员出舱活动技术和空间交会对接技术,建成我国首个试验性空间实验室,从工程上讲,标志着第二步第一阶段任务的全面完成。

神舟八号是一艘不载人的飞船,于2011年11月1日发射,主要目的是突破无人交会对接技术。交会对接技术与天地往返运输技术、出舱活动技术并称空间站建设的三大基本技术。长期在轨运行的空间站,需要定期进行人员轮换和物资补给,只有掌握了交会对接技术,才能把人员和货物运送进空间站。而神舟九号为载人任务,乘组包括景海鹏、刘旺和刘洋。刘洋是第二批选拔的航天员,她也成为我国第一个进入太空的女性。神舟九号任务要解决的是航天员手控交会对接问题,手控交会对接由刘旺操作。刘旺是我们第一批航天员中年龄最小的,他驾驶神舟飞船,在太空"打了一个漂亮的十环",结果非常完美。通过神舟八号和神舟九号两次任务,我们完全突破了交会对接技术,自动的和手动的都突破了。

2013年6月11日发射了神舟十号飞船,飞行乘组为聂海胜、张晓光和王亚平。实际上,神十聚焦的是空间应用问题,期间开展了很多科学实验,包括太空授课。王亚平也成为我国首个太空教师。这次任务解决了一定规模的空间应用问题。

根据中央2010年的立项批复,载人空间站工程分为空间实验室任务和空间站任务两个实施阶段。神十任务之后,工程就转入了空间实验室任务阶段。空间实验室任务阶段的主要任务是:突破和掌握货物运输、航天员中长期驻留、推进剂补加、地面长时间任务支持和保障等技术,开展空间科学实验与技术试验,为空间站建造和运营奠定基础、积累经验。

这个阶段,先后实施了长征七号首飞任务,以及天宫二号与神舟十一号、天舟一号交会对接等任务,至此,工程第二步任务目标全部完成。

2016年10月17日,神舟十一号飞船发射,乘组为航天员景海鹏和陈冬。陈冬也是第二批选拔的航天员,他们在轨飞行了33天,于当年11月18日返回。可以说,神十一的任务主要是工程应用。神舟飞船作为一个天地运输工具,过去的飞行任务是技术突破,到神十一,相对来讲,就是成熟产品的应用验证。神十一任务期间,验证了很多方面的工程应用,包括验证交会对接、空间推进剂补加等技术,突破了航天员中期驻留技术,这几次任务为空间站的建设铺平了道路。

现在,整个工程全面进入空间站任务阶段。空间站任务阶段的主要任务是:建成和运营我国近地载人空间站,掌握近地空间长期载人飞行技术,具备长期开展近地空间有人参与科学实验、技术试验和综合开发利用太空资源的能力。

目前,我国正与联合国外空司合作,在中国未来空间站上为成员国提供应用机会,现在已经有来自17个国家、23个实体的9个项目成功入选了第一批搭载项目。此外,航天员中心与法国CNES合作的CDS项目、中国主导多国参与的90天卧床实验等,都取得了丰硕的成果。

随着中国空间站任务的逐步进行,我亲历的第三批航天员选拔也拉开了序幕。本次选拔的航天员专业将分为很多类别,除了驾驶员,还有工程师和载荷专家。进入空间站任务阶段后,我们将需要更多的工程师和载荷专家。

第一批和第二批航天员都是从空军飞行员中选拔出来的,而第三批航天员的来源更加多样化,比如工程师和载荷专家大

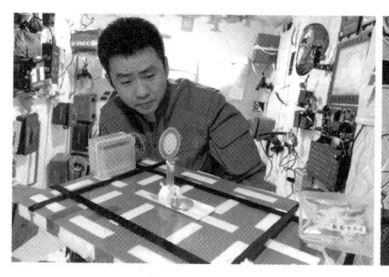

陈冬观察聚合物薄膜试验反应　陈冬为植物培养装置摄像设备

多来自科研一线,包括科研院所、高校等,选拔的标准也发生较大变化,对知识和学历的要求更高了,比如工程师要求硕士以上,载荷专家要求博士以上,这都是同过去不一样的地方。

2020年,我国完成了第三批航天员的选拔工作,现在他们已经加入到了我们航天员队伍当中。这样,无论从男女性别、专业背景、人员类别,还是年龄结构来看,航天员队伍都更加全面、均衡,结构也更加科学、合理。

2021年,我国正式进入中国空间站建造阶段,全年计划安排5次发射任务,属于空间站的验证阶段。2022年,计划安排6次飞行任务,空间站进入建造期。通过两年时间11次飞行,中国空间站将于2022年底建造完成。之后,我们就进入空间站运营期了。

未来,进入空间站的建设和运营期后,飞行机会将大大增加,任务频度从2至3年一次,增加到一年至少两次,这样航天员就不会再有飞不上的问题了,而是需要每人执行多次飞行任务。现在,航天员有飞过3次的,将来可能会有飞4次的,甚至有5次的,慢慢地航天任务会变成一种常态化的飞行。

尽管我承担的工程管理工作繁重,需要参加的各种评审和会议繁多,但作为一名现役航天员,我的训练始终没有中断,甚至现在还是备份乘组。飞天梦是我永恒的梦想和追求,我时刻准备着再次执行飞行任务。因工作耽误的训练,我一定会抽时间补回来,使自己身体上、心理上、技术上都处于良好的状态,随时准备出征太空。

中国空间站示意图

期待再次腾飞

由于长期以来工作和学习所形成的习惯和性格,我做任何事情都要求尽可能严谨,而且不喜欢把话说得很满;我认为标准可以定得比通常目标更高,从而对自己的要求也更高,才能达到最佳工作状态。

与外国航天员交流

现在，我在努力地做好自己的工作。作为管理者和领导者，组织好全体人员的训练，建设好教员队伍，选拔出最出色的人才。同时，我仍然在坚持航天训练，由于会议和事务影响，有些项目像体能训练参加不了，很苦恼也很着急，所以我经常会用业余时间锻炼，即使在重要的会议期间，也坚持相当大的运动量。

无论是身体条件、职业素质、管理水平，我都希望自己能够一直保持良好的状态。

在潜意识中，我认为我还有机会去太空飞行，我对自己的要求是：如果再去执行任务，还是要飞好。

我至少已经见到过近百个国外的航天员，我们见了面，往往会问这样一个问题：你还飞行吗？你还训练吗？如果你已经不再飞行了，国外的航天员甚至会有些看不起你；如果你还在训练，他们马上就感觉你厉害、了不起。

2009年6月，我在联合国第52届外空委员会上发言

世界上许多航天员都飞行过不止一次,三次四次的不在少数,俄罗斯飞行次数最多的一位已经飞了6次。1998年,美国77岁的航天员约翰·格伦,乘坐"发现号"航天飞机重返太空,成为世界上最年长的航天员。

那么,在任务比较多的情况下,我和我的战友是不是可以多次飞行?我们是否可以在若干年后重上太空?当然最好不必等得太久,不必非到77岁去打破世界最年长航天员的纪录。

播撒梦想的种子

习近平总书记曾指出:"科技创新、科学普及是实现创新发展的两翼,要把科学普及放在与科技创新同等重要的位置。"我们的航天事业方兴未艾,需要无数人为之奉献青春、砥砺奋斗,也需要一代代人前仆后继、薪火相传。

多年从事载人航天事业的经历,使我深深地体会到航天科普的重要意义。尤其是面向青少年的航天科普工作,能够让他们从小树立崇尚科学、热爱航天的理想与追求,那么中国的航天事业就将有取之不竭的人才储备,我们的航天事业就能更好地薪火相传。

更重要的是,通过多种方式的航天科普宣传活动,可在全社会形成一种价值导向:航天科技工作者这个职业是神圣的,航天领域的探索精神体现着人类的高尚情怀,航天事业的不断突破创新,更是中华民族勇于追梦的最好具现。

2003年,在神舟五号圆满完成飞天任务后,一时间公众对"航天员"这个群体倾注了前所未有的热情。我在出席各种活动的过程中,与广大人民群众,尤其是青少年朋友们交流,讲述了航天员在地面上的训练和生活,也和他们分享了我在太空中的经历。

从那时起,我就强烈地感觉到他们对我们的国家、对我们的航天事业满怀希望和热情,这种希望和热情就像一股强大的动力,无形之中推动着中国载人航天事业的发展。但同时公众也普遍存在对祖国航天事业不了解甚至是不理解的情况。其实,人们对任何领域的认识都有一个从陌生到熟悉、从偏见到正见的过程,对航天事业也是如此。我开始有意识地承担起这样一个引领、纠偏的责任。

我也曾到过很多学校去和同学们见面交流,幼儿园、小学、中学、大学都有。比如北京的中关村一小、史家小学、四中、十一中等,还有湖北随州、浙江嘉兴等地的学校。

浙江嘉兴一度给我留下了很深的印象,有位老师坚持做航天科普十几年,现在我们还有联系,他也曾多次带学生到北京航

王亚平太空授课

天城参观、学习。很可惜,因工作繁忙,很多活动都没有留下资料,不然将会是一份很丰富的实践报告。

经过热烈活跃的接触和交流,我时常感慨现在的学生综合素质非常高,见识十分广,知识面宽,思想活跃,问问题的角度很有意思,显然具备了一定的积累,也有过自己的独立思考。

走进学校,是我参与科普的一个方面。还有另外一个方面,是我们从工程的角度,利用航天资源和设施,设计了一些科普项目,让广大学生受益,也取得了非常好的效果。

比如,在神舟十号载人航天飞行任务中,我们设计了太空授课活动,让王亚平为全国中学生上课,讲述微重力下的物理原理,展示了水球、单摆、液桥、振动等科学实验。这是由我们发起组织的科普活动,大家都知道,取得了非常好的效果。航天员中心有位新入职的同事,当年就是受到太空授课的影响,最终选择了航天科研事业!

在神舟十一号飞行任务中,我们策划了"家书载梦"活动,赋予家书文化新形式、新内涵,通过公众亲笔书写一封承载梦想、信念、祝福的家信,表达中华民族实现太空梦、强国梦、中国梦无比强烈的情感。

当时我们收到了全国54万封信,然后我们把所有的信都扫描成电子版,上传到太空。景海

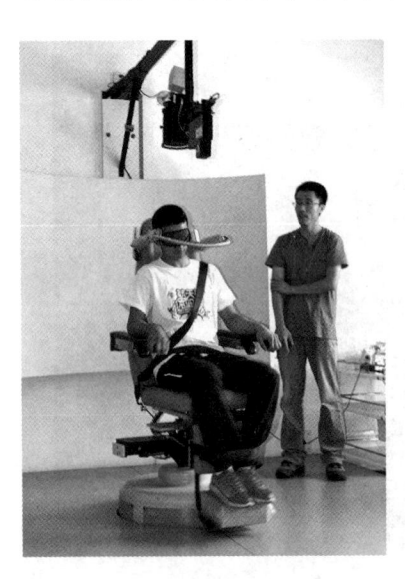

营员体验转椅训练

参加体验营开营仪式

为体验营营员们签名

鹏和陈冬抽出了8封信,并在太空朗读。这个活动在全国青少年中引起了强烈反响,让他们直接感受到了太空与自己的紧密联系。

神舟十一号飞行任务中,我们还策划了搭载由香港学生设计的实验。这个活动也是我参与组织的,由当时的香港特首担任活动的名誉主席,最终经过大赛选出了太空养蚕等几个项目,并在神十一任务中进行了实验的搭载。

此外,我们航天员中心的《航天员》杂志社每年组织公益性的"中国航天员体验营"活动,让同学们有机会体验航天员真实的训练生活,比如穿脱航天服、太空厨房品尝航天食品、航天员野外生存训练、转椅体验等,受到了同学们的热烈欢迎。

先后有来自大陆、香港、澳门和台湾的几千名同学来到北京航天城,并和我们航天员面对面交流。这个活动已经进行了十几年了,很多主题非常有特色,如革命老区营、西藏营、打工子弟营、56个民族营等,其中印象最深的是汶川灾区营。地震灾难发生后,我到了汶川的帐篷学校,跟孩子们一起参加了升旗仪式,一个胖胖的小女孩为我系上了红领巾,我深受感动。这条红领巾在神舟七号上进行了搭载,后来捐献到了博物馆。当年,我们邀请灾区的孩子在暑假期间来到北京航天城,参加了体验营活动,让他们亲身体验航天员的训练生活,了解祖国航天事业取得的伟大成就,播撒航天梦想的种子,让他们能勇敢地面对未来。

体验营有很多有意思的故事,记得有位小朋友不怎么爱吃饭,在参加体验营活动时,品尝了航天食品,了解了营养知识,回到家后家长反馈孩子像变了个人,爱吃饭了,也不挑食了。更多的营员受到了航天精神的熏陶,激发了他们的科学探索热情,这让他们终身受益。也有很多营员报考了航天专业,甚至有人已经加入了我们的队伍!

这些年我还参加了很多国内外的学术会议和论坛,比如太空探索者协会(ASE)年会、载人航天学术大会、中国国际航空航天博览会等。通过这些平台,也认识了很多志同道合的专家、老师、同学们。

太空探索者协会(ASE)是航天员的一个组织,只有是飞天经历的航天员才有资格入会,年会每年召开一次,其中一项重要内容是社会活动日,邀请航天员走进学校、企业和社区,宣传普及航天知识。

2014年,太空探索者协会年会首次在中国举办,我们在社会活动日组织国际航天员走进了天津大学、清华大学,还有中小学校园,分享飞行经历,启迪航天梦想。在那次年会上,我有幸获得了列昂诺夫奖。后来,我还荣获了联合国教科文组织颁发的航天科技奖章。

2016年,我国首个"中国航天日"正式启动,表明了党和国家对航天事业的重视和肯定。我和其他航天员一起,在国旗下重温了入队誓词。

每一年的"中国航天日",我都会受邀参加各种活动,期望通过航天日的宣传,会有更多有志投身祖国航天事业的青年朋友加入航天员队伍,加入我们的航天科研队伍,一起问鼎苍穹、矢志报国。

2019年,我先后担任了"科普中国"形象大使和航天公益形象大使,感觉身上的责任更加沉甸甸了。其实,一个人从事什么样的职业,很多都是因为机缘巧合。有时参加了一次活动,受到了一次启蒙,就可能会确定一个人的奋斗方向。比如我们很多航天员,就是因为家在机场附近,早年就向往蓝天,后来更是从飞行员"转行",义无反顾地加入了航天员队伍。

迈向太空是中华民族伟大复兴之路上的重要篇章,也是人类认识宇宙、探索未知的关键所在。航天事业无疑是人类太空时代的强音,而飞天,更是刻在所有中华儿女内心深处的梦想。

未来,我会继续致力于探索科普工作发展的新思路、新举措,创新科普宣传的新模式,弘扬航天精神,普及航天知识,扩大航天科普的影响力和号召力。

首 版 后 记

2008年的阳春三月,解放军出版社的同志找到我,建议我以自己的经历为主线写一本书,并且加入"时代英雄谈人生"丛书出版计划。自从2003年10月执行神舟五号首飞任务归来后,通过各种渠道找我出书的出版社有许多家,都被我婉拒了。

说实话,我一直没有写自己故事的打算,一来我认为可说的并不多,二来时间和精力似乎也不足以让我坐下来写一本关于自己的书。后来解放军出版社的编辑告诉我,这套丛书的写作与出版计划已获总政宣传部批准,写作者一共有六人,除我之外,还有丁晓兵、李中华、柏耀平、徐洪刚、向南林;丛书出版的意图在于向广大青少年和部队青年官兵讲述我们的人生经历与感受,从成长的角度,谈自己对国家、人民、理想、信念的理解,谈一个人们眼中的"英雄"如何克服一切艰难,履行军人职责,以及如何对待事业、荣誉和成功。

此后,借参加全国会议之机,"时代英雄谈人生"丛书的几个人坐在一起,与解放军出版社的同志最终确认此事。

对我来说,这是个相当艰巨、富有挑战性的任务,我在欣然接受时，又不免心怀忐忑。好在有解放军出版社施雷社长、于丹政委、郑晖总编和李杰副总编对我的一番建议和鼓励，他们说会派得力编辑给予我全方位的支持和协助。

写作和修改的过程充满艰辛，可以说是一波三折、数易其稿。

从2008年4月开始，我和责任编辑刘莹制定了书稿的大致结构和内容，我们向部队官兵和青少年读者发了数百份问卷，共列出了100个问题，之后的大半年时间，针对这些问题我们进行了问答式整理。当时正值神舟七号发射在即，我抽出有限的时间进行此项工作。

解放军出版社科技编辑部主任姜念光和责任编辑刘莹在阅读初稿的基础上，建议我仔细回忆经历过的事件，回想其中的人物，重温彼时彼地的感受，把我脑海中曾经电光火石般的思想和刻骨铭心的记忆再现给读者。此后我们数度交流，几乎对我人生的每个时间段都进行了讨论，并且对事件和细节进行了核实和印证。

如此一来，我好像一下找到了感觉。从2009年5月开始，我对文字进行了修改和润色。2009年11月底，全部书稿终于得以完成。

在将近两年的时间中，尤其是在后几个月的写作过程中，我似乎重新经历了自己生命中那些珍贵的时刻，这让我对人生和事业中的一些重大命题有了更深的理解，比如国家、时代、责任和荣誉；也让我深深认识到，我和我的航天员战友们、我的中国航天界同仁们，每项成绩的取得都经历了那么多的艰难困苦，那么多人为之付出了巨大的心血乃至生命的代价。中国的飞天之路远非一飞冲天式的奇迹,而是一步步艰苦攀登的结果。对航天事业本身的这种理解,让我更进一步看见了它广阔、光辉的前景。

感谢解放军原总政治部宣传部的支持,感谢原总装备部政治部宣传部对本书及时、细致的审读。

感谢解放军出版社施雷社长、于丹政委、郑晖总编和李杰副总编的鼓励和全方位帮助。

感谢解放军出版社科技编辑部姜念光主任不遗余力的协助,他对本书的结构、思路、内容和表达方法提出的具体建议至关重要,他对文稿的修改和润色使本书更为可读。

感谢广州体院的廖玲浦教员和《北京青年报》的记者杨洋,她们为书稿做了辅助工作。

我在这里特别要感谢本书的责任编辑刘莹,没有她,本书的写作和出版是不可想象的。她的敬业和勤奋,让她成为出色的编辑。她对书稿的文笔和思想性提出了全方位的、细致具体的修改意见和建议,她坚持不懈的协调督促工作让我不敢懈怠。她对书稿的编审让本书更为严谨、准确。

感谢我的妻子张玉梅和儿子杨宁康,忍受我一如既往的繁忙之余,还加上更多的繁忙。

感谢我的同事朱九通,他提供了许多珍贵照片。

感谢我的战友和同事们给我的鼓励和理解。

感谢全国关心、爱护我的人们,感谢青少年朋友们,我收到大家热情的来信,对我和祖国的航天事业提出了各式各样的问题,由于时间紧张,我无法一一回信,仅以此书作为回报大家的礼物!

最后，感谢读者朋友们抽出时间阅读这本书，你们是我写作本书的目的和最大的动力所在。由于某些大家可以理解的原因，某些内容我可能语焉不详，某些地方可能点到为止；而在某些地方，因为视野和资料所限，我并没有做出足够准确、精彩的表述；某些问题，由于回忆的偏差，可能与实际情形不尽相符……我愿意接受读者朋友们的批评和指正。你们所有的意见和建议，将是我最重要的收获。

再版后记

《天地九重》是我从最初的"我手写我心",勾画出我和我的战友们成长、奋斗的轨迹,到反映当代航天人智慧、坚忍、不懈追求的精神风貌的一部作品;希望通过本书向广大青少年和部队青年官兵讲述我们的人生经历与感受,从成长的角度,谈自己对国家、人民、理想、信念的理解。

本书面世以来,得到了国家党政机关、社会各界的广泛关注与支持,得到了广大读者的喜爱,同时也给予了我充分的肯定与鼓励。

2012年10月,《天地九重》被授予"中国科普作家协会优秀科普作品奖"。当我与其他科普作家一同站在领奖台上的时候,我知道自己身上的责任又多了一份。作为获奖者,我希望向青少年宣传航天精神,支持科普教育事业,十几年来我参加的青少年科普宣传、专题讲座、主题讲演、对话等活动应该有二百余场次了,通过这些活动让更多人对祖国的航天事业发展有所了解。作为航天人,我更应该把"特别能吃苦、特别能战斗、特别能攻关、特别能奉献"的载人航天精神传递给大家。"全民科普"不是靠几本好的读物就可以完成的,还需要各行各业科普工作者的不懈努力,以及一代代、一批批科普工作者们的接续奋斗。在此,我愿意拿出精力和时间为祖国、为人民贡献我的力量。

2016年11月,《天地九重》第六章"太空一日",被教育部收录在国家九年义务教育的七年级语文教材(人教版)中。教育是立国之本,本次义务教育阶段教材的摘录,体现了我国发展全民科普、科技兴国的战略眼光与决心,使青少年从小感受吃苦耐劳精神、树立人生理想,最终实现理想信念的薪火相传,让中国航天精神所代表的优秀的中华民族精神慢慢地沁润着青少年的成长。

2017年3月,《天地九重》入选中央电视台《朗读者》节目并在全国播出,那一期的主题词是"第一次"。我代表中国第一次进入了太空,也是第一次在那个舞台上感觉到了中国传承的力量。在节目中我与北京航空航天大学的同学们共同完成了那段初中课文的朗读。在全国的观众面前用声音描绘出了一片壮美奇丽的世界,也描绘出了作为中国人的骄傲。当我再次说出了那句"为了人类的和平与进步,中国人来到了太空"的时候,我真想再次和全国人民一起分享当时的那份激动与自豪。伴随着钢琴独奏《我的祖国》的声音,我看到了中国航天事业广阔、光辉的未来。

本次再版,让我再次回忆起那段刻骨铭心的经历,脑海中依然能够浮现出那些电光火石的瞬间与感受,但更多的是让我对国家、时代和荣誉有了更深的理解,更加明确了自己在中国飞天之路上的重要责任。希望通过本书的再版,培养青少年热爱科学的精神、探秘太空的兴趣；激发青少年崇尚科学，坚持探索未知的热情；鼓励青少年不断创新，怀抱持之以恒的探究精神。

  再次感谢读者朋友们的热情，促使我抽出时间继续本书的再版，你们永远是我写作的目的和最大的动力所在。同时感谢参与本书再版的航天科普工作者们对本书的内容修订和出版发行提供的支持与帮助。感谢所有关心、爱护我的领导、战友和亲人！本书可能在某些地方，因为视野和资料所限，依然未能表达得足够准确和精彩；我愿意接受读者朋友们的批评指正。你们所有的意见和建议，将是我最重要的收获。

知 识 链 接

【文学常识】

一、作家介绍

　　杨利伟,1965年出生于辽宁省葫芦岛市绥中县,1983年考入空军第八飞行学院,1987年被分到空军某师任飞行员,1998年被选拔为中国第一代航天员。2003年10月15日,作为执行我国首次载人航天飞行任务的航天员,乘神舟五号飞船在太空飞行21小时23分钟,实现了中华民族的千年飞天梦想。2003年11月,被中共中央、国务院、中央军委授予"航天英雄"荣誉称号,并颁发"航天功勋奖章"。2005年3月,国际天文学联合会以杨利伟的名字命名了一颗小行星"杨利伟星",同年,被俄罗斯授予"加加林勋章"。2007年10月,在中共十七大上,杨利伟当选中央候补委员。2008年7月,被授予少将军衔。2009年,被评为"新中国成立以来100位感动中国人物"之一,"100位新中国成立后为国防和军队建设做出贡献、具有重大影响的先进模范人物"之一。2009年1月获清华大学管理学博士学位。2011年9月,当选国际宇航科学院院士。2017年10月,杨利伟荣获联合国教科文组织颁发的"空间科学奖章"。2018年1月,同其他11名航天员一起,被中宣部授予"时代楷模"荣誉称号。

二、作家评价

　　那一刻当我们仰望星空,或许会感觉到他注视地球的目光。他承载着中华民族飞天的梦想,他象征着中国走向太空的成功。作为中华飞天第一人,作为中国航天人的杰出代表,他的名字注定要被历史铭记。成就这光彩人生的,是他训练中的坚韧执着,飞天时的从容镇定,成功后的理智平和。而这也是几代中国航天人的精神,这精神开启了中国人的太空时代,还将成就我们民族更多更美好的梦想。

——"感动中国人物"颁奖词

　　中国的航天事业,是在我们国家基础工业比较薄弱、科技水平相对落后的特定历史条件下发展起来的。到2016年已经整整六十年了,这六十年也创造了"两弹一星"、载人航天、月球探测等许多辉煌的成果。在这些过程中,有着太多太多弥足珍贵的第一次。杨利伟将军的第一次也是中华民族飞天梦的第一次……当一个人的第一次可以和国家和民族甚至和整个人类进步关联在一起的时候,那是怎样的一份自豪和荣耀,让我们把掌声再次送给航天英雄杨利伟。

——《朗读者》

三、关于传记作品的阅读

传记是一种常见的文体,以真实记叙人物的生平事迹为主,有的书写人物完整的一生,有的书写人物一生中的某个片段。传记分为自传和他传,传主一般是历史名人或者现实中的英雄人物。真实性、概括性、可读性是传记作品的一般特点。而阅读传记,通常能够带给人精神上的激励和人生中的启发。

阅读传记作品,需要留意人物的生平经历和相关历史背景,重点注意人物的主要事迹,这是传记作品的核心和灵魂;同时,需要注意资料来源是否可靠,作者的态度是否客观,褒贬是否得当。

四、载人航天知识

1. 神舟五号载人飞船:

是"神舟"系列飞船之一,简称"神五",是中国载人航天工程发射的第五艘飞船,也是中华人民共和国发射的第一艘载人航天飞船。飞船搭载航天员杨利伟于北京时间2003年10月15日在酒泉卫星发射中心发射,次日返回,降落于四子王旗着陆场。它的成功发射与返回标志着中国成为世界上第三个把人送入太空的国家。

2. 航天员出征前准备:

确定发射日期后,航天员需提前15天到1个月入驻酒泉卫星发射中心航天员公寓——问天阁,进行短期生活和训练。在此期间,航天员将完成发射演练训练、飞行手册的复习、体育锻炼、心理放松等。同时,也会完成每次载人航天任务的"规定动作":升国旗仪式、种植纪念树、瞻仰东风革命烈士陵园等。

发射前1天,航天员必须保证充足的8小时睡眠时间,并进行一次比往常更加严格的生理测试,主要包括心电、体温、血压、心率、体重测试,以及简单的内科、外科、神经科、五官科检查等。在本书中提到的"令人不舒服的工作"——清理肠道,也在此时完成。这一步非常关键,不仅可以避免航天员在升空过程中因饮食或者重力过载等因素导致的不适,同时也避免一些卫生问题,便于任务执行。如果第一梯队人选在此次检查中出现异常情况,就有可能被后备梯队换下。

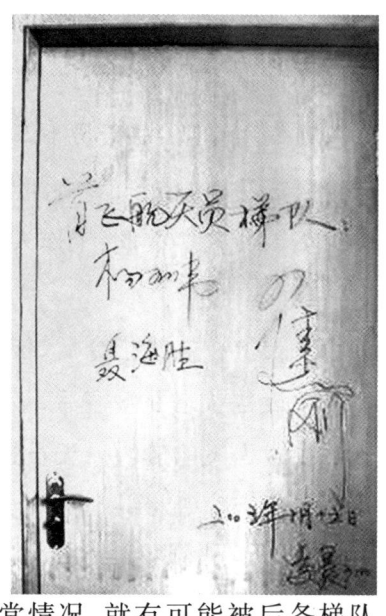

发射前 5 小时左右,航天员开始进行各项出发准备。其中包括一次餐厅会餐和个人物品的准备。在离开公寓前,他们还会进行一项非常有仪式感的事情,就是在客厅门上写下自己的名字和出征时间,留作纪念。

发射前 2 小时 30 分,第一梯队航天员会在二楼穿好航天服,通过专用通道进入一楼会见厅的玻璃罩内。将航天员隔离在玻璃罩内是保护航天员的一种安全措施,防止航天员接触到外界的微生物、细菌。玻璃罩外的大厅里,国家领导人和各系统总指挥、总设计师会与航天员进行壮行话别,时间大约 5 分钟。

壮行活动结束后,航天员会穿着宇航服、手提外部循环交换机,从会见厅侧门缓步走到广场中央的话筒前,向该次航天任务的总指挥长汇报。

随着总指挥一声"出发"的口令,航天员登上专车,在警卫摩托的护送下驶向发射塔。

在发射塔下,航天员下车和相关领导进行最后的告别,领导温情嘱托:一切顺利,等待凯旋! 随后,乘坐发射塔升降梯到达航天员待命区。在此,工作人员协助航天员脱下防护鞋,完成最后清理。

航天员在接收指令后,依次进入神舟飞船,指令长在确认飞船相关设备状态并签字后,最后进入。

在载人飞船舱内航天员还有一些准备工作,如语音通信、连接航天服管线等。一切准备工作就绪后,等待他们的就是飞船发射的神圣时刻了。

3.航天员从空间站返回地球的工作流程:

首先,在返回地球前,航天员需要加强肌肉锻炼,多做能够提高骨骼和心肺功能的运动,以此缩小由于地球重力环境不同,给身体带来的负面影响。

第二,航天员须对舱外航天服做好干燥处理,以便后来的航天员继续使用。

第三,航天员应做好空间站内的卫生,物品挪回原位,部分物品还要绑在空间站内壁上,防止飘浮滑落;检查各系统安全性、气密性等;同时,重要的实验数据也要进行整理,准备从天宫带回。

第四,在接到指令后,离开核心舱,进入神舟飞船返回舱,坐好,系好安全带,并且检查航天服的气密性以及设备的状态。

接下来,神舟飞船将与核心舱分离,航天员启动返回程序。

在接到指令后,轨道舱会率先分离,在原来的轨道等待接受新的任务指令;此后,神舟飞船的返回舱和推进舱将继续飞行,到达一定的位置以后,进行姿态调整,形成"倒飞"姿态;然后,推进舱发动机点火,把飞船组合体的速度降下来,降低轨道高度;达到一定高度后,推进舱分离,在返回大气的过程中烧毁,而剩下的载有航天员的返回舱继续下降,返回地球。

这时,返回舱以极快的速度进入距地100多公里的大气层,与大气发生剧烈摩擦,产生燃烧,返回舱的表面温度达到上千摄氏度。进入大气层,返回舱会经历几分钟的"黑障层",在此期间通信将被中断;通过后,飞船与地面测控人员的通信随即恢复,继续滑行下降。

当飞船下降至距地面10公里的高度时,进入开伞程序。先是打开引导伞,然后打开减速伞,最后才打开主伞。设计成三个开伞程序缓慢减速,一是防止主伞崩坏,二是防止减速过猛,航天员的过载超过承受范围。在此过程中,航天员将只听到"砰"的一声响,虽然身子是束缚住的,但还是会往上一蹿,然后飞船就会旋转,就跟水桶在井里打转一样。此时,返回舱内的航天员会明显感觉很难受。不过,开伞成功就代表着返回过程已成功一半了。

最后,返回舱距地面6公里左右,抛掉大底。在距地面1.5米时返回舱点火反推,然后缓慢落地。等救援人员赶到返回舱落点,航天员出舱,整个返回程序结束。

4.航天员选拔的基本条件:

2015年,我国的航天员是从空军歼击机或强击机在飞的合格飞行员当中挑选。年龄在25至35岁,身高在1.60米至1.72米,体重在55公斤至70公斤。飞行时间累计600小时以上,并具有在三种以上气象条件飞行的能力。要求飞行成绩优良,能独立担任战斗值班和具有处理应急情况的经验,机种改装能力强,飞行耐力好,善于独立思考,机动灵活,动作协调,紧急情况下沉着、果断、操作准确无误、综合处置能力强。

2018年,启动了第三批航天员选拔,不但从空军选拔,还从工业部门、科研部门、高校选拔工程师,从科研机构、相关部门及社会招收载荷专家,来适应下一步空间站建造期和运营期的需要。计划招收的航天员工程师需硕士研究生以上学历,载荷专家需全日制博士研究生学历,且都需有3至5年的工作经历。

目前,我国载人航天已全面进入空间站工程研制建设阶段。在空间站任务实施中,航天员系统将构建、完善航天员选拔训练技术体系、工作保障体系、生活与健康保障技术体系、舱外服研制技术体系和航天医学研究应用体系,建成先进、完备的航天医学工程研究实验大型地面设施设备体系,提高人在太空健康生活能力、在轨维护维修与科学实验能力、舱外组装建造能力,实现航天员长期在轨健康生活和有效工作。利用空间站平台,研究解决人在太空长期飞行的重大医学问题,掌握人在空间的能力特性变化规律,研究先进生命支持技术,提高人在空间的工作效能,探索人在月球等地外天体的生存保障技术。针对人类面临的重大健康问题,探索有效解决方案,回馈社会,造福人类。

未来,中国人探索太空的步伐也必将迈得更深更远,航天员系统发展将迎接新任务和新挑战。

5.航天员选拔的基本过程:

航天员是对乘坐航天器进入太空飞行人员的一个统称,分职业和非职业两类。职业航天员是专门从事航天飞行工作的航天员,非职业航天员是从事某项科学研究、试验或载荷操作的科学家或工程技术人员等临时到太空工作或活动的航天员,还包括政治家、教师、商人等各种职业身份的太空游客。

然而,成为一名合格的航天员并非易事。航天员选拔是从特定人群中选拔预备航天员开始,至最终挑选出能够胜任载人航天飞行的飞行乘组的整个过程。包括预备航天员选拔、训练期的选拔和飞行乘组的选拔,涉及临床医学、航天医学、心理学等学科领域。

(1)预备航天员选拔

预备航天员是从其他职业的申请人中选拔出达到选拔标准、取得参加训练资格的预备航天员的过程。一般包括基本条件选拔、医学选拔和心理选拔,目的是优选出有希望在规定期限内通过训练成为合格航天员的候选人,为航天员训练奠定良好的基础。选拔工作分为初选、复选和定选三个阶段。

(2)初选阶段

对申请人提供的个人资料、档案进行基本资格审查和初步临床筛检,目的是筛除有明显疾病和功能障碍者。合格者可进入下一阶段选拔。

(3)复选阶段

对初选合格者进行全面详细的临床医学检查、生理功能检查和心理测评,这是预备航天员选拔中最重要的阶段。

(4)定选阶段

定选阶段即评定录取阶段,是对候选者各项检查结果进行综合评价,最终确定参加训练的合格人选。

(5) 训练期航天员的选拔

训练期航天员的选拔是预备航天员为取得和保留航天员资格必须经过检查、考核与评定的过程。在训练过程中,主要对受训者的思想作风、身体心理、知识技能进行全面考察,重点进行全面深入的医学检查和心理观察,了解受训者在各种训练中的反应和心理相容性,考察他们在飞行期间完成任务和适应航天环境的能力。在训练期间,还要对预备航天员进行各种训练科目考核、训练阶段考核及训练结业考核与评定,这些多方面的综合考察是决定预备航天员能否获得航天员资格的因素。此外,如果预备航天员身体出现问题,被医学鉴定为不合格,则可能面临淘汰。

(6) 飞行乘组的选拔

飞行乘组即参加载人航天飞行的乘组,一般由不同类型、不同时期毕业的航天员组成。飞行乘组的选拔是指从合格的预备航天员中,为某次航天飞行任务选拔出最佳飞行乘组的过程,需要充分考虑飞行任务的特点和要求,由不同类型的航天员组成,不仅要对飞行乘员个体做出评价,更重要的是必须对乘组整体效能做出评价。飞行乘组的选拔贯穿于该次飞行任务训练的全过程,直至发射当天方可完全结束,包括选出合适的航天员,确定飞行乘组和备份乘组(或备份乘员),以及在临飞前对飞行乘组进行适当的体检并确定最终的飞行乘组。

被选拔出的预备航天员从接受训练到能够执行飞行任务,职业航天员的训练一般需要 4 年左右的时间,通常分为基础训练、航天专业技术训练、航天飞行任务模拟训练、强化训练与任务准备四个阶段,各阶段所要达到的目标不同,训练的重点、要求和组织形式都不尽相同。因此,训练安排遵循由一般至特殊、由单项至综合、由简单至复杂、由易至难的循序渐进原则。

①基础训练阶段

用时：一年左右

内容：空间环境、航天飞行基本原理、航天器结构特点与运行方式等基础理论课

目标：使航天员掌握载人航天飞行所需的基础知识，为后续专业技术训练奠定良好的基础

②航天专业技术训练阶段

用时：一年半左右

内容：以飞船的驾驶和控制等航天器操作技能训练为主

目标：使航天员掌握航天飞行所需的各项操作技能和专业知识

③航天飞行任务模拟训练阶段

用时：一年左右

内容：以飞行程序与任务模拟训练、交会对接技术训练、出舱活动技术训练以及对应的本次飞行任务技术训练为重点，是飞行乘组飞行前最重要的训练阶段

目标：使航天员了解飞行计划、任务分工及要求，熟练掌握从进舱开始至返回着陆全过程的正常飞行程序、应急飞行程序和逃逸救生程序，熟练掌握有效载荷操作、交会对接技术以及舱外活动技能，使飞行乘组成员彼此了解、相互熟悉、配合默契

④强化训练与任务准备阶段

用时：半年左右

内容：以参加大型联合演练为重点，为飞行任务作准备，并对飞行乘组有针对性地进行操作、飞行程序与任务模拟强化

训练

目标:使航天员进一步熟练和保持操作技能水平

因此,在第一阶段训练结束时,需要对受训预备航天员的训练成绩、身体和心理等方面进行全面的综合评价,以确定其是否能参加下一个阶段的训练,这是确定预备航天员能否进入航天员队伍的关键阶段。第二个训练阶段结束时,考核合格的航天员方可继续进入下一个阶段的训练。如果被选入飞行乘组或候补乘组,则开始以乘组的形式进行第三个阶段的训练。通过前三个阶段的训练,飞行乘组航天员基本上掌握了本次飞行所需的各种操作技能和专业知识,具备了执行飞行任务的能力。

航天员的体质训练、心理训练及航天环境适应性训练贯穿训练的全过程。在整个训练期间,有些训练项目或内容即使已经达到了训练要求,每隔一段时间,还要安排适当的复习训练。像这样周期长、内容多、强度大、难度高,还具有一定危险性的训练,是成为航天员的必经之路,中国的航天员队伍也正是在这样的训练中不断超越自我,实现飞天梦想的。

【要点提示】

一、我国载人航天事业的发展

中国发展航天事业的宗旨是:探索外太空,扩展对地球和宇宙的认识;和平利用外太空,促进人类文明和社会进步,造福全人类;满足经济建设、科技发展、国家安全和社会进步等方面的需求,提高全民科学素质,维护国家权益,增强综合国力。中国发展航天事业贯彻国家科技事业发展的指导方针,即自主创新、重点跨越、支撑发展、引领未来。

中华人民共和国的航天事业起始于1956年。1970年4月24日发射第一颗人造地球卫星。之后,先后取得了以"两弹一星"、载人航天、月球探测为代表的一系列辉煌成就。

航天事业组成可以分为三部分:一是空间技术,也就是各种火箭、卫星、飞行器的制造和发射技术等;二是空间应用,是让航天技术产生实际应用,比如提供通信和气象观测服务等;三是空间科学,即不以技术和应用为目的,而是探索和发现新规律、新现象。

二、平实质朴的写作风格

在本书中,杨利伟忠实于自己的真实经历,尤其是记叙作为首飞航天员进入太空之后的所见所想,不夸张、不渲染,文笔优美中尽显客观严谨、科学理性。读他的书,就好像听他聊天,不知不觉中被吸引、被感染。

众所周知,真实是纪实文学的生命,是艺术魅力的来源、艺术价值存在的基石。对传记作品而言,真实就是美,任何东西都敌不过真实。杨利伟就是靠着真实的力量,为读者奉献了一部可信、可读、可思、可想的优秀作品。相信这本书会激发起更多青少年的航天梦想。

【学习思考】

一、读了《天地九重》,你印象最深刻的是哪一章?从中得到了什么启示?

二、如果你可以给杨利伟写一封信,你最想写什么?最想问他什么问题?

三、关于中国载人航天,你还了解哪些知识?

四、读了《天地九重》,你觉得成就飞天梦想,最关键的是什么?你的梦想又是什么?你会为这个梦想做一次怎样的努力?

五、如果你也有梦想,请你勇敢地写下来,说出来,录下来,传上来。通过太空邮局的"太空梦想家"上传梦想,在这里你将了解更多关于航天英雄的故事。

(付如初、王斌 编写)